Tecnologia da
informação
transformando
as organizações
e o trabalho

organizador Fernando Guilherme Tenório

Tecnologia da informação transformando as organizações e o trabalho

colaboradores

Edson Chiari Grotolli

Gilberto Malamut

Maria Cristhina de Souza Rocha

Sérgio de Mattos Hilst

ISBN — 978-85-225-0584-5

Copyright © 2007 Fernando Guilherme Tenório

Direitos desta edição reservados à
EDITORA FGV
Rua Jornalista Orlando Dantas, 37
22231-010 — Rio de Janeiro, RJ — Brasil
Tels.: 0800-021-7777 — 21-3799-4427
Fax: 21-3799-4430
e-mail: editora@fgv.br — pedidoseditora@fgv.br
web site: www.fgv.br/editora

Impresso no Brasil / *Printed in Brazil*

Todos os direitos reservados. A reprodução não autorizada desta publicação, no todo
ou em parte, constitui violação do copyright (Lei nº 9.610/98).

Os conceitos emitidos neste livro são de inteira responsabilidade dos autores.

1ª edição — 2007
Reimpressão — 2009

PREPARAÇÃO DE ORIGINAIS: Claudia Santos Gouvêa

EDITORAÇÃO ELETRÔNICA: FA Editoração Eletrônica

REVISÃO: Aleidis de Beltran, Marco Antonio Corrêa e Mauro Pinto de Faria

CAPA: affalo + associados design — www.aadesign.com.br

Ficha catalográfica elaborada pela Biblioteca
Mario Henriq̃ e Simonsen/FGV

Tecnologia da informação transformando as organizações e o trabalho / Fernando Guilherme Tenório. — Rio de Janeiro : Editora FGV, 2007.
216p.

Inclui bibliografia.

1. Desenvolvimento organizacional. 2. Tecnologia da informação. 3. Qualidade de vida no trabalho. 4. Responsabilidade social
da empresa. 5. Relações trabalhistas. I. Tenório, Fernando Guilherme. II. Fundação Getulio Vargas.

CDD — 658.406

Sumário

Prefácio 7

Introdução 9

Parte I – Flexibilização organizacional

Capítulo 1 – Flexibilização organizacional e tecnologia da informação 17
Breve histórico da flexibilização organizacional 19
Flexibilização organizacional 23
Tecnologia da informação 36

Capítulo 2 – Sistemas integrados de gestão 49
Histórico 50
Características 51
Processos de implantação 54
Impactos e benefícios 60
Perspectivas dos setores: serviços e indústrias 62
A pesquisa 66
Resultados da pesquisa 68
Conclusão 93
Recomendações 97

Parte II – Flexibilização do trabalho

Capítulo 3 – Referencial teórico   103
Breve histórico da regulação do trabalho no Brasil   103
Flexibilização das relações de trabalho   114
Panorama da qualidade de vida no trabalho no Brasil   119

Capítulo 4 – Qualidade de vida no trabalho   125
Necessidades sociais do trabalhador   125
Gestão do conhecimento   128
Norma SA 8000   133

Capítulo 5 – Referencial prático: estudos de caso   151
Pesquisa 1 – Efeitos da flexibilização das relações de trabalho na qualidade de vida no trabalho   152
Pesquisa 2 – Responsabilidade social na cadeia produtiva automotiva   179
Análise integrada das pesquisas   197

Conclusão   205

Referências bibliográficas   207

Prefácio

Flexível: "algo que revela agilidade; que é fácil de manejar, domável; que se acomoda facilmente às circunstâncias; que é facilmente influenciável; que é dócil, maleável; que tem aptidão para diferentes atividades" (*Dicionário Houaiss da língua portuguesa*). Fica fácil entender por que os administradores de hoje, sujeitos a repetidas e imprevisíveis mudanças econômicas, técnicas e políticas, pregam tanto a flexibilidade organizacional. Convém, no entanto, lembrar que, etimologicamente, flexibilizar possui a mesma raiz de flexionar. Flexionar é dobrar alguém ou algo, ou dobrar-se (flexionar os joelhos ante alguém ou algo). Portanto, flexível também significa algo ou alguém que se dobra, ou se curva, com facilidade. Fica então a pergunta: pode haver organizações ágeis sem o sacrifício da autonomia das pessoas?

A flexibilidade organizacional obtida por meio de submissão acaba por se revelar, mais cedo ou mais tarde, uma grande contradição. Afinal, o mesmo momento histórico que leva as empresas a buscar uma maior capacidade de adaptação às transformações de seu contexto, pressiona-as a livrarem-se do trabalho burocratizado e conformista. Enfrentar os novos tempos com uma reestruturação de processos, estruturas e equipamentos, mas sem mexer nas práticas correntes de relações de trabalho, desenvolvidas pelo fordismo ao longo do século passado, é colocar vinho novo em odres velhos: tudo logo rebentará.

Portanto, as duas partes que compõem este livro se exigem mutuamente. Quem se interessa em captar o hoje do mundo da produção a partir de seu passado e de seu amanhã compreenderá, rapidamente, que tem diante de si uma obra que não pensa ter compreendido a floresta só porque examinou em detalhes essa ou aquela árvore. Em outras palavras, este livro quer recuperar uma visão de conjunto da vida organizacional, ou, no jargão administrativo, uma visão sistêmica. Nem por isso abre mão de uma perspectiva teórica "crítica", condensada no último capítulo, mas presente em todos os demais. Isso significa que as tecnologias de informação, a regulamentação do mercado de trabalho no país ou as normas de responsabilidade social não são apenas descritas, mas também apreciadas. Elas valem tanto mais quanto mais puderem contribuir para os objetivos enunciados na introdução geral, a saber, e de modo genérico, o crescimento econômico e a justiça social.

A primeira parte do trabalho, destinada a estudar a flexibilização organizacional, concentra-se nos sistemas integrados de gestão vistos sob os aspectos do processo, da estrutura e do pessoal. Os efeitos sobre os trabalhadores merecem uma avaliação específica. A segunda parte, que trata da flexibilização do trabalho, analisa inicialmente a evolução do mercado de trabalho no Brasil. Em seguida, parte para duas novas questões: a qualidade de vida no trabalho e a gestão orientada para a responsabilidade social. Como na primeira parte, vasto material empírico fundamenta a argumentação dos autores. Finalmente, um capítulo dedicado à gestão social amplia o horizonte da reflexão, mas sem perder de vista a responsabilidade social interna das organizações.

Definido o projeto, o professor Fernando Guilherme Tenório escolheu alguns de seus melhores alunos e os incumbiu de partes específicas, mais relacionadas com a experiência de trabalho de cada um. Assim, várias dissertações foram concebidas de modo a convergir para a presente obra. Fica assim comprovado o valor dos mestrados profissionalizantes, que conseguem enriquecer a pesquisa acadêmica com o conhecimento prático de quem já acumula anos de atuação nas empresas.

Estamos certos de que o leitor se convencerá, como nós, de que este livro cumpre plenamente sua tarefa: proporcionar-nos diretrizes seguras para uma flexibilidade operacional que não exija das pessoas uma permanente disposição para se dobrarem, pessoal e profissionalmente, a cada alteração do ambiente organizacional.

Rogerio Valle
Coordenação dos Programas de Pós-Graduação
de Engenharia da Universidade Federal do
Rio de Janeiro (Coppe/UFRJ)

Introdução

A modernidade nasceu com a emancipação do homem – Iluminismo –, a liberação de mitos através da razão e do conhecimento e atravessou a linha do tempo passando pelas sociedades pré-industrial e industrial, chegando à atualidade carregada de positividade de uma sociedade determinada pelo conhecimento – a sociedade pós-industrial. O entendimento dessa sociedade é buscado separando-a em três interpretações, que têm como denominador comum a globalização, a tecnologia da informação, a descentralização e a diversificação. São interpretações da sociedade da informação, da pós-modernidade e do pós-fordismo praticamente coincidentes em todos os seus aspectos, e com diferenças, basicamente, na ênfase dada a essas interpretações.

Da sociedade da informação, com ênfase no positivismo (otimista/evolucionista), convive-se com a globalização e busca-se uma economia sinérgica (contribuição social e responsabilidade social). Preconizam-se a produção conjunta, a economia e a utilização compartilhada de recursos; a redução da poluição e o viver em simbiose com a natureza. É a sociedade do conhecimento (informatização, comunidades voluntárias, auto-realização etc.), rede global de informação e democracia participativa (movimento de cidadãos). Da pós-modernidade busca-se a ênfase na forma como a sociedade é regulada nos dias de hoje, privilegiando a diferença em contraposição à massificação. Do pós-fordismo, com ênfase no negativo, no sentido crítico, procura-se neutralizar o impacto da tecnologia da informação e utilizá-la como uma matriz de relações sociais. Essa teoria é decorrente do fordismo (1900-1985) – determinado pelo mercado e caracterizado pela produção em massa. O pós-fordismo caracteriza-se pela flexibilização organizacional e do trabalho e é determinado pela sociedade, na qual o trabalhador é societário no sentido em que ele trabalha em interação com outros visando a sociedade como um todo. Em última análise, quem o regula é a sociedade civil.

No positivo da modernidade a tecnologia da informação traz uma tecnologia que força a modernidade em direção à pós-modernidade. Do outro lado, no negativo, as condições de trabalho e de vida, a destruição da natureza, leva-nos à reflexão de que a modernidade não morreu, sendo prematuro falar-se em pós-modernidade. O século XX marca o início da era do conhecimento e da informação, caracterizada por um período de grandes transformações tecnológicas, sociais e econômicas, que impõem novos padrões de gestão às organizações. Trata-se de um processo de reestruturação produtiva apoiado pelo desenvolvimento científico e tecnológico e pela globalização de mercados. Dentro da "sociedade moderna", a dimensão econômica constitui um aspecto crucial, e certamente o mais aparente da globalização. Esse aspecto é claramente percebido dentro desse processo através da transnacionalização da produção e do comércio mundiais; da expansão e aceleração dos fluxos financeiros internacionais; e da rapidez e intensidade dos avanços tecnológicos puxados pelos setores das telecomunicações e da informática.

A recorrente tendência de atribuir primazia aos fatores econômicos como motores do processo de globalização nos leva a encarar a globalização como um processo monolítico, de forte apelo econômico, totalmente sujeito à racionalidade ocidental. Esta racionalidade fomenta a formação de redes transnacionais de conexões (cadeias produtivas) através das quais se articulam alianças estratégicas, envolvendo atores externos e internos, como as grandes corporações multinacionais e as organizações financeiras internacionais, ou, ainda, tecnocratas em posições-chave, burocratas de alto nível. Tais redes permitem não só a difusão de argumentos técnicos, mas também o delineamento de novos parâmetros e valores, capaz de promover uma sobreposição dos conceitos e significados do termo "globalização", confundindo-o com "modernização". Aqui podemos falar de uma generalização: globalização torna-se modernização, que, por sua vez, tem o mesmo significado de racionalização.

Em pleno século XXI, o mercado tende a transformar-se na força modeladora da sociedade como um todo. Nessas circunstâncias, tornam-se os padrões de mercado, os padrões para o pensamento, a linguagem e o comportamento. Os seres humanos são levados a agir, a tomar decisões e a fazer escolhas de acordo com uma forma de conduta baseada em racionalidades, de cunho instrumental e estratégico e voltadas para o consumo. O incentivo é para gastar mais e poupar menos.

As pessoas vão muito além do consumo de bens e serviços primaciais[1] e partem para o consumo dos bens e serviços demonstrativos.[2] Nesse processo evolutivo, com

---

[1] Aqueles que atendem às limitadas necessidades biofísicas de alimento, abrigo, vestuário, transporte e de serviços elementares que ajudam o indivíduo a se manter como um organismo sadio e um membro ativo no funcionamento da sociedade.

[2] Aqueles que visam, principalmente, a satisfação dos desejos, que têm os indivíduos de exprimir seu nível pessoal, relativamente à estrutura de *status*, sendo seus desejos concebidos em termos sociais e ilimitados.

seus aspectos positivos e negativos, ocorre a expansão da economia de mercado sobre as demais dimensões da sociedade (política, ambiental e social: educação, cultura, saúde, tecnologia etc.), culminando na "sociedade centrada no mercado".

Nesta expansão, reconhece-se o mercado como o grande fornecedor de recursos, o que faz o Estado recuar de sua antiga posição na esfera produtiva e de seu papel como regulador do mercado, ou seja, ele passa a intervir menos na regulação do livre funcionamento dos mercados, abandonando gradualmente seu papel de executor direto no esforço de obtenção do pleno emprego. O aparente crescimento contínuo da economia sobre a sociedade aumenta o poder das grandes organizações e reduz ainda mais o papel do Estado. Entre as conseqüências, temos o fenômeno da acumulação flexível do capital – concentração do poder aquisitivo na mão de poucos. Ela se apóia na flexibilização organizacional e dos processos de trabalho, dos mercados de trabalho, dos produtos e padrões de consumo. Caracteriza-se pelo surgimento de setores de produção inteiramente novos, novas maneiras de fornecimento de serviços financeiros, novos mercados e, sobretudo, taxas altamente intensificadas de inovação comercial, tecnológica e organizacional. Envolve rápidas mudanças dos padrões do desenvolvimento desigual, tanto entre setores quanto entre regiões geográficas, com a grande maioria da massa produtora sofrendo quedas contínuas de sua renda, diminuição do emprego e conseqüente aumento da exclusão do mercado. Dessa maneira, a possibilidade de concentrar a atenção sobre a pessoa mais do que sobre o posto de trabalho reforça a estratificação social existente – a divisão da sociedade em um núcleo altamente capacitado e uma periferia desqualificada e excluída do processo produtivo. No Brasil, a abertura quase irrestrita ao comércio externo e a privatização de empresas estatais, eixos das políticas econômicas posteriores a 1994, foram decisivas para a redefinição das fronteiras entre os capitais envolvidos em um mesmo processo de produção. Além disso, difundiu-se a prática de substituir contratos de trabalho por contratos de negócio (a chamada terceirização).

Neste contexto, o aumento da complexidade e da velocidade com que os negócios ocorrem e a crescente pressão por melhores preços e serviços têm levado as organizações a reduzir suas estruturas, principalmente focando a flexibilização organizacional, através da implantação e utilização dos chamados sistemas integrados de gestão, ou *enterprise resource planning* (ERP). São sistemas que promovem a racionalização conjunta do trabalho visando o controle corporativo do negócio, além de impactar as várias empresas pertencentes à sua cadeia produtiva, ligadas através de seus fluxos de recursos e de valores. A racionalização do trabalho põe sua ênfase nas atividades de transporte, de estoque e de processamento de pedidos, que consiste no planejamento e controle integrados, desde os fornecedores até o consumidor final, dos fluxos de recursos e de valores entre as operações de suprimento, de processamento e de distribuição, através de regras assimétricas entre os elos da cadeia produtiva. O ERP, como ferramenta de flexibilização organizacional, fomenta o estudo e a gestão das cadeias produtivas, que, por um lado, exigem novas abordagens sobre a produção e várias competências antes desconhecidas; e, por outro, são um insumo indispensável para a sinergia entre flexibilização organizacional e flexibilização do trabalho, especificamente no que diz respeito às necessidades sociais do trabalhador, à gestão do conhecimento, à responsabilidade social e à gestão ambiental da produção. A questão ambiental é um dos aspectos que mais vêm à baila quando se discute a responsabilidade social corporativa das empresas. Os programas internos, por sua vez, exigem o desenvolvimento de novas competências técnicas e sociais. Sua conexão com o tema "cadeias produtivas" se dá através do importantíssimo conceito de ciclo de vida do produto, que prevê a análise de seus impactos ambientais, desde o projeto até o fim da vida útil. No entanto, apesar de sua importância, e no intuito de não perder o foco, o aspecto do meio ambiente não será objeto de estudo neste livro. A noção de responsabilidade social empresarial assumiu novos contornos a partir dos anos 1980, ao considerar os atores sociais participantes da cadeia produtiva nas tomadas de decisão. Nesse sentido, fornecedores, clientes, trabalhadores, comunidades vizinhas, órgãos governamentais e acionistas tiveram ampliadas as ocasiões de intervenção em projetos e na gestão das organizações. Várias normas, como a AS 8000, a AA 1000, bem como selos, certificações internacionais e nacionais, são utilizados na regulamentação das empresas. Portanto, pode-se esperar, para os próximos anos, uma expansão da implementação de programas de responsabilidade social nas empresas buscando a adequação dessas às demandas do novo milênio. As negociações sobre responsabilidade social têm na flexibilização organizacional e do trabalho um de seus temas mais freqüentes; além disso, exigem uma ampliação das competências sociais e um horizonte de decisões que envolvem toda a cadeia produtiva.

Se do ponto de vista econômico a década de 1980 representou a chamada "década perdida", no plano político nacional ela consolidou um quadro institucional básico de democratização. Daí a necessidade de aperfeiçoar os instrumentos conducentes à concretização dos direitos sociais definidos na Constituição como uma nova cidadania. Nos anos 1990, além das práticas participativas inovadoras que se institucionalizam cada vez mais, surgiram movimentos baseados em ações solidárias alternativas centradas em questões éticas de valorização da vida humana. Mais especificamente, empresas de diversos setores começaram a realizar efetivas ações sociais, ao mesmo tempo que passaram a divulgar um perfil mais social e humano de suas corporações. Esse foi um período de consolidação da mudança de mentalidade de parte do empresariado nacional, em que a visão de um capitalismo de cunho mais social, que busca maior negociação com amplas parcelas dos trabalhadores, está cada vez mais atenta aos problemas sociais, levando em consideração a questão ética e da responsabilidade social na hora de tomar decisões.

Introdução

A preocupação com o trabalhador como cidadão dentro da empresa perpassa todo este livro. Nele, a responsabilidade social ocorre dentro do ambiente organizacional (mundo do trabalho)[3] se houver uma interação consensual entre um novo modelo de gestão e cidadania.

Segundo Tenório (2000a:15), "incorporar um novo modelo de gestão que agilizasse o processo de produção através das tecnologias da informação e que promovesse de maneira consciente o envolvimento do empregado no processo produtivo".

Este novo modelo tem o princípio de obrigar o capital a respeitar os direitos do trabalhador. Ou seja, quando há interação consensual entre integração flexível (organizacional e do trabalho) da produção e cidadania no seio das organizações, acontece o exercício da responsabilidade social. Entretanto deve-se tomar cuidado com termo "flexível", pois um dos perigos para a interação consensual ocorre quando a globalização da economia denomina de flexibilização uma de suas estratégias para amenizar ou disfarçar o seu objetivo maior: maximização do lucro. Flexibilidade pode sugerir aos desavisados a manutenção do *status quo* apenas amenizado, maleável, compreensível, tolerável, enfim, só aspectos bons. Na realidade, essa palavra é um subterfúgio, pois a verdadeira estratégia de lucros é pacificamente aceita pelos *stakeholders* sem oposições e maiores obstáculos, fatores a colaborar com a sua celeridade. Do ponto de vista da relação entre o trabalhador e a empresa, a cidadania ocorre quando o empregado, ao tomar consciência de seu papel como sujeito, mais interativo e conhecedor do conteúdo social de suas ações no trabalho, passa a reivindicar não somente maiores ganhos salariais e/ou melhores condições de trabalho, como também participação no processo de tomada de decisão dentro da organização. Isso significa uma produção mais flexível[4] em lugar da rígida.[5] No Brasil já existe a percepção da importância de os trabalhadores participarem do processo decisório da empresa, indicando a necessidade de o empregado ser encarado como um cidadão, como um sujeito no processo de produção, o que viabiliza o papel da cidadania dentro das empresas. Logo, exige-se qualidade dos recursos humanos envolvidos nos processos produtivos e na gestão das empresas, em matéria de sua qualificação, capacitação e grau de iniciativa.

---

[3] "Mundo do trabalho" tem o mesmo significado que "sistema-empresa".

[4] Utiliza equipamentos projetados pela tecnologia "flexível" de base microeletrônica, permitindo "modificar a distribuição dos diferentes fluxos de produção no seio da fábrica (...) com vistas a limitar os 'tempos mortos' e os tempos 'improdutivos'. Ou, ainda, melhorar a taxa de engajamento de trabalhadores (intensificação do trabalho) e máquinas (melhor rendimento de capital fixo) e reduzir 'estoques' inerentes aos materiais, peças e produtos em processo de fabricação" (Tauile, 1989:35-38).

[5] "É um processo originado do taylorismo na especialização por tarefa e aperfeiçoado pelo fordismo na linha de montagem, no qual tanto a ferramenta quanto a máquina são projetadas dentro dos limites permitidos pela mecânica. Baseia-se na produção em massa de produtos homogêneos, utilizando a tecnologia 'rígida' da linha de montagem, com máquinas especializadas e rotinas de trabalho padronizadas" (Tenório, 2000a:230).

Neste sentido, o perfil do novo trabalhador exige um maior grau de escolarização, uma maior participação no processo de tomada de decisão e um maior número de atribuições na sua forma de trabalhar. Contudo, nas empresas sediadas no Brasil, nacionais ou não, seus equipamentos e técnicas modernas de produção coexistem com salários baixos e condições de trabalho precárias.

Efeito colateral negativo da implementação da flexibilização organizacional, já que se preocupa mais com o mercado do que com o societário, significando uma degradação das condições de vida e de trabalho, como aqueles que se referem ao desemprego, à intensificação do trabalho, à desqualificação, ao aumento da exploração. Como antídoto a esse efeito colateral recomenda-se um tipo de inserção engajada dos trabalhadores no processo de produção, aumentando sua responsabilidade quanto aos bons resultados do processo produtivo, incorporando atividades de controle da qualidade do produto e social, com uma participação crescente nos projetos de produtos e de processos de produção e gestão através do incentivo às suas sugestões para aperfeiçoamento dos trabalhadores. O reconhecimento e a legitimação política e social dos objetivos de competitividade requerem um compromisso mínimo entre competitividade e eqüidade. A maturidade, o respeito e o mútuo reconhecimento entre capital e trabalho em matéria de negociações trabalhistas que resultam em sistemas de remuneração que distribuem eqüitativamente os ganhos de produtividade, além do envolvimento amplo e consciente dos consumidores quanto às exigências de qualidade e de conformidade dos produtos às normas de saúde, segurança e meio ambiente.

Neste livro são apresentadas quatro pesquisas sob o paradigma pós-fordista – integração flexível da produção – nas quais são abordados os aspectos de flexibilização organizacional e flexibilização do trabalho, cidadania no seio das organizações e exercício da responsabilidade social. Já na introdução contextualizamos o ambiente organizacional desse início de milênio, com particular ênfase no trabalhador como cidadão. A primeira parte trata do tema da flexibilização organizacional. O capítulo 1 expõe a epistemologia da flexibilização organizacional. No capítulo 2 são apresentadas duas pesquisas nos setores de serviços e industriais estudadas à luz dos sistemas integrados de informações gerenciais (ERP, *enterprise resource planning*). A segunda parte apresenta o tema da flexibilização do trabalho. O capítulo 3 mostra a revisão da literatura, os conceitos e um breve histórico da flexibilização das relações do trabalho no Brasil. No capítulo 4 apresentamos os conceitos sobre qualidade de vida no trabalho e os elementos normativos da SA 8000. No capítulo 5 são apresentadas as duas últimas pesquisas, em forma de estudos de caso, em indústrias localizadas na região metropolitana de Curitiba-PR. Finalmente, na conclusão são apresentadas as recomendações e considerações finais sobre o fenômeno da flexibilização organizacional e do trabalho e suas implicações refletidas no cidadão-trabalhador.

Parte I

Flexibilização organizacional

Capítulo 1

Flexibilização organizacional e tecnologia da informação

Este capítulo enfoca o processo de flexibilização organizacional mediante a implantação e utilização, pelas organizações (nos ramos industrial e de serviços), dos chamados sistemas integrados de gestão, ou *enterprise resource planning* (ERP), um dos mais recentes e difundidos produtos gerados pela tecnologia da informação (TI). Busca também identificar e entender os impactos que o processo de implantação e o uso desses sistemas produzem nos trabalhadores nas organizações.

Entre os vários efeitos gerados pela globalização da economia e pela evolução tecnológica, alguns dos mais importantes são o aumento da complexidade e da velocidade com que os negócios ocorrem e, por conseguinte, os respectivos processos empresariais, além da importância e complexidade das informações que os sustentam e, finalmente, da crescente pressão por melhores preços e serviços.

Para enfrentar esses desafios as empresas têm buscado reduzir suas estruturas, principalmente focando a flexibilização organizacional, através de descentralização de atividades, redução de níveis hierárquicos e delegação de poderes aos níveis operacionais, de forma que os empregados possam atender às demandas externas e internas a tempo e nas condições exigidas.

Para a concretização desse tipo de mudança organizacional, alguns dos aspectos fundamentais são a ação dos trabalhadores como participantes ativos de uma gestão de organização flexível e um sistema de informação integrado que apóie essa nova configuração de organização do trabalho, garantindo também o controle corporativo do negócio (atuação local observando resultado global).

Nesse contexto, algumas questões importantes povoam as organizações: como delegar aos níveis operacionais sem que haja descontrole da situação? Como garantir um fluxo veloz de informação sem perda de qualidade e integridade? Como garantir que, ao agir local e descentralizadamente, a integração entre as diversas funções da empresa ocorra? Como realizar a descentralização da gestão sem aumento de custo e perda de produtividade?

A evolução da TI produziu os softwares ERP, os quais contribuem com boa parte da solução desses problemas. Eles oferecem uma grande integração das diversas funções empresariais, permitindo uma base única de informações corporativas, operação em tempo real, automação de diversas tarefas interligadas, eliminação de tarefas em duplicidade etc.

Dois são os aspectos-chave para o sucesso do ERP: o tempo de implantação e o nível de adaptação dos chamados processos-padrão do software aos processos das empresas em comparação com o custo envolvido. Esses softwares, por serem integrados, são em geral complexos e custosos. Sua implantação demanda enorme mobilização de recursos da organização, além de serviços externos especializados, seja do fornecedor seja de consultores.

Do ponto de vista financeiro, uma implantação rápida e padronizada otimiza o retorno do investimento, pois limita os gastos para sua realização e também possibilita obter, o mais cedo possível, os prometidos ganhos em produtividade e custos.

No entanto, esses sistemas também causam impacto nas organizações alterando seus processos e estruturas. Essas mudanças afetam diretamente a condição dos empregados na organização, impactando o seu trabalho (conteúdo, extensão, inter-relações, limites de autoridade, volume etc.). Especialmente crítica pode ser a implantação de tais sistemas no Brasil em função de aspectos como:

❏ a realidade dos processos empresariais locais – permeados pelo burocratismo e por condições específicas da legislação local, por exemplo – pode estar muito mais distante das chamadas "melhores práticas" geradas nos países de Primeiro Mundo, e que em tese são os processos-padrão do software;

❏ a experiência e a qualificação dos funcionários para utilizar e conviver com sistemas informacionais de última geração tendem a ser menores pela própria defasagem de entrada e pelo uso dessas tecnologias no país;

❏ no caso de filiais de multinacionais, há a tendência de que sejam seguidos os processos-padrão determinados pelas matrizes para garantir ou favorecer a padronização e a integração mundial.

A intensidade com que os impactos ocorrem parece depender exatamente do seu conceito de implantação e de uso. Uma consideração inadequada da participação dos empregados no processo de implantação e de uso do sistema ERP poderá significar desvios quanto à capacidade dos funcionários de entender, apoiar e contribuir ativamente para os novos processos e condições do trabalho. Poderá significar, enfim, uma restrição à condição de co-autores da gestão empresarial.

Neste capítulo apresentamos a flexibilização organizacional, discorrendo sobre o seu desenvolvimento histórico, sobre os fatores que determinam a sua ocorrência e sobre seu conteúdo enquanto paradigma organizacional. Apresentamos também a TI, relatando seu histórico e sua influência como elemento contribuinte para o processo de flexibilização organizacional.

Breve histórico da flexibilização organizacional

Profundas mudanças no ambiente socioeconômico, inicialmente nos países centrais nas décadas de 1960 e 1970 e posteriormente no Brasil a partir dos anos 1990, têm provocado uma revisão nos modelos de gestão das empresas que, em geral, possuem uma base história de gestão construída a partir dos preceitos estabelecidos do que se denomina fordismo. O fordismo inicialmente pode ser identificado como um método de organização da produção que "se caracteriza pelo gerenciamento tecnoburocrático de uma mão-de-obra especializada sob técnicas repetitivas de produção de serviços ou de produtos padronizados (Tenório, 2000b:140).

A metodologia de gestão do trabalho instituída por Henry Ford se fundamentava em três princípios básicos:

- intensificação, que consiste em diminuir o tempo de produção com o emprego imediato dos equipamentos e da matéria-prima e a rápida colocação do produto no mercado;
- economicidade, que se baseia em reduzir ao mínimo o volume do estoque de matéria-prima em transformação;
- produtividade, que se fundamenta em aumentar a capacidade de produção do homem no mesmo período de tempo por meio de especialização e da linha de montagem.

O fordismo utiliza, no sentido coletivo, os conhecimentos e técnicas do taylorismo, que regulou, por exemplo, a prática dos tempos e movimentos individuais, de forma que "o ritmo da produção deverá ser acompanhado pelo ritmo da esteira, e não mais pela capacidade do trabalhador, o que implica, de um lado, disciplinamento do tempo do trabalhador e, por outro, impede a sua participação e/ou criatividade" (Tenório, 2000b:143).

Conforme David Harvey (segundo Tenório, 2000b:146), "como paradigma organizacional, o fordismo se caracteriza como um modelo de gestão da produção para grandes quantidades de produtos padronizados, o que exige um consumo de massa, um (...) sistema de reprodução da força de trabalho, uma (...) política de controle e gerência do trabalho, uma (...) estética e uma (...) psicologia, em suma, um (...) tipo de sociedade democrática, racionalizada, modernista e populista". Tem como implicações sociais, por exemplo, uma diferenciação entre os que pensam e os que executam, a instituição de normas de supervisão imediata, a determinação do ritmo de trabalho feito pela máquina etc. Suas implicações técnicas são: estabelecimento de métodos lineares de trabalho, fragmentação e simplificação das operações, utilização de equipamentos especializados e pouco flexíveis etc.

Principalmente pela sua disseminação através "do estado de bem-estar, da regulação pelo Estado das relações entre capital e trabalho, da gestão keynesiana da demanda, do controle monetário e de outros mecanismos normatizadores da sociedade" (Tenório, 2000b:149), o fordismo de simples "técnica voltada à organização da produção e do trabalho transforma-se em paradigma técnico-econômico, em um regime de acumulação (...) *orientador da sociedade*" (grifo meu) (Tenório, 2000b:148). "O fordismo do pós-guerra tem de ser visto menos como um mero sistema de produção em massa do que como um *modo de vida total*" (grifo meu) (Harvey, 1994:131).

Essa condição ampliou muito a capacidade de influência do modelo fordista nas organizações, por ser ele a referência dominante da própria sociedade, enraizando-se profundamente na gestão empresarial.

A crise do modelo fordista já era latente e perceptível a partir dos anos 1960 por alguns sinais importantes, segundo Harvey (1994): insatisfação dos trabalhadores quanto às condições e ao conteúdo do trabalho, crises sociais causadas pela desigualdade salarial entre os trabalhadores (grandes empresas vs. pequenas; homens vs. mulheres etc.), Estado incapaz de levar os benefícios do fordismo a todos (políticas de austeridade econômica), baixa qualidade de produtos/serviços oferecidos etc.

Giovanni Alves a define, na verdade, como uma verdadeira crise do capital. No período pós-II Guerra Mundial, há um "notável desenvolvimento capitalista (...), caracterizado pela internacionalização da produção industrial (...), expansão do comércio internacional e concentração acentuada de capital" (Alves, 1998:113). Alves (1998:114) destaca que, "naquela época, já se constatavam, por exemplo, a expansão da capacidade ociosa de produção da indústria e a erosão da taxa média de lucros (...) a produtividade do trabalho já demonstrava um decrescimento nas principais economias capitalistas", enfim, "a nova crise do capital pode ser considerada uma crise de superprodução clássica".

Do lado do operário-massa,[6] reações foram fomentadas por algumas contradições intrínsecas do modelo (Antunes, 2000:37):

- contradições entre autonomia e heteronomia: trabalho resumido à atividade repetitiva e desprovida de sentido, mas, de outro lado, era chamado a corrigir as deformações e enganos cometidos pela gerência científica e pelos quadros administrativos;
- contradição entre produção (o que as fábricas queriam produzir e produziam) e consumo (onde o individualismo era ressaltado);
- contradição do processo de criação de valores: as gerações posteriores de trabalhadores estavam menos dispostas a trocar o trabalho e uma existência desprovida de sentido pelo simples crescimento do poder de compra.

A crise trouxe principalmente a perspectiva de extrema fluidez relacionada com o fato de que "o mercado é o determinante, e não mais mediações do Estado" (Tenório, 2000b:159), que antes garantia a estabilidade da produção em massa e dos mercados consumidores, colocando em questionamento o modelo existente e gerando novo modelo de acumulação de capital e, por decorrência, novo paradigma organizacional pósfordista.

Na modernidade fordista havia muito de rigidez: capital fixo na produção em massa, mercados estáveis, padronizados e homogêneos (formalmente regulados pelo Estado), autoridade facilmente identificável etc. O chamado pós-fordismo é dominado pela ficção, pela fantasia, pelo imaterial, pela flexibilidade de técnicas de produção etc. (Harvey, 1994:340).

O pós-fordismo como paradigma técnico-econômico refere-se a um regime de cunho flexível que realiza seu papel de acumulação de capital por meio do atendimento a demandas descontínuas em mercados múltiplos, fracionados e fluidos, com produtos e processos produtivos e comerciais flexíveis. No âmbito empresarial começa a se estabelecer uma nova visão dos princípios que devem reger a gestão organizacional.

Alvin Toffler (1985) resumiu a visão dessa transição referindo-se ao que o fundador da AT&T, Theodore Vail, sabia e o que era a nova realidade (quadro 1).

Em contraponto à condição fordista de gestão, na qual "desenvolveram-se modelos cada vez mais aperfeiçoados de se criar economias de escala, isto é, a produção em massa à custa da variedade" (Motta, 2000:15), as pressões para eficiência nascidas nos anos 1960-1970 fazem surgir "as manufaturas flexíveis segundo padrões aceitáveis de produtividade. Revêem-se significativamente os critérios de produção com a transformação constante das linhas de produção, através de uma perspectiva de inovação e flexibilidade" (Motta, 2000:15).

---

[6] Operário-massa é, segundo Amin, Gounet e Bihr, citados por Antunes (2000:37), o trabalhador coletivo das grandes empresas verticalizadas e fortemente hierarquizadas.

Tecnologia da informação transformando as organizações e o trabalho

Quadro 1
Transição fordismo/pós-fordismo: comparação entre o que Theodore Vail sabia e o que era a nova gestão organizacional

O que Theodore Vail sabia	O que ele não sabia
Que a maioria dos homens quer a mesma coisa da vida e que o sucesso econômico é o supremo objetivo	Que, depois das necessidades básicas atendidas, o homem não quer as mesmas coisas da vida
Que quanto maior for a companhia, melhor, mais forte e mais lucrativa será	Que há limites superiores para a economia de escala, tanto para uma corporação quanto para um órgão governamental
Que o trabalho, a matéria-prima e o capital são os fatores primários de produção	Que a informação é tão importante, talvez até mais
Que a produção de bens e serviços padronizados é mais eficiente do que a produção artesanal	Que estamos passando da produção em massa para um novo sistema de produção artesanal, apoiado pela supertecnologia, gerando bens e serviços individualizados
Que a organização mais eficiente é uma burocracia	Que a melhor maneira de organização não é burocrática, mas *ad hoc*, de modo que cada parte organizacional seja modular e descartável
Que o avanço tecnológico ajuda a padronizar a produção e acarreta o progresso	Que o avanço tecnológico não acarreta necessariamente o progresso, e pode até destruir o já alcançado
Que o trabalho deve ser rotineiro, repetitivo e padronizado	Que o trabalho deve ser variado, não-repetitivo e responsável, desafiando a capacidade de apreciação, avaliação e julgamento do indivíduo

Fonte: Toffler, 1985.

Começam a surgir formas diferenciadas de gestão que,

> em vez de (...) especialização do trabalho, *multi skilling*[7] e base em equipe; em vez de estruturas e controles rígidos, alta flexibilidade e descentralização; em vez de submissão, responsabilidade; e em vez de confidencialidade e comunicações restritas, alto domínio de informações e habilidade de comunicação ampla e intensiva.
>
> (Motta, 2000:15)

Várias experiências nesse sentido são identificadas, com especial destaque para o esforço japonês caracterizado pelo que se chamou mais tarde de "toyotismo",[8] que,

---

[7] *Multi skilling*: capacitação em diversas áreas do conhecimento.

[8] Toyotismo: sistema de gestão da produção, também identificado como novo paradigma técnico-econômico de acumulação flexível, nascido dos conceitos aplicados na Toyota a partir da II Guerra Mundial.

Flexibilização organizacional e tecnologia da informação

mesmo sem os recursos da microinformática, operava um conceito que, alguns anos após o pós-II Guerra Mundial, se diferenciava do fordismo principalmente por ter (Antunes, 2000):

- produção vinculada à demanda: produção variada e heterogênea;
- trabalho operário em equipe, com multivariedade de funções;
- produção estruturada num processo flexível, possibilitando ao homem operar simultaneamente diversos equipamentos;
- organização em círculos de controle de qualidade, em que as pessoas são instigadas a contribuir para a melhoria de produtividade.

O modelo japonês surgiu como resposta à carência de pessoal qualificado e em quantidade suficiente após a II Guerra Mundial, portanto bem antes da crise fordista, a partir da qual passou a ser considerado, pelo Ocidente, alternativa ao modelo de gestão vigente.

Enfim, a ruptura do modelo técnico-econômico deflagra-se nas corporações, em sua busca pela manutenção de seus ganhos e, por fim, de sua sobrevivência, revisões dos seus processos e estruturas organizacionais de caráter flexibilizador que perduram e têm se acelerado até hoje.

No caso brasileiro, a situação de ruptura chegou muito mais tarde, mas de forma mais intensa. A abertura da economia brasileira realizada pelo governo de Fernando Collor de Mello encontrou um país recém-saído de um regime autoritário, com mercado protegido, altas taxas inflacionárias, com modelo de gestão empresarial focalizado no ganho financeiro em detrimento do próprio negócio e com práticas gerenciais ainda remanescentes de conceitos fordistas.

A abertura econômica, aliada posteriormente à estabilização introduzida pelo Plano Real, expôs a economia brasileira e suas empresas à intensa competição mundial, além de eliminar o "cobertor protetor" do ganho financeiro, forçando as empresas a uma intensa e rápida modernização dos seus métodos de gestão e produção de forma a manterem-se vivas nesse contexto.

Flexibilização organizacional

O novo ambiente competitivo tem se traduzido por um nível de complexidade muito grande para as corporações, com a constante despadronização das demandas (produtos, serviços etc.), que os sistemas de trabalho tradicionais instalados não conseguem digerir facilmente, pois, "à medida que se eleva o índice de novidade (...), declina a utilidade do manual de regras; as companhias que dispensaram mais energia e talento à sua criação são freqüentemente as mesmas que se mostram menos

Tecnologia da informação transformando as organizações e o trabalho

capazes de lidar com a nova realidade, cuja essência é o colapso das antigas regras" (Toffler, 1985:109).

Essa forte despadronização, confrontando-se com estruturas organizacionais que eram tradicionalmente "projetadas para produzirem repetidamente uns poucos tipos básicos de decisão" (Toffler, 1985:145), fundamentadas nas técnicas de gestão fordista, resulta em uma incapacidade treinada das empresas em responder competitivamente no mercado.

Esse ambiente, denso de mudanças e descontinuidade, tem suas origens basicamente na aceleração técnico-científica e na globalização.

Aceleração técnico-científica

A evolução científica e a sua transformação em avanços tecnológicos têm desempenhado importante papel nos diversos ramos da atividade humana (biologia, química etc.), mas de forma cada vez mais intensa relacionada com a transformação dos conhecimentos e inovações em resultados no âmbito empresarial e econômico.

Até os anos 1950, a inovação tecnológica, no âmbito empresarial, era genericamente realizada por um processo de transposição linear que começava com a descoberta científica, passando pelas áreas de pesquisa e desenvolvimento das empresas e resultando em produção e comercialização do novo produto ou processo; enquanto que, a partir dos anos 1960, o fluxo se inverte quando as empresas, pressionadas pelas necessidades do mercado e pelo já comentado aumento de competição, "passam a direcionar as inovações tecnológicas para um movimento chamado de *market-pull*"[9] (Rothwell, 1992:221), resultando em grande aceleração da inovação, reforçado pelo fato de que "a inovação tecnológica não é uma ocorrência isolada" (Castells, 2000:55), ocorrendo um efeito multiplicador.

Também como Rothwell sugere, o sucesso de uma inovação era o resultado de mais do que o simples avanço tecnológico em produtos e serviços, mas residia também, e talvez principalmente, em inovação organizacional, no sentido de uma nova divisão do risco; na inovação do gerenciamento, no sentido de um novo sistema de ligação interfuncional etc. A evolução tecnológica, ou novidade, traduz-se por um contexto mais amplo, ou seja, um conceito que "se aplica não apenas a produtos, mas também à tecnologia, a instalações industriais e até mesmo ao repertório de rotinas e procedimentos usados por uma companhia" (Toffler, 1985:85).

---

[9] *Market-pull* significa que o direcionamento e a intensidade da inovação são determinados pela necessidade do mercado, sendo ele o elemento provocador da evolução.

Flexibilização organizacional e tecnologia da informação

Da mesma forma que ocorreu com produtos e serviços, novas tecnologias de gestão organizacional têm sido criadas com o objetivo de satisfazer as novas demandas. A antiga formulação de organizações e métodos (O&M), embora ainda contribua para a gestão organizacional da atualidade, perde a sua força, pois "não acompanhou a evolução da teoria das organizações da qual deriva" (Araújo, 2001:31), além de também estar intimamente ligada a conceitos de padronização e manuais preconizados pela administração científica.

A gestão pela qualidade total (GQT), nascida como caminho para cativar mercados e clientes cada vez menos fiéis, e também como forma de elevar a produtividade através da eliminação do erro e do desperdício – amplamente aplicada no modelo japonês de administração do pós-guerra –, fundamenta boa parte de seu conhecimento em métodos estatísticos e matemáticos.

A teoria das restrições, formulada por Eliyahu Goldratt no seu livro *A meta*, apóia-se nos princípios da física ao prescrever que a gestão da produção deve ser orientada pelos "gargalos"[10] do sistema.

O *empowerment*, denominação inglesa para o conceito de energização do ambiente organizacional, e que defende "o fortalecimento do poder decisório dos indivíduos da empresa" (Araújo, 2001:195), toma parte de sua prescrição de conceitos psicológicos do comportamento.

Enfim, o conceito de produção enxuta (ou toyotismo, ou *lean thinking*)[11] aparece como um extrato do novo formato organizacional flexibilizado utilizando novos conceitos de gestão, designando métodos e instrumentos como *kaizen*,[12] produção puxada, *kan-ban*[13] etc., e que tem primado por uma maior participação das pessoas nos processos de trabalho e decisão.

Aliado aos novos conceitos de gestão da produção e da organização, evolui também o aparato científico-tecnológico de conteúdo microeletrônico, não apenas na geração de novos equipamentos automatizados e autocontrolados, mas também nos instrumentos de circulação e de processamento de informações como a microinformática e as telecomunicações.

---

[10] Gargalo entendido como uma restrição que delimita o sistema no qual está contido. Em uma linha de produção, refere-se a uma máquina cuja capacidade é menor entre aquelas envolvidas no mesmo processo de fabricação e que requer um método de gestão direcionado para sua otimização.

[11] *Lean thinking*: designação feita por James P. Womack e Daniel T. Jones, autores de *A máquina que mudou o mundo*, após seus estudos sobre a indústria japonesa, em especial a Toyota, para caracterizar esse modelo de gestão organizacional e de produção.

[12] *Kaizen*: designação japonesa para o conceito de processo de melhorias contínuas em processos e produtos.

[13] *Kan-ban*: sistema adaptado à produção, em séries restritas, de produtos variados; o trabalhador do posto de trabalho seguinte determina a seqüência e o volume do trabalho do posto anterior, resultando em que o incremento da fabricação só ocorre para realimentar a produção vendida (Lojkine, 1999).

O papel da TI é especialmente importante nesse contexto, e sua influência se amplifica por ser, de um lado, um instrumento fundamental que os diversos campos científicos utilizam para apoiar e acelerar suas descobertas e inovações, e, de outro, por permitir a divulgação dessas novidades, realimentando todo o processo, pois, "ao divulgar as mais recentes conquistas, os meios de comunicação reacendem diariamente não só o desejo de usufruir riquezas mas, sobretudo, o conhecimento sobre as possibilidades de se melhorar a qualidade de vida" (Motta, 2000:x).

Sobre o que se chama atualmente de terceira Revolução Industrial Fernando G. Tenório (2000b:169) se posiciona:

A terceira Revolução Industrial rompe com o paradigma tecnológico anterior, caracterizando-se pelo uso da energia atômica, pelo progresso científico-técnico nos campos da química e da biologia e pelo crescimento da tecnologia da informação – interação da microeletrônica, da informatização e da telecomunicação.

Já Castells (2000:77) recorre a Cristopher Freeman para caracterizar o atual momento como uma revolução informacional:

A mudança contemporânea de paradigma pode ser vista como uma transferência de uma tecnologia baseada principalmente em insumos baratos de energia para uma outra que se baseia predominantemente em insumos baratos de informação derivados do avanço da tecnologia de informação e telecomunicações.

Globalização

A "mundialização" da economia há muito tempo é conhecida, ou seja, uma economia em que a acumulação de capital avança por todo o mundo existe no Ocidente no mínimo desde o século XVI (Castells, 2000). A economia global tem outro significado: "é uma economia com capacidade de funcionar como uma unidade em tempo real, em escala planetária (Castells, 2000:111).

A globalização econômica é um fenômeno do final do século XX com base na nova infra-estrutura propiciada pelas novas tecnologias de informação e de comunicação que permitem que o capital seja transportado de um lado para outro, sendo, portanto, "gerenciado 24 horas por dia" (Castells, 2000:111). A partir do fato de que o capital é interdependente, as economias também o são, e uma comprovação disso é a taxa de aumento de quase 10 vezes o fluxo financeiro entre os países centrais no período de 1980 a 1992 (Castells, 2000).

No âmbito do mercado de trabalho, no entanto, essa fluidez é restrita a uns poucos especialistas e gestores, enquanto que a maior parcela da mão·de-obra fica restrita e imobilizada nos seus países de origem, embora sejam cada vez mais intensos os fluxos migratórios que se têm observado na Europa e até nos EUA. Para a nova economia, ela é um recurso global no sentido que as "empresas podem escolher onde se situar em diferentes lugares no mundo para encontrar a fonte de mão-de-obra de que necessitam" (Castells, 2000: 111), o que também é válido para diferentes regiões dentro de um mesmo país.

Também a ciência e a tecnologia são organizadas em fluxos globais, especialmente por estarem cada vez mais incorporadas à vida cotidiana e dos negócios/empresas, embora o domínio do conhecimento e da inovação ainda permaneça nas mãos dos países centrais.

Esse quadro traduz-se para as empresas em uma aceleração da competitividade, agora em nível global: produtos e serviços de qualquer parte do mundo se tornam altamente disponíveis e os mercados, sabedores dessa disponibilidade, aumentam suas exigências.

De outro lado, essa mesma situação permite às empresas obter ganhos significativos, como, por exemplo, ao "incorporar componentes produzidos em vários locais diferentes, por diferentes empresas, e montados para atingir finalidades e mercados específicos em uma nova forma de produção e comercialização: produção em grande volume, flexível e sob encomenda" (Castells, 2000:114).

A globalização da economia influencia fortemente a gestão das empresas que, para sobreviverem ao novo mundo competitivo, adotam estratégia fundada em duas táticas: infra-estrutura de gestão apoiada no uso de tecnologia de base microeletrônica e/ou mecanismos operacionais flexíveis; gestão de pessoal que migra para modelo baseado no uso extensivo de mão-de-obra qualificada, polivalente e cooperativa (em contraponto com modelo anterior de uso intensivo de mão-de-obra semiqualificada) (Tenório, 2000b).

Além dos componentes econômicos/empresariais resultantes da globalização da economia, surgem também outros aspectos decorrentes da construção cada vez mais evidente do que se chama "aldeia global", como o caso dos movimentos sociais relacionados com a ecologia, a responsabilidade social etc. Novos aspectos e novos atores passam a jogar o jogo da vida empresarial, aumentando a complexidade e demandando delegação adequada para tratar com tal diversidade.

Nesse ambiente, em que "basicamente, a situação política passou de uma condição relativamente estável, em que uns poucos participantes desempenhavam papéis mais ou menos previsíveis, a uma situação altamente volátil" (Toffler, 1985:99), as empresas precisam alcançar uma forma mais efetiva de atuação, que passa pela maior flexibilidade da própria empresa e com acesso a tecnologias de comunicação e produtos/serviços adequados a essa flexibilidade (Castells, 2000).

Esses dois fatores conjugados (globalização e evolução técnico-científica) ampliam o grau de complexidade, influenciando-se mutuamente e produzindo o desafio constante para as empresas "na medida em que a interação desses dois vetores são, no

28   Tecnologia da informação transformando as organizações e o trabalho

argumento estratégico das empresas, os conteúdos necessários para sua sobrevivência no mercado globalizado" (Tenório, 2000b: 178).

Como flexibilização organizacional deve-se entender a "capacidade de reagir ante a pressão, e que ser flexível consiste em ser sensível às pressões e incentivos e poder adaptar-se a eles (...) se refere à capacidade de um sistema ou subsistema reagir ante diversas perturbações" (Lagos, segundo Tenório, 2000b:210), e que se aplica ao ambiente organizacional como uma nova forma de atender às demandas despadronizadas do ambiente em contraposição à rigidez do modelo fordista.

As implicações sociais e técnicas do novo regime pós-fordista se referem à diminuição dos níveis hierárquicos na estrutura organizacional, a uma autonomia crescente dos trabalhadores em relação ao sistema formal, a uma diferenciação funcional sem perder de vista o todo organizacional e a uma gestão participativa com maior circulação de informações (Tenório, 2000b).

As empresas buscam repensar a sua forma de gestão para sobreviver nesse ambiente, praticamente assumindo que "a racionalização capitalista das forças produtivas chegou a tal ponto que a gerência só pode aumentar sua eficiência através de um relaxamento da divisão do trabalho" (Valle, 1993:7).

A flexibilização organizacional passa pelo ganho de agilidade e rapidez na realização do trabalho em função da demanda, assim como a capacidade de tomar decisões adequadas no momento apropriado.

No que se refere ao processo decisório, a flexibilização organizacional busca transferir às instâncias inferiores da empresa a responsabilidade para atuar na fronteira do mercado, objetivando maior agilidade no trato dos assuntos empresariais, pois "num ambiente empresarial global em rápida mutação, o excesso de análise nas decisões pode ser tão prejudicial ou custoso quanto as decisões incorretas" (Galbraith et al., 1995:XXIII).

Especificamente, também resulta em uma redução na intensidade de supervisão hierárquica (e, conseqüentemente, dos níveis da estrutura organizacional), pois deve ser colocada "a autoridade do poder decisório nas mãos dos que estão perto das fontes de informação e nas mãos dos que tem *know-how* para interpretá-las e agir conforme a situação demanda" (Galbraith et al., 1995:169).

As regras e regulamentos controladores tendem a ser relaxados e/ou passar a exprimir regras mais genéricas, permitindo um grau de autonomia para decisões diárias que variam conforme o grau de flexibilidade e delegação pretendido.

Do lado do sistema de trabalho exigem-se maior rapidez e assertividade no fornecimento de bens, serviços e, por conseguinte, respostas ao mercado. O fluxo do trabalho tende a ser orientado de forma horizontal ao longo de processos entre as diversas áreas envolvidas, alinhando os trabalhadores ao resultado final do processo de trabalho, e não como uma soma de trabalhos fracionados dentro das áreas.

Flexibilização organizacional e tecnologia da informação   29

A quebra das barreiras horizontais também interfere na supervisão hierárquica no sentido de que o trabalhador deve passar a participar de uma tarefa mais globalmente definida. Organizações estruturadas e gerenciadas por processo têm sido cada vez mais uma tendência. Mesmo nas organizações com forte conteúdo hierárquico, o acordo de trabalho entre seus integrantes pode contemplar uma orientação ao processo, como é o caso daquelas que aplicam de forma conseqüente a gestão pela qualidade total, o *kaizen* etc.

Também em função da crescente complexidade com que os temas devem ser tratados, impactando vários aspectos da organização, existe a crescente necessidade de associar, cada vez mais, conhecimentos existentes nas diversas áreas funcionais para as corretas abordagem e condução dos assuntos. Trabalhos em time ou grupos têm sido uma solução rotineira para atender a essas demandas.

Para atender a essas novas condições de trabalho, o trabalhador é demandado a ampliar sua qualificação (por sua iniciativa ou com apoio da empresa) não apenas no campo em que é especialista, mas em diversos ramos, resultando em uma exigência pela multifuncionalidade.

Podemos concluir que a complexidade demandada pela globalização e evolução tecnológica acaba por reproduzir-se também no interior das empresas ao multiplicar o número de atores ativos (por conseqüência, também as interações entre eles) que devem ser envolvidos no processo de gestão e do trabalho. Também a necessidade de informações cresce progressivamente para viabilizar o funcionamento eficaz desse novo regime organizacional e de trabalho.

Cidadania

Apesar do movimento flexibilizador em direção a uma emancipação do trabalhador como participante ativo do processo de gestão, existem críticas quanto a se os modelos e a forma de sua implantação não seriam uma reedição do estilo fordista sob uma nova roupagem.

Segundo Giovanni Antunes (2000), as mudanças decorrentes da crise do fordismo poderiam estar orientadas por duas correntes distintas:

❏ que as mudanças estariam criando uma nova forma de organização industrial e de relacionamento entre capital e trabalho, possibilitando o advento do trabalhador mais qualificado, participativo, multifuncional, polivalente etc.;
❏ que as mudanças não caminhariam numa "toyotização" da indústria, mas intensificariam as tendências já existentes.

O autor, alinhando-se com a segunda corrente, acredita que as mudanças do modelo de gestão são "expressão da reorganização do capital com vistas à retomada do seu patamar de acumulação e ao seu projeto global de dominação" (Antunes,

2000:50). Mesmo ao examinar o modelo toyotista de fabricação, ele afirma que "trata-se de um processo de organização do trabalho cuja finalidade essencial, real, é a intensificação das condições de exploração da força de trabalho, reduzindo muito ou eliminando tanto o trabalho improdutivo, que não cria valor, quanto suas formas assemelhadas" (Antunes, 2000:53). Como exemplo cita o *kan-ban*, que não favorece a circularidade de informação (fundamental ao processo flexível), pois o nível de *feedback* nesse sistema é quase nulo, dado que o processo de informação flui em apenas uma direção.

Benjamin Coriat, em seu estudo sobre a indústria japonesa, também cita que "o método japonês vale acima de tudo na medida em que inaugura para a empresa a era da regulação pelo engajamento" (Coriat, 1994:173). No modelo japonês o engajamento, chamado de estimulado, ocorre histórica e culturalmente pelo conjunto de contratos formais e informais de contrapartida que foram criados: os mercados internos que tendem a garantir emprego vitalício; o salário por antiguidade.

A grande dificuldade para a transposição desse modelo para o Ocidente não está, segundo Benjamin Coriat, na série de inovações organizacionais, mas em conceber tipos de contrapartidas e de compromissos sociais adaptados à sua realidade cultural, histórica etc., ou seja, "passar do engajamento estimulado ao engajamento negociado" (Coriat, 1994:173); o que pode produzir soluções de cunho não efetivamente flexibilizador, pois a negociação pode não ocorrer de forma igualitária, visto que os atores podem não possuir o mesmo nível de capacidade de negociação.

Rosabeth Kanter (1997) explora o aspecto do que se poderia chamar de "doce domínio", quando afirma que "as organizações pós-industriais aumentam muito as complexidades com que as pessoas têm que lidar e multiplicam as responsabilidades que elas carregam. A sedução do local de trabalho faz com que algumas pessoas queiram fazer mais, ao mesmo tempo, querendo ou não, sobrecarregam-nas totalmente" (Kanter, 1997:274). Kanter ainda relata uma análise envolvendo mais de 800 estudos de milhares de locais de trabalho com projetos de melhoria, que demonstrou que "mudanças mais comuns nos locais de trabalho eram voltadas para a criação de estruturas horizontais, enxutas, funcionários com múltiplas habilidades e configurações de equipes" (Kanter, 1997:280), conduzindo os trabalhadores a condições de maior sobrecarga e de maior absorção do trabalho.

Enfim, pode haver a tendência de que a flexibilização organizacional seria a nova roupagem do fordismo assumindo que a racionalidade utilitarista daquele modelo acaba sempre por superar as tentativas de democratização do ambiente da empresa, embora avanços nesse sentido sejam reconhecidos nesses novos métodos (Tenório, 2000b). A base de uma efetiva flexibilização organizacional, no sentido daquela que deve produzir os efeitos perseguidos quanto aos resultados empresariais, mas também com a participação consciente e contributiva dos trabalhadores na cogestão das empresas, deve estar fundamentada na "interação entre a evolução técni-

Flexibilização organizacional e tecnologia da informação

co-científica, a globalização e a cidadania. Gerenciar somente através das duas primeiras variáveis seria implementar mudanças sob a perspectiva neofordista" (Tenório, 2000b:182).

O paradigma da flexibilização organizacional de orientação pós-fordista determina um novo perfil do trabalhador, assim como do gestor, conforme Fernando G. Tenório (2000b:199) define:

> Antes do fordismo, o trabalhador-artífice detinha o controle da concepção, do processo, dos instrumentos de trabalho e, até, em muitos casos, da comercialização. Com o fordismo o trabalhador-massa perde esse controle e passa a executar suas tarefas segundo o planejado pelo quadro técnico da firma e através de uma supervisão estrita sobre o seu desempenho. O trabalhador-massa atua quase como uma extensão da máquina. Hoje, com a perspectiva pós-fordista e sob outras condições sociais e tecnológicas, começa a surgir o trabalhador societário. Tal como o trabalhador pré-fordista, o atual volta a colocar o seu conhecimento no processo produtivo, acrescido de ações intersubjetivas ou de cooperação social através de técnicas e instrumentos de produção mais sofisticados. Nesse sentido, o perfil do novo trabalhador exige um maior grau de escolarização, uma maior participação no processo de tomada de decisão e um maior número de atribuições na sua forma de trabalhar. Por sua vez, o perfil gerencial requerido sob a perspectiva pós-fordista é de um gerente capaz de refletir racionalmente, de usar o potencial social constituído pelo conhecimento e pela habilidade técnica com as orientações práticas que determinam a sua ação gerencial a partir do "mundo da vida".

Fernando G. Tenório (2000b:163) conclui que o novo paradigma organizacional "preconiza a diferenciação integrada da organização da produção e do trabalho sob a trajetória de inovações tecnológicas em direção à democratização das relações sociais nos sistemas-empresa", ressaltando a importância do exercício da cidadania nesse cenário.

Jürgen Habermas, da segunda geração da Escola de Frankfurt, define cidadania a partir de uma análise comparativa das três concepções de cidadania: liberal, republicana e deliberativa (apud Tenório, 2000b:183-184):

> Segundo a "concepção liberal", o processo democrático cumpre a tarefa de programar o Estado no interesse da sociedade, entendendo-se o Estado como aparato de administração pública e a sociedade como o sistema, estruturado em termos de uma economia de mercado, de relações entre pessoas privadas e do seu trabalho social. A política (no sentido da formação política da vontade dos cidadãos) tem a função de agregar e impor os interesses sociais privados perante um aparato estatal especializado no emprego administrativo do poder para garantir fins coletivos.

Segundo a "concepção republicana", a política não se esgota nessa função de mediação. Ela é um elemento constitutivo do processo de formação da sociedade como um todo. A política é entendida como uma forma de reflexão de um complexo de vida ético. Ela constitui o meio em que os membros de comunidades solidárias, de caráter mais ou menos natural, se dão conta de sua dependência recíproca, e, com vontade e consciência, levam adiante essas relações de reconhecimento recíproco em que se encontram, transformando-as em uma associação de portadores de direitos livres e iguais.

Conforme essa concepção (cidadania deliberativa), a razão prática se afastaria dos direitos universais do homem (liberalismo) ou da eticidade concreta de uma determinada comunidade (comunitarismo) para se situar naquelas normas de discurso e de formas de argumentação que retiram seu conteúdo normativo do fundamento da validade da ação orientada para o entendimento, e, em última instância, portanto, da própria estrutura da comunicação lingüística.

Percebe-se dessa análise que, nas duas primeiras perspectivas, o conceito de cidadania ou está definido em função dos direitos estabelecidos pela lei, ou na orientação por interesses comunitários, enquanto na última está apoiado no significado da racionalidade comunicativa, em que o cidadão participa na decisão do seu destino social como pessoa humana, ou seja, "a cidadania deliberativa ocorre quando o trabalhador, ao tomar consciência de seu papel como sujeito, e não coadjuvante social, isto é, tendo conhecimento do conteúdo social, interativo, de suas ações no trabalho, passa a reivindicar não somente maiores ganhos salariais e/ou melhores condições de trabalho, como também participação no processo de tomada de decisão nesse tipo de sistema" (Tenório, 2000b:184).

Segundo ainda Fernando G. Tenório, várias tentativas já foram realizadas procurando envolver maior participação do trabalhador nas decisões das empresas, entre elas a experiência bem-sucedida numa unidade industrial da Shell Canadá em Sarnia, Ontário, citada por Luiz Carlos Morais Rêgo, na qual foi possível identificar os seguintes pontos de interação trabalhador-fábrica:

- ❑ os empregados são tratados como pessoas, e não como braços ou "custo variável";
- ❑ as tarefas individuais são substituídas por processos ou conjunto de tarefas;
- ❑ a equipe, não mais o indivíduo, é a unidade organizacional responsável pelo desempenho;
- ❑ as responsabilidades das equipes incluem não só o fazer com qualidade, como também o planejar e aperfeiçoar o como fazer;
- ❑ os níveis hierárquicos são mínimos e as diferenças de *status* entre trabalhadores também são pequenas;
- ❑ os controles e a coordenação horizontal tornam-se atribuições de cada um da equipe, e o conhecimento, não mais o cargo, determina a influência de um indivíduo sobre os demais;

Flexibilização organizacional e tecnologia da informação 33

□ as expectativas de desempenho individual são elevadas e servem não para fixar padrões mínimos, e sim objetivos flexíveis que enfatizam o aperfeiçoamento contínuo e o foco nas necessidades do cliente;
□ as políticas salariais rejeitam as velhas fórmulas de avaliação do cargo, preocupando-se mais com o desempenho da equipe, incorporando também a distribuição equânime dos benefícios ganhos, da participação acionária e da participação nos lucros;
□ há maior preocupação com a estabilidade no emprego, traduzida pelas prioridades no aproveitamento do pessoal da casa liberado por movimentos de reengenharia, via treinamento e reciclagem;
□ há incentivo à participação de todos em comissões, grupos de trabalho ou seminários onde se discutem processos produtivos ou administrativos, políticas e práticas de pessoal, relacionamento com os sindicatos, bem como nas iniciativas visando à solução conjunta de problemas e conflitos.

Assim, a busca é por novas práticas que permitam a maior participação do trabalhador na tomada de decisões e no controle do seu trabalho através da adoção de formas mais cooperativas, flexíveis e participativas.

Para alcançar plenamente o formato organizacional de acordo com o novo paradigma, "dois elementos são importantes para consolidar esta proposta de uma gestão mais participativa: circulação das informações e gestão dialógica" (Tenório, 2000b:193):

Gestão dialógica

> *Quanto à gestão dialógica, a participação poderia ser efetivada no reconhecimento, pelos dirigentes, da competência do trabalhador em envolver-se nas decisões sobre o processo e resultados do trabalho.*
> (Tenório, 2000b:193-194)

A gestão no modelo fordista pode ser caracterizada, genericamente, como uma ação de caráter estratégico, ou seja, uma ação orientada quando no "cálculo que o ator faz de seu êxito, intervém a expectativa de decisões de ao menos outro ator que também atua com vistas à realização de seus próprios propósitos " (Habermas apud Tenório, 2000b:71). Mesmo ao longo do século XX, com o advento de abordagens sobre relações humanas, qualidade de vida etc., "cada um deles seria 'estrategizado' para ajudar a posterior racionalização do trabalho" (Alvesson et al., 1999:232).

Essa seria, então, uma ação de caráter "monológico" no sentido de que "ela se dá pelo absolutismo, ou seja, é uma ação autoritária" (Habermas apud Tenório, 2000b:74)

34 Tecnologia da informação transformando as organizações e o trabalho

exercida pelos gestores, ou seja, é "uma ação social calculada e utilitarista de meios e fins e implementada através da interação de duas ou mais pessoas na qual uma delas tem autoridade formal sobre a(s) outra(s)" (Tenório, 2000b:198).

As mudanças em direção à flexibilização organizacional de conteúdo pós-fordista demandam um outro nível de participação dos trabalhadores e, por conseguinte, provocam uma nova postura da gestão. Trata-se do incremento da democratização do ambiente organizacional, em que cada ator, consciente, preparado e dotado da palavra, pode interagir livremente com os demais na discussão racional de temas e problemas, traduzindo-se pela ação comunicativa[14] concebida por Habermas.

A gestão dialógica pressupõe a implementação da "democratização (...) por meio da intersubjetividade racional dos diferentes sujeitos sociais – subordinados e superiores" realizando-se através da abordagem dos temas em que "os participantes expõem os seus argumentos mediados lingüisticamente em busca do entendimento" (Tenório, 2000:198), produzindo um novo ambiente de gestão e de trabalho, que se dá então pelo uso de forma consciente e capaz da palavra;

Circulação de informação

> A circulação das informações, favorecida em grande parte pelos equipamentos e programas de base microeletrônica, contribuiria para uma maior participação porque os diferentes atores, na estrutura hierarquizada das organizações, teriam conhecimento do que ocorre na empresa pelo fato de as informações agora circularem com mais intensidade e serem tratadas de maneira mais coletiva.
> (Tenório, 2000b:193-194)

A aplicação de uma ação dialógica, que pressupõe atores conscientes e capazes de agirem comunicativamente no ambiente das empresas, remete à necessidade de alta disponibilidade de informações nos processos de trabalho e de decisão.

O deslocamento do trabalho individual, linear, para aquele em equipe e integrado em processos, traz consigo maior circulação de informação e a integração de diferentes atores no interior das organizações, o que facilita o compartilhamento de problemas e a busca integrada de soluções.

---

[14] Ação comunicativa: interação de, pelo menos, dois sujeitos capazes de falar e de agir, que se engajam numa relação interpessoal. Os atores buscam o entendimento sobre uma situação de ação, a fim de coordenar consensualmente seus planos de ação (Habermas apud Lojkine, 1995:118).

Nesse sentido, contribui muito a evolução técnico-científica no âmbito da microinformática e das telecomunicações, oferecendo meios para que o conhecimento seja transportado facilmente ao longo da organização – vertical e horizontalmente, através dos produtos cada vez mais integrados gerados pela TI.

Segundo Rogério Valle (apud Tenório, 2000b:194),

A menos que a empresa queira desperdiçar boa parte das possibilidades abertas pela automação e pela informática, é preciso deixar que o próprio pessoal de produção tome, cotidianamente, inúmeras microdecisões, pois a automação implica maior complexidade da manutenção das instalações, o que vem sendo resolvido pelas empresas através, sobretudo, de uma progressiva fusão, num mesmo cargo, das tarefas de fabricação e manutenção; a informatização implica contínua interação do pessoal de produção com o comando das instalações e com os sistemas de planejamento e controle da produção.

E isso pode e deve ser estendido às funções administrativas ou chamadas de suporte.

Para Lojkine (1999:110),

a própria complexidade das operações nas novas instalações automatizadas implica que os operadores, para evitar avarias que acarretam custos altíssimos, disponham, em seus terminais, de todas as informações concernentes aos incidentes, tenham acesso aos dados estocados e tratados, mas, também e sobretudo, possam antecipar os incidentes, diagnosticá-los, otimizar o funcionamento dos equipamentos e, muito especialmente, possam intervir sobre a organização e a gestão. Está dada aqui uma pressão para começar a ultrapassar as divisões hierárquicas e substituí-las por gradações flexíveis entre especialidades e campos de intervenção.

A utilização de novas tecnologias em microinformática, especialmente os "sistemas integrados de gestão", oferece uma grande possibilidade de incremento da circulação da informação e pode ampliar o conhecimento e consciência das pessoas sobre os processos e os negócios empresariais e, por conseguinte, fornecer uma das condições básicas para efetivar a flexibilização organizacional.

Castells (2000:189) deixa claro que os processos de flexibilização organizacional não tiveram a sua gênese na TI (a Toyota pode ser tomada como exemplo), afirmando que "o obstáculo mais importante na adaptação da empresa vertical às exigências da flexibilidade (...) era a rigidez das culturas corporativas tradicionais", citando como exemplo que a introdução das tecnologias com base informática nos anos 1980 "agravou os problemas de burocratização e de rigidez".

Portanto, a TI, em si, não garante a concretização do potencial de valor do trabalho, pois ela "tanto pode ser uma força libertadora como também uma tendência repressiva, se os redefinidores das regras sempre forem os poderes constituídos" (Castells, 2000:78), ou seja, se não houver uma gestão dialógica na qual todos os atores envolvidos estejam presentes no processo de tomada de decisão.

Tecnologia da informação

Pode-se conceituar a TI como um "conjunto convergente de tecnologias em microeletrônica, computação (software e hardware), telecomunicações/radiodifusão e optoeletrônica" (Castells, 2000:49), formando um aparato integrado que suporta a veiculação e o manuseio de informações.

Um sistema de informação "é um conjunto de componentes inter-relacionados, desenvolvidos para coletar, processar, armazenar e distribuir informação para facilitar a coordenação, o controle, a análise, a visualização e o processo decisório" e com os seguintes atributos, segundo Laundon (1999:17-37):

- entrada, processamento e saída são as três atividades básicas de um sistema de informação; através dessas atividades, dados originais são transformados em informação útil;
- a finalidade de se construir sistemas de informação é resolver uma variedade de problemas organizacionais;
- um sistema de informação consiste em três entidades que se ajustam mutuamente: pessoas, organizações e tecnologia;
- a dimensão pessoas dos sistemas de informação envolve assuntos como treinamento, atitudes no emprego, ergonomia e interface com o usuário;
- a dimensão tecnologia dos sistemas de informação consiste em hardwares (equipamentos) e softwares (programas) de computadores e tecnologia de armazenamento de dados e comunicações;
- a dimensão de organizações dos sistemas de informação envolve assuntos como hierarquia das organizações, especialidades funcionais, procedimentos empresariais, cultura e grupos de interesses políticos;
- o conhecimento em sistemas de informação envolve a compreensão das dimensões, pessoas e organizações dos sistemas de informação, além da TI;
- conhecimento, informação e dados são diferentes. A informação é criada a partir de fluxos de dados através da aplicação de conhecimento. O objetivo dos sistemas de informação é criar e distribuir informação e conhecimento útil de uma maneira projetada para resolver algum problema de organização;

Flexibilização organizacional e tecnologia da informação 37

- as empresas utilizam sistemas de informação para lidar com problemas organizacionais internos e para assegurar sua sobrevivência em um ambiente externo em mudança contínua;
- os sistemas de informação podem ser vistos sob as seguintes perspectivas: sistemas para servir áreas funcionais específicas da organização; sistemas de diferentes tipos para resolver variados problemas em diferentes níveis da organização; sistemas para servir a organização como um todo (sistemas integrados de gestão).

Acredita-se que o mundo está vivenciando, através da TI, uma mudança tecnológica como foram aquelas que precederam as revoluções industriais I e II pela "sua penetração em todos os domínios da atividade humana, não como força exógena de impacto, mas como o tecido em que essa atividade é exercida" (Castells, 2000:50).

Um breve histórico compilado por Castells (2000) sobre a evolução tecnológica no âmbito da informática pode ser observado a seguir, destacando-se a velocidade com que elas vêm ocorrendo através de ciclos cada vez mais curtos.

Quanto à evolução da eletrônica, em si, como base para a informática:

- durante a II Guerra Mundial e no período seguinte, começam as principais descobertas, o primeiro transistor;
- criação, em 1957, do circuito integrado pela Texas Instruments;
- invenção, em 1971, do microprocessador pela Intel.

Quanto à evolução dos computadores:

- 1946 – computador Eniac com 30 toneladas para uso experimental e pesquisa;
- 1951 – a IBM produz o Univac, a primeira versão comercial;
- 1964 – a IBM lança os mainframes 360/370 de alta capacidade de processamento;
- 1976 – a Apple lança o primeiro microcomputador para uso pessoal;
- 1981 – a IBM lança a sua versão de microcomputador, popularizando o chamado personal computer (PC) para designar todo e qualquer computador para uso pessoal.

Quanto à aplicação no âmbito da automação dos trabalhos administrativos e de escritório:

- anos 1960 e 1970 dominados pelos mainframes, computação centralizada, caracterizada por rigidez e controle hierárquico do fluxo de informações;
- início dos anos 1980 – uso de microcomputadores, tendo apoio de base de dados centralizada, operando às vezes em rede;
- anos 1990 – uso integrado de microcomputadores e processamento central em tempo real, com bases de dados normalmente únicas e com acesso simultâneo sobre a mesma base de dados. Condições fundamentais são as novas tecnologias de comunicação: cabos de fibra ótica, transmissão por satélite etc.

Especialmente intensa e profunda é a revolução informacional, pois se caracteriza por "expandir-se exponencialmente em razão da sua capacidade de criar uma interface entre campos tecnológicos mediante uma linguagem digital comum" (Castells, 2000:50), afetando quase todas as áreas da atividade humana.

As estruturas organizacionais estão se alterando em função da globalização e da revolução tecnológica. Essa última produz, através da TI, também um impacto sobre a estrutura, pois,

> enquanto os administradores procuravam incorporar as novas tecnologias da informação às tradicionais estruturas e aos processos organizacionais, os novos computadores de última geração e os mecanismos de informação ficaram impedidos de render todo o seu potencial. Mas, recentemente, as corporações começaram a estruturar o ambiente de trabalho para torná-lo compatível com a nova cultura das máquinas de alta tecnologia.
>
> (Rifkin, 1995:6)

Os modelos e a forma de gestão estão intimamente ligados aos sistemas de informação, influenciando e fazendo-se influenciar na empresa, como pode se observar nas seguintes possibilidades (Rezende, 1999:31):

a) gestão autoritária: a gestão e o processo decisório estão centralizados na alta administração da empresa, fazendo com que os sistemas de informação sejam precários, fechados e também autoritários. Os assuntos são discutidos e decididos na alta administração, sem a participação da respectiva unidade departamental destinatária, cabendo a essa o aceite e o cumprimento das determinações;

b) gestão democrática: a alta administração, a gestão e o processo decisório consultam e permitem a participação dos níveis inferiores, possibilitando também a delegação, fazendo com que os sistemas de informação, embora fechados, sejam facilitados para serem abertos. Os assuntos são discutidos com todos, mas normalmente a respectiva unidade departamental destinatária acaba executando as determinações. Neste sentido, muitas vezes a gestão democrática é maquiada pela gestão autoritária;

c) gestão participativa: a alta administração, a gestão e o processo decisório estão descentralizados e permitem a delegação e o envolvimento de todos os níveis. Definindo políticas e controlando resultados, fazendo com que os sistemas de informação sejam totalmente abertos, transparentes e efetivos. Os assuntos são discutidos e decididos em conjunto com a efetiva participação da respectiva unidade departamental destinatária, cabendo a todos o aceite e o cumprimento das determinações. A gestão participativa é a mais indicada para a gestão de informática e/ou de TI;

d) gestão situacional: a alta administração, a gestão e o processo decisório requerem situações específicas para poderem atuar de forma momentânea, muitas vezes desvinculadas das políticas e regras definidas. Os assuntos são discutidos e decididos naquele momento com ou sem a participação da respectiva unidade departamental destinatária, cabendo a essa ou a todos o aceite e o cumprimento das determinações.

De certa forma,

> a nova tecnologia de informação permitirá o surgimento de novas formas de organização (...). A hierarquia tem sido a forma natural de estrutura organizacional (...). As hierarquias reduzem o número de interfaces pela limitação de seu número em cada nível; mas agora milhares de pessoas podem comunicar-se rapidamente por computador.
> (Galbraith et al., 1995:XXVI)

> A natureza mutante do controle organizacional está eliminando a necessidade de um gerenciamento hierárquico e orientado para o controle. Em alguns casos, a função de controle foi transferida para os clientes e funcionários; em outros, a computadorização do fluxo de informações automatizou o sistema formal de controle.
> (Galbraith et al., 1995:XXVII)

No nível gerencial, já está claro que, "com as complexidades e rápidas mudanças que existem no ambiente, é impossível, mesmo para as organizações de *staff* mais eficientes, antecipar todos os cenários possíveis e preparar as regras de decisão apropriadas" (Galbraith et al., 1995:52).

O trabalho de *staff* "é essencialmente o manuseio de informações, e as novas tecnologias de informação poderão alterar radicalmente como e onde esse trabalho é executado" (Galbraith et al., 1995:53), reduzindo não só a quantidade necessária de supervisão, mas também alterando o estilo da supervisão requerida.

A flexibilização organizacional tende a facilitar conceitos de trabalho organizado principalmente em times multifuncionais operando por meio dos processos empresariais. Essa forma de trabalhar provoca crescimento exponencial das interações internas e, conseqüentemente, da necessidade de informações para suportar o trabalho. Nesse contexto mais complexo, as tecnologias baseadas em computador viabilizam tecnicamente a flexibilização organizacional no mundo globalizado, pois "permitem que a informação seja processada horizontalmente ao invés de verticalmente, derrubando a tradicional pirâmide corporativa em favor de redes operando ao longo de um plano comum" (Rifkin, 1995:109).

Tecnicamente, "torna-se possível, também para os empregados, lidar com uma boa parte da coordenação necessária e com o intercâmbio de informações sem usar a hierarquia ou um supervisor para fazer a ligação entre as diversas áreas da organização" (Galbraith et al., 1995:159), elevando assim o seu poder de conduzir o próprio trabalho e de agir conjuntamente com outras pessoas.

Essa condição, porém, resulta em que seja "maior a necessidade de um trabalhador instruído e autônomo, capaz e disposto a programar e decidir seqüências inteiras de trabalho" (Castells, 2000:263), o que também é reforçado pela "própria natureza do trabalho informacional que exige cooperação, trabalho em equipe, autonomia e responsabilidade dos trabalhadores, sem o que não se consegue alcançar todo o potencial das novas tecnologias" (Castells, 2000:268).

A TI traz no seu bojo, assim como qualquer outro instrumento de gestão empresarial, um viés racionalista, no sentido de que deve servir aos propósitos empresariais de produzir os resultados estratégicos desejados. Essa face da TI pode conduzir a impactos não exatamente otimistas e idealistas:

❑ "a introdução da tecnologia computadorizada acelerou significativamente o ritmo e o fluxo de atividade no local de trabalho, forçando milhões de trabalhadores a se adaptarem à cultura do nanossegundo (...) onde o cansaço físico gerado pelo ritmo acelerado da antiga economia industrial está sendo superado pela fadiga mental" (Rifkin, 1995:205);

❑ a estruturação e a concepção das ferramentas de TI são realizadas através de funcionários superqualificados, ficando o trabalhador comum "impotente para exercer julgamentos independentes, tanto na fábrica como no escritório, e tendo pouco ou nenhum controle sobre os resultados previamente ditados por programadores especializados" (Rifkin, 1995:201);

❑ também "a capacidade tecnológica de reintegração das contribuições de vários trabalhadores em horários diversos em uma rede de informação armazenada ocasiona variação constante do tempo real de desempenho do trabalho, abalando a capacidade de estruturação do tempo de trabalho na vida cotidiana (...) seu impacto no tempo real do trabalho e nos horários é indeterminado" (Castells, 2000:468);

❑ um certo aprofundamento na distância entre as classes trabalhadoras em geral, "na qual uma minoria *high tech* tem a cidadania tecnológica, econômica e política e o resto da população está excluído do mecanismo de formação de riqueza e do processo político" (Dosi, 1997:7);

❑ descompasso entre a redução nos quadros operacionais resultantes da racionalização do trabalho rotinizado pela TI e a criação de novas oportunidades de trabalho resultantes de atividades mais qualificadas voltadas para a melhoria dos produtos/ serviços e, portanto, da competitividade;

❑ risco de perda do conhecimento acumulado pelas pessoas ao longo de sua experiência no trabalho quando os sistemas de informação não se preocuparem em considerá-los na sua concepção e/ou somente utilizarem prescrições padronizadas ou, então, definidas pelos detentores da tecnologia informacional.

A implementação de instrumentos apoiadores da gestão, como é o caso dos sistemas de informação, em especial os "sistemas integrados de gestão", geralmente pro-

Flexibilização organizacional e tecnologia da informação 41

duz mudanças de grande porte, pois alteram a forma como as pessoas estão acostumadas a fazer as coisas, demandando uma perspectiva cada vez mais multifacetada e complexa dos processos de trabalho, uma nova relação de poder e hierarquia, além de novo nível e tipo de conhecimento tecnológico.

Não se trata de simples troca de ferramentas de trabalho, visto que "a informatização, a automação e a robotização não se implantam por simples substituição de procedimentos técnicos, mas exigem uma nova concepção do ambiente de trabalho e de organização social da produção" (Motta, 2000:xii), resultando em alteração no "contrato psicológico de quase todos na organização (o que se espera de mim como contribuição e em troca de quais resultados?)" (Galbraith et al., 1995:83).

Nesse contexto, as implantações de sistemas de gestão com TI deveriam atender a uma abordagem que busque "inovar no trabalho mental, e não reproduzir o mundo físico" (Duck, 1999:58) como forma de garantir suas eficácia e sustentabilidade.

Mudanças do porte, como os novos sistemas de gestão causam, só se concretizam efetivamente quando "se transformam na maneira como fazemos as coisas aqui, no momento em que se infiltra na corrente sangüínea do corpo organizacional" (Kotter, 1999:25), já que as pessoas é que dão vida aos processos empresariais.

A implantação de modernos instrumentos de gestão, assim como todo processo de mudança, "traz a visão do progresso, carrega a conotação da virtude e do mais bem realizado"; conduz, de outro lado, à constatação de que "alguma tecnologia, habilidade ou prática se tornou obsoleta" (Motta, 2000:xiv), produzindo, basicamente, duas reações opostas nos empregados: a expectativa excitante de obter ganhos e avanços através das melhorias prometidas ou percebidas pela nova situação projetada e o temor por perdas que a alteração da situação vigente possa produzir.

Sob a ótica desse temor produzido pela mudança, Motta identifica quatro atitudes principais de resistência, tanto individual quanto dos diversos grupos organizacionais, a esse processo:

- receio do futuro: a situação atual vivida é real e cheia de significados e familiaridade, enquanto a situação projetada pela mudança não traz ainda nenhuma identidade;
- receio do passado: experiências anteriores malsucedidas produzem marcas nas pessoas, restringindo sua capacidade de acreditar que dessa vez será diferente;
- recusa em pagar o ônus da transição: mesmo visualizando a melhoria prometida, o preço para alcançá-la pode ser alto demais para os envolvidos;
- acomodação ao *status*: quanto melhor é a situação atual, maior é o desejo de não alterá-la por julgar que não há certeza do que o futuro possa garantir.

Ultrapassar as resistências, ou seja, a construção de um contexto favorável para a implantação e utilização do novo método, "consiste em preparar os participantes, compreender o que sabem e o que não sabem fazer, trabalhar com eles, observar seu de-

42 Tecnologia da informação transformando as organizações e o trabalho

sempenho, proporcionar-lhes *feedback* e promover o diálogo constante" (Duck, 1999:64).

Para se restringir o impacto da resistência, essa mudança deve significar, além do objetivo estratégico perseguido de melhoria de desempenho, um benefício para a comunidade envolvida, pois "os empregados não se sacrificarão, mesmo que estejam infelizes com a situação, sem acreditarem na hipótese de uma mudança proveitosa", além de uma "tentativa consciente de mostrar às pessoas como as novas abordagens, comportamentos e atitudes contribuíram para a melhoria de desempenho" (Kotter, 1999:18 e 25).

Em geral, é precisamente no âmbito da dimensão social que "mais se solapa ao longo do processo de mudança, como resultado do surgimento do conflito e da ruptura da comunicação" (Strebel, 1999:137).

Dessa forma, definir como o processo será implementado é tanto ou mais importante do que conceituar a natureza da mudança que se objetiva, já que "conduzir a inovação é algo mais complexo do que implícito na visão simplista e seqüencial do planejamento-ação (...), é gerenciar o hiato entre a percepção da realidade vivida e a promessa da nova ordem; é lidar com fatores que facilitam ou inibem as novidades" (Motta, 2000:188-189).

Enfim, a tarefa de conduzir o processo de mudança parece significar "gerenciar a conversa (interação) entre as pessoas que lideram o programa de mudança e aqueles que devem implementar as novas estratégias; criar um contexto organizacional propício à mudança; e administrar conexões emocionais que tradicionalmente têm sido banidas do ambiente de trabalho, mas que são essenciais para a transição bem-sucedida" (Duck, 1999:56), o que parece confirmar a necessidade de uma abordagem não apenas estratégica, mas também uma consideração dialógica do processo de flexibilização organizacional com o uso da TI.

Perspectiva do setor de serviços

No setor de serviços, o ritmo de transformações tem se mostrado intenso: cada vez mais busca-se melhor entender e atender as necessidades dos clientes através da oferta de serviços diferenciados e com qualidade superior. A agregação constante de novos valores (como rastreamento de pedidos, prontidão de entrega, antecipação do desejo do cliente, efetividade nas respostas às diferentes demandas, serviços pós-venda etc.) aos serviços a preços competitivos torna-se uma máxima no setor. O relacionamento das organizações para com o mercado também tem se modificado pela necessidade de oferecer soluções únicas que cada cliente deseja. Muda-se a dinâmica dos processos refletindo na forma de negociar. A busca permanente por informações cada vez mais apuradas e mais rapidamente disponíveis torna-se um diferencial competitivo importante. As organizações voltam-se a um novo comércio, no qual os ativos são inteligência, conhecimento, criatividade, informações. A produção industrial perde espaço para a produção de idéias e o fornecimento de serviços.

Complexificação

As pressões competitivas sobre as organizações aumentaram e forçaram sua orientação para processos de negócios cada vez mais ágeis, de forma a suprir as necessidades que o mercado de serviços estabelece. Por outro lado, a evolução científica passou a resultar em inovação tecnológica cada vez mais orientada para as necessidades do mercado e da competitividade por ele gerada. A complexidade do novo sistema requer troca de informações cada vez maior entre suas unidades – organizações, associações, instituições e indivíduos, criando uma necessidade crescente de comunicação. Isso traz a necessidade de as empresas conversarem entre si em bases semelhantes, requerendo não só internamente, mas também com os fornecedores e clientes, uma integração da informação e comunicação de forma a manter uma mesma qualidade em serviços. O ritmo da mudança tecnológica, das transações e da vida diária acelera. A informação substitui cada vez mais o grosso das matérias-primas, da mão-de-obra e de outros recursos. Segundo Toffler e Toffler (1999:43),

> muitas das mudanças no sistema de conhecimento da sociedade traduzem-se diretamente em operações de negócios. Esse "sistema de conhecimento" é um componente ainda mais disseminado no ambiente de cada firma do que o sistema bancário, o sistema político ou o sistema energético. Afora o fato de que nenhuma companhia poderia abrir suas portas se não houvesse linguagem, cultura, dados, informação e *know-how*, há o fato mais profundo de que, de todos os recursos necessários para criar riqueza, nenhum é mais versátil que o conhecimento.

Além da evolução tecnológica, a globalização dos mercados também produz mudanças profundas no ramo de serviços. Nesse sentido, as organizações transnacionais têm demandado de seus fornecedores e parceiros preços e condições de fornecimento de serviços em nível mundial, não importando onde estejam localizados. "Nos Estados Unidos (...) a exportação mundial de serviços e propriedade intelectual pode ser hoje quase igual à de produtos eletrônicos e automóveis combinados ou de alimentos e combustíveis somados" (Toffler e Toffler, 1999:63).

A decorrência desse novo cenário tem sido a crescente "complexificação" do ambiente de negócios, com elevado número de interações entre as empresas e dentro delas, exigindo das mesmas estruturas de informações cada vez mais velozes e precisas, de forma a otimizar recursos e maximizar seu atendimento ao mercado.

O desafio do setor de serviços

Com a maior "complexificação" dos negócios, o posicionamento das organizações tem sido o de oferecer serviços adaptados às necessidades de seus mercados-alvo.

As escolhas limitadas e restritas dão lugar a uma multiplicidade de estilos e orientações de escolhas fortemente individualizadas. O universo de consumidores não é mais um agregado indistinto no qual poucas escolhas de serviços satisfazem poucos gostos homogêneos, mas um sistema de alta diversificação no qual é possível identificar segmentos de mercado e consumidores-alvo diferenciados em termos de valores, de comportamentos de consumo, de rentabilidade. "Num sistema de opções múltiplas, em outras palavras o consumidor não é mais 'administrado', mas torna-se 'cliente', e o mercado não mais determinado somente pelo vendedor, mas também pelo consumidor" (De Masi, 1999:361).

A busca por diferenciais competitivos remete as organizações a obterem maior confiabilidade, qualidade e rapidez na geração de informações para a tomada de decisões, fortalecendo a integração interna (entre departamentos) e a externa (com os clientes) através da melhoria do nível de atendimento. Os recursos envolvidos para tal são de ordem física, como, por exemplo, equipamentos e estoques, e de ordem organizacional, como estrutura e pessoal envolvido com a gestão de seus processos. A gestão eficaz dos seus processos estratégicos e de sustentação do atendimento ao mercado através da utilização otimizada de seus recursos passa a ser fator crítico para a sobrevivência das empresas.

O setor de serviços passa então a ter desafios que podem ser conflitantes:

❑ flexibilizar a sua organização no sentido de que ela seja capaz de reagir de forma flexível e rápida às diferentes e complexas demandas do negócio, delegando cada vez mais poder e autonomia às pessoas que estão envolvidas nos processos e, portanto, mais próximas dessas demandas. O resultante tende a ser um aumento dos recursos envolvidos nesses processos;

❑ racionalizar os processos de forma a reduzir continuamente os custos a eles relacionados, mas ao mesmo tempo aumentar sua eficiência com maior qualidade de informações, integração entre atividades e tarefas, redução no nível de erros etc.

A utilização da TI através do desenvolvimento de aplicativos tem sido também um instrumento muito utilizado pelo setor de serviços na sua tentativa de gerenciar seus processos. Porém eles mesmos sofriam da ineficiência organizacional, já que as pessoas envolvidas no processo de trabalho e os técnicos de informática alteravam pontos do sistema à medida que novas necessidades surgiam ao longo do tempo. Além disso, não havia integração entre os diversos sistemas, o que invariavelmente exigia a interferência do trabalhador nos pontos de interligação.

Os ERP vieram principalmente para dar uma resposta tecnológica a esses entraves, suprindo as empresas de um instrumento que integra os diversos processos e atividades e que, para ser alterado, requer decisão central e integrada, além de significar dispêndios importantes e/ou a manutenção de elevada estrutura de suporte técnico. Com esse instrumento, os objetivos de flexibilizar delegando mais para as pessoas e reduzindo o nível de supervisão/controle necessário parecem ser possíveis de serem alcançados, já que o sistema opera essa supervisão, fazendo com que as pessoas sigam os processos que foram formatados e institucionalizados no sistema.

Perspectiva da indústria

No setor industrial, o ritmo de transformações é especialmente intenso, principalmente pela forma que tem adquirido, resultando em mudanças importantes na dinâmica dos processos industriais, no conceito de produto tradicional e na importância relativa do trabalho produtivo direto e indireto.

Complexificação

A evolução científica passou a resultar em inovação tecnológica cada vez mais orientada às necessidades que as indústrias definem, a partir dos requisitos do mercado e da competitividade por ele gerada. O tempo médio de desenvolvimento de novos produtos tem se reduzido drasticamente, tornando o ciclo de obsolescência cada vez mais veloz. Produtos como máquinas de datilografar, telex, *mainframes*, disco de vinil etc., que viveram por bastante tempo, rapidamente desapareceram pulverizados pelos seus sucessores, por vezes aniquilando segmentos de negócios ou empresas inteiras. Máquinas e equipamentos correm cada vez mais risco de um prematuro obsolescimento.

Além da evolução tecnológica, a globalização dos mercados também produz mudanças profundas no ramo industrial. As indústrias de produto final têm se esforçado em manter produtos mundiais, ou seja, similares fabricados e vendidos em todos os mercados em que atuem, de forma a otimizar estruturas e custos (máquinas, equipamentos, inventários). Nesse sentido, também têm demandado de seus fornecedores preços e condições de fornecimento em nível mundial, não importando onde estejam localizados.

Também tem havido um movimento de concentração dos grupos empresariais através de aquisições, fusões e associações na busca por sinergias tanto em custos quanto em *know-how* e mercados: Mercedes-Benz e Chrysler, Renault e Nissan, GM e Fiat etc. Além disso, essa nova realidade produz também um confronto de culturas e conceitos de gestão entre as indústrias que antes competiam e que agora decidem trabalhar juntas.

Essa condição remete também à necessidade de que as indústrias possam conversar entre si em bases semelhantes, requerendo, pelo menos dentro da mesma compa-

46 Tecnologia da informação transformando as organizações e o trabalho

nhia, quando não também com os fornecedores e clientes, uma integração entre informação e comunicação.

O resultado tem sido a crescente "complexificação" do ambiente de negócios, com elevado número de interfaces entre as empresas e dentro delas, exigindo elevada prontidão e competente preparo dos processos organizacionais para atender às demandas descontínuas do mercado e com foco cada vez maior na otimização dos recursos aplicados.

Ampliação do conceito de produto

Uma das principais resultantes dessa maior pressão por competitividade é a revisão do conceito de produto que as indústrias devem oferecer: no passado o produto era o bem físico utilizável pelo cliente, hoje cada vez mais o produto deve vir agregado a serviços que atendam e superem os desejos dos clientes (Churchil et al., 2000).

Cada vez mais as indústrias têm se orientado para agregar valor ao produto que oferecem, concluindo que, sendo tecnologia e capital dois recursos acessíveis pelas empresas, o diferencial está focado na parcela abstrata do produto, ou seja, no adicionamento de valor através de prontidão de entrega, antecipação do desejo do cliente, efetividade nas respostas às diferentes demandas, serviços pós-venda etc.

Essa parcela de agregação de valor apóia-se principalmente no jeito como as coisas são feitas dentro das indústrias e, por decorrência disso, na forma como as pessoas realizam o trabalho. O atual relacionamento das indústrias para com o mercado também tem se modificado pela necessidade de oferecer soluções únicas para cada cliente diferente, o que pode determinar o pacote de benefícios ou características que deve ter do produto oferecido (produto aqui é considerado o bem físico com os serviços agregados).

Trabalho indireto

Com a maior complexificação dos negócios e o conceito ampliado de produto (bem físico mais os serviços agregados) tem ocorrido um aumento significativo da importância dos processos indiretos, ou seja, aqueles não ligados diretamente ao ato de produzir, com respectivo aumento de recursos a eles designados:

❑ estoques de vendas, almoxarifados, sistemas de distribuição e de transporte etc.;
❑ serviços de pós-venda, assistência técnica, de atendimento ao consumidor etc.;
❑ atividades de planejamento da demanda, avaliação e decisão sobre investimentos, integração da cadeia logística com clientes e fornecedores etc.

Os recursos envolvidos são de ordem física como estoques, estruturas de almoxarifado etc., e de ordem organizacional como estrutura e pessoal envolvido com a gestão desses processos indiretos. O trabalho manual dentro da indústria e que resulta na produção do bem a ser vendido tem cada vez menos importância relativa, havendo um aumento da importância do trabalho abstrato ou indireto, ou seja, aquele realizado pelas chamadas áreas-meio.

A crescente importância do processo ou trabalho indireto não está apenas no aumento de sua participação no bolo de custos da organização, mas, talvez principalmente, pelo impacto que pode causar na sobrevivência da empresa, pois é responsável pela utilização otimizada dos recursos industriais e por gerir os principais processos estratégicos e de sustentação do atendimento ao mercado. Conforme Antunes (2000:126),

> no mundo da tecnociência a produção do conhecimento torna-se um elemento essencial da produção de bens e serviços, (...) as capacidades dos trabalhadores de ampliar seus saberes (...) tornam-se uma característica da força de trabalho em geral (...), a força de trabalho apresenta-se cada vez mais como força inteligente de reações às situações de produção em mutação e ao equacionamento de problemas inesperados.

Iniciativas como reengenharia ou gestão estratégica de custos ABC[15] têm buscado reduzir o tamanho relativo do trabalho indireto através da otimização e da racionalização dos processos, no mesmo sentido que tem sido feito há muitos anos no chão de fábrica. O foco não é apenas reduzir seu tamanho, mas também, e talvez principalmente, obter mais resultados com o trabalho indireto, minimizando também os riscos que dele são derivados.

Os modelos modernos de gestão têm direcionado o seu foco da simples operação industrial em si para os processos indiretos de agregação de valor: da chamada "produção puxada" instituída dentro do conceito de *lean-production* (produção enxuta, que é sinônimo do sistema Toyota de produção) para a chamada *lean-organization* (organização enxuta), ultrapassando as barreiras da fábrica e invadindo os escritórios.

O desafio das indústrias

A indústria passa então a ter desafios que podem ser conflitantes:

❑ flexibilizar a sua organização no sentido de que ela seja capaz de reagir de forma flexível e rápida às diferentes e complexas demandas do negócio, delegando cada vez mais poder e autonomia às pessoas que estão envolvidas nos processos e, por-

---

[15] Sistema de custo ABC: metodologia de custeio que identifica o consumo que cada produto faz das atividades indiretas que o apóiam; é utilizado para identificar e eliminar tarefas indiretas sem agregação de valor.

tanto, mais próximas dessas demandas. O resultante tende a ser um aumento dos recursos envolvidos nesses processos;

❑ racionalizar os processos indiretos de forma a reduzir continuamente os custos relacionados aos processos indiretos (inventários, estrutura de pessoal etc.), mas ao mesmo tempo aumentando sua eficiência com maior qualidade de informações, integração entre atividades e tarefas, redução no nível de erros etc.

As indústrias têm buscado, como já mencionado, várias metodologias de melhoria dos seus processos de trabalho indireto (reengenharia, *lean-organization* etc.) e que produzem de fato ganhos efetivos tanto no desempenho dos processos quanto na redução da parcela de trabalho e custo indireto.

A microinformática tem sido também um recurso muito aplicado pelas indústrias na sua tentativa de gerenciar os processos indiretos, como é o caso do *materials requirements planning* (MRP), do *manufacturing resources planning* (MRP II) etc. Porém eles mesmos sofriam da ineficiência organizacional, já que as pessoas envolvidas no processo de trabalho e os técnicos de informática alteravam pontos do sistema à medida que novas necessidades surgiam ao longo do tempo. Além disso, não havia integração entre os diversos sistemas, o que invariavelmente exigia a interferência do trabalhador nos pontos de interligação.

Os ERP vieram principalmente para dar uma resposta tecnológica a esses entraves, suprindo a indústria de instrumento que integra os diversos processos e atividades e que, para ser alterado, requer decisão central e integrada, além de significar dispêndios importantes e/ou a manutenção de elevada estrutura de suporte técnico.

Em suma, trata-se analogicamente da esteira nos processos de produção aplicados dessa vez no âmbito do trabalho abstrato. Com esse instrumento, os objetivos de flexibilizar delegando mais para as pessoas e reduzindo o nível de supervisão/controle necessário parecem ser possíveis de serem alcançados, já que o sistema é que opera essa supervisão, fazendo com que as pessoas devam seguir de forma inapelável os ditames do processo que foi formatado e institucionalizado no sistema.

Capítulo 2

Sistemas integrados de gestão

Neste capítulo apresentamos o referencial teórico-técnico dos sistemas integrados de gestão, denominados ERP (*enterprise resource planning*), relatando sua história, suas características principais, o processo utilizado para sua implantação, bem como os impactos e benefícios de sua utilização.

Os antigos sistemas informacionais eram construídos normalmente a partir da definição do objetivo geral, a qual era elaborada pela supervisão, detalhada e, finalmente, estruturada a partir da experiência das pessoas envolvidas no processo a informatizar.

Objetivavam solucionar problemas funcionais, nem sempre considerando soluções integradas para todo o processo empresarial (foco local – departamentalizado). Esse caminho pode gerar algumas distorções:

- certa ineficácia corporativa, pois as soluções costumam ser normalmente orientadas para resolver problemas pontuais;
- alta dependência de pessoas-chave da empresa (usuário e analista de sistema), conhecedoras dos processos e procedimentos;
- manutenção de estrutura própria de analistas e programadores para cuidar dos sistemas específicos de cada departamento;
- grande esforço para manutenção da atualidade tecnológica quanto às melhores práticas ou inovações de gestão;
- redundância no fornecimento e atualização de informações;
- heterogeneidade dos processos ocasionando dificuldades na integração dos mesmos.

As organizações eram também vistas como coleções de processos empresariais inter-relacionados que cobriam diversas áreas funcionais, organizando, coordenando e focalizando trabalho necessário para produzir um produto ou serviço.

Histórico

A utilização de computadores nas organizações como suporte a processos de negócios iniciou-se na década de 1960 com aplicativos voltados a aplicações financeiras desenvolvidos a partir de equipes internas das empresas, pois a oferta de softwares aplicativos era incipiente. A tecnologia era utilizada para automatizar processos informacionais antes realizados manualmente.

Na década de 1970 surgiram os pacotes de *material requirements planning* (MRP) – pacotes de software de controle de estoques de empresas de manufatura que davam apoio a funções de planejamento de produção e compras. Esses pacotes não davam suporte a planejamento de capacidades de produção e de custos e não se integravam com as demais aplicações da empresa. Na década de 1980 surgiu o *manufacturing resource planning* (MRP II). Além das funcionalidades anteriores (produção e estoque), eles tratavam de planejamento de capacidade de produção e de funções financeiras, como orçamento e custeio da produção, mas tinham uso departamentalizado sem integração com os demais processos empresariais.

Como resultado da evolução da microinformática e das comunicações e visando solucionar parte das distorções citadas, a TI produziu, no início da década de 1990, os ERP. "Nessa época, as pressões competitivas sobre as organizações aumentaram e forçaram sua orientação para processos de negócios, em substituição à orientação funcional que prevalecia anteriormente" (Colangelo Filho, 2001:19). A figura 1 resume a evolução dos sistemas.

Figura 1
Evolução dos sistemas

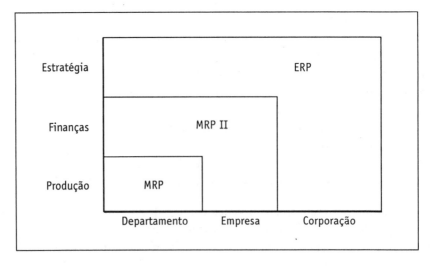

Os ERP podem ser definidos, a partir da pesquisa de Deloitte (1998, apud Souza e Zwicker, 2000), como "um pacote de softwares de negócios que permite a uma companhia automatizar e integrar a maioria de seus processos de negócio, compartilhar práticas e dados comuns através de toda a empresa e produzir e acessar informações em tempo real".

Características

Os ERP caracterizam-se basicamente por integrarem as diversas áreas das organizações em uma única aplicação, ou seja, em um único sistema com a visão de processos de negócios, e não mais a visão departamentalizada que a precedeu (figura 2).

Figura 2
Visão de processos

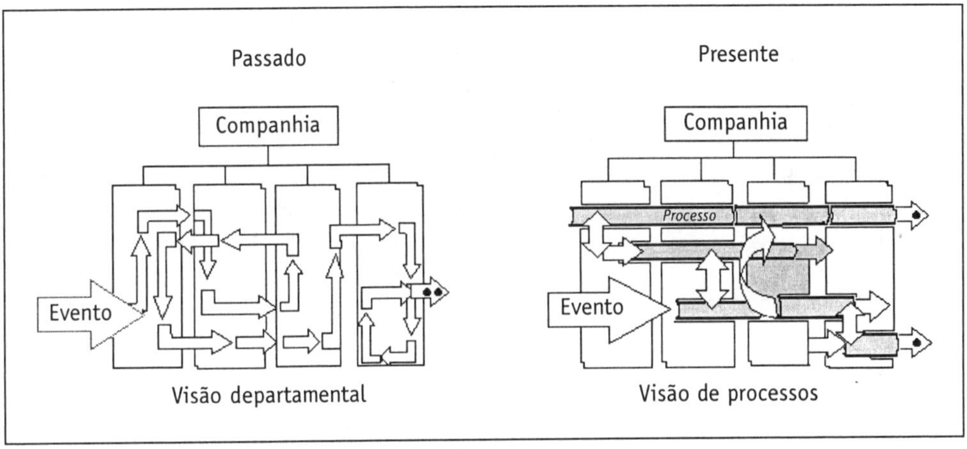

A integração presume o uso comum dos dados – um evento é registrado uma só vez e produz os efeitos em todos os processos que estão envolvidos – e uma consistência de conceitos e processos de negócios. "A homogeneidade dos processos é o pré-requisito da integração, já que não há como integrar ações baseadas em conceitos conflitantes" (Colangelo Filho, 2001:18).

Os ERP contêm diferentes módulos por área funcional ou processo, trabalhando de forma integrada e geralmente em tempo real. Os módulos que podem integrar um ERP são demonstrados no quadro 2.

Os sistemas integrados de gestão, expressão maior do uso da TI, compõem um fenômeno recente no panorama empresarial. Eles podem ser aplicados praticamente a qualquer empresa, devido a sua grande adaptabilidade. Geralmente para empresas que atuam no setor de serviços são implementados os módulos de administração geral, gestão comercial e os referentes a suporte do negócio e serviços e para aquelas que atuam no setor industrial. Além desses, é implementado o módulo de produção. O módulo de relacionamento com o cliente (CRM) tem sido implantado em empresas voltadas a uma melhor gestão de seus clientes.

Quadro 2

ERP: módulos componentes

Processo	Módulo
Administração geral	Gerenciamento estratégico
	Planejamento estratégico
	Gestão contábil
	Gestão financeira
Gestão comercial	Gerenciamento de vendas
	Logística
	Faturamento
	Acompanhamento pós-venda
Serviços	Gerenciamento de chamadas
	Planejamento de atividades
	Manutenção interna/externa
	Histórico de manutenção
Produção	Gestão de documentos
	Planejamento da produção
	Gestão de capacidades de equipamentos
	Produto acabado
Suporte ao negócio	Gestão de recursos humanos
	Suprimentos
	Tesouraria
	Ativo fixo
	Gestão da qualidade
	Workflow (decisões automatizadas)
CRM	Serviço ao cliente
(relacionamento com o cliente)	Análise e pesquisa de mercado
	Marketing do produto
	Gestão do programa de marketing

Fonte: SAP AG.

As primeiras empresas a implementarem sistemas ERP foram as do setor industrial, que já vinham utilizando sistemas MRP com alguma automação de suas linhas de produção. Nesse caso, o ERP veio substituí-los agregando valor, pois integrou os demais processos administrativos-financeiros. Posteriormente as empresas do setor de serviços atentaram para o fato de que o sistema poderia ser uma ferramenta para sua redução de custos e aumento de competitividade, fazendo, assim, que surgissem as

Sistemas integrados de gestão

primeiras implementações neste setor. Segundo informação da SAP AG, as implementações no setor industrial ainda são em maior número: 60% de sua base instalada Brasil.

A adaptabilidade dos ERP a diferentes tipos de empresas advém dos processos de configuração (customização) do sistema – centenas ou até mesmo milhares de tabelas que associam processos a procedimentos (rotinas de programas). Conforme esses processos e procedimentos requeridos/desejados pela empresa constem dessas tabelas, o ERP terá maior ou menor nível de adesão à forma de ser e trabalhar da empresa. Quanto maior for a adesão do ERP, menores serão as adaptações a serem feitas durante o processo de customização e menores serão o tempo e o custo de implementação. Essas adaptações são feitas através de programas de computador que, após executarem os procedimentos, disponibilizam os dados para que o ERP os processe.

Observe-se que "as primeiras implantações de sistemas ERP foram relativamente caras e demoradas, particularmente em função da pequena experiência e da inexistência de metodologias de trabalho específicas. À medida que realizavam implantações, os fornecedores de software e as empresas de consultoria desenvolveram conhecimento, metodologias e ferramentas que reduzem durações, custos e riscos de projetos de implementação. Isso contribuiu para a difusão dos sistemas ERP e tornou viável seu uso por organizações que dispõem de menor volume de recursos" (Colangelo Filho, 2001:22).

São as principais características do ERP, conforme Souza e Zwicker (2000):

- ❑ pacotes comerciais de software;
- ❑ incorporação de modelos-padrão, chamados de melhores práticas (*best practices*);
- ❑ constituição de sistemas integrados de informação;
- ❑ utilização de banco de dados corporativo;
- ❑ grande abrangência funcional;
- ❑ requerimento de procedimentos de ajuste para cada empresa: parametrização, customização, localização e atualização de versões.

Entre os principais fatores motivadores que levam a organização a implantar um sistema ERP destacam-se: o estratégico, a legislação e a tecnologia. O primeiro está relacionado à melhoria de competitividade e lucratividade, enquanto o segundo refere-se às exigências legais que a organização deve cumprir e que não estão sendo contempladas pelas aplicações atuais. Já o fator tecnologia está relacionado ao obsoletismo – tecnologias ultrapassadas tornam-se economicamente inviáveis de serem mantidas.

Caldas e Wood realizaram uma pesquisa, em 1988, com 28 organizações brasileiras classificando os motivos de sua implantação do ERP em:

54 Tecnologia da informação transformando as organizações e o trabalho

- substantivos: são todos os imperativos, problemas ou oportunidades com que as organizações se defrontam e para os quais os sistemas ERP são uma resposta adequada e eficaz;
- institucionais: são as forças externas que agem sobre a organização e a pressionam pela adoção de um sistema ERP;
- políticos: refletem os interesses de grupos de poder e coalizão dentro da organização.

A tabela 1 reflete o resultado da pesquisa.

Tabela 1
Motivos de implantação de sistemas ERP em empresas brasileiras

Motivo para implantar o ERP	%	Motivo
Integração de processos; integração da informação	91	Substantivo
Seguir uma tendência	77	Institucional
Pressões da função de TI	41	Político
Pressões da matriz	41	Político
Evitar abrir espaço para concorrentes	37	Substantivo
Razões políticas internas	31	Político
Influência da mídia	29	Institucional
Influência de gurus de administração e consultores	23	Institucional
Pressão de clientes e/ou fornecedores	11	Substantivo/institucional

Fonte: Colangelo Filho, 2001:33.

Processos de implantação

Os módulos selecionados de um ERP podem ser implementados de uma única vez ou parcialmente, módulo a módulo, conforme a necessidade e estratégia da empresa que o está adquirindo. Alguns fornecedores de ERP o comercializam módulo a módulo.

O processo de implementação de um ERP consiste em parametrizar e adequar o ERP às necessidades das empresas, em definir os processos de negócios e configurar o ERP para dar-lhes suporte adequado. Tal processo é feito ou pelo próprio fornecedor do sistema ou por consultorias credenciadas junto ao mesmo. Envolve uma metodologia na qual os consultores e as pessoas-chave da organização (aquelas detentores do conhecimento sobre os processos) formam uma equipe para o projeto, o time do projeto. Do lado da organização, vários fatores podem influenciar o sucesso do projeto, entre os quais: apoio da direção ao projeto, envolvimento dos usuários, comprometimento, dedicação da equipe, definição clara dos objetivos e escopo do projeto.

Do lado do implementador, sua experiência, seu nível de conhecimento sobre negócios, a dedicação de sua equipe e o planejamento adequado são os principais fatores para o sucesso do projeto.

Várias etapas são requeridas para a implantação:

- preparação do projeto (validação do escopo do projeto);
- levantamento/adequação dos processos de negócios;
- conversões de dados;
- interfaces com aplicações cujas funcionalidades não sejam contempladas pelo ERP;
- definição de relatórios;
- elaboração de testes;
- treinamento dos usuários;
- plano para o *go live* (entrada do sistema em produção);
- suporte pós-implantação.

O tempo para implementação depende do porte de empresa, dos módulos a serem implantados, dos processos existentes, da cultura existente etc., podendo variar de cinco meses a dois ou mais anos.

O processo de implementação de um ERP passa pelas fases apresentadas na figura 3.

Figura 3
Fases de implementação do ERP

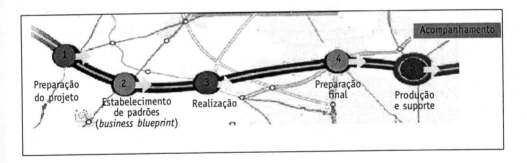

Fase I – Preparação do projeto

Esta fase tem por objetivo estabelecer a infra-estrutura e o planejamento necessário para o projeto, tais como:

- definição de missão e objetivos do projeto;
- definição da estratégia de implementação;
- preparação da sala de projeto;
- definir/revisar estrutura de equipamentos e rede necessária para o projeto;
- formação da equipe de projetos e comitê diretivo;
- definição de atribuições e responsabilidades da equipe de projeto;

- planejamento da operação da empresa considerando a ausência das pessoas alocadas ao projeto;
- desenvolvimento do plano de levantamento de dados pelos consultores;
- plano de treinamento da equipe de projeto no sistema ERP e de treinamento do usuário final;
- definição de padrões de documentação, periodicidade de reuniões, divulgação interna do projeto;
- definição macro do escopo e plano de implementação;
- início formal do projeto através do *kick-off meeting* (reunião de início);
- instalação do hardware (dimensionamento definido antes do início do projeto – pré-venda);
- instalação do software.

São constituídas as equipes que trabalharão no projeto – tanto por parte da empresa implementadora quanto da empresa (cliente) que adquiriu o sistema. O cliente compõe a estrutura de recursos humanos para a execução do projeto demonstrada na figura 4.

Figura 4
. **Estrutura do time do cliente**

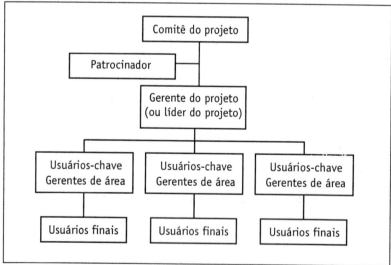

O comitê do projeto é geralmente composto por diretores e gerentes de alto nível da empresa e responde à presidência. O patrocinador, geralmente na figura de um alto executivo (ou até mesmo do presidente), é aquele que decidirá impasses criados no projeto, como, por exemplo, mudanças importantes em processos. O gerente ou líder do projeto é nomeado pela alta direção da empresa com base em critérios de conhecimento sobre o funcionamento dos processos da empresa e no seu grau de comprometimento com suas estratégias.

Os usuários-chave são aqueles colaboradores da empresa selecionados pelo gerente de projeto em comum acordo com a direção que dominam os processos atuais e que atuarão no redesenho/adaptação dos mesmos aos processos do ERP em conjunto com os consultores funcionais da empresa implementadora. Serão também responsáveis pelo treinamento dos usuários finais. Atuam em sintonia com o comitê do projeto, que aprova alterações e adequações nos processos.

A implementadora compõe sua equipe e geralmente atua da seguinte maneira (figura 5):

❑ designa-se um gerente de projeto, que se reportará ao gerente ou comitê do projeto do cliente, conduzindo, controlando e relatando o andamento e os resultados dos trabalhos;
❑ são designados consultores de negócios especializados nas diversas áreas do ERP, de acordo com as necessidades de cada fase do projeto, e esses se reportarão ao gerente de projeto da implementadora.

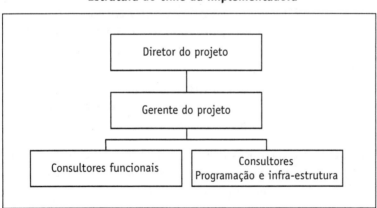

Figura 5
Estrutura do time da implementadora

Por parte da implementadora, o gerente de projeto tem a responsabilidade de cumprir o contrato de implementação do ERP a tempo e custos aprovados e gerenciar vários consultores funcionais: colaboradores que dominam processos específicos do ERP (por exemplo, finanças, produção, materiais etc.).

Os consultores de infra-estrutura são os responsáveis pela instalação do software nos equipamentos, pelo banco de dados e pela adequação da rede de comunicação. Os programadores irão desenvolver rotinas que não estejam contempladas no ERP, bem como farão a "carga inicial dos dados" dos sistemas atuais para o ERP.

O *kick-off meeting* é a reunião de abertura que acontece após a nomeação de toda a estrutura organizacional do projeto. Nela são abordados os itens:

- ❏ missão e objetivos do projeto;
- ❏ integração entre os módulos do ERP;
- ❏ definição do projeto (escopo, equipe, metodologia e cronograma);
- ❏ fatores críticos de sucesso;
- ❏ gerenciamento de mudanças.

Fase II – Levantamento dos processos

Esta fase tem por objetivo levantar e definir todos os processos da empresa, modelando-os dentro da visão do ERP. Através de entrevistas e reuniões das equipes de projetos do cliente e da implementadora são identificados e definidos os seguintes aspectos:

- ❏ estrutura organizacional na visão do sistema ERP;
- ❏ definição dos processos;
- ❏ complementos necessários ao sistema;
- ❏ mapeamento das interfaces e cargas de dados necessárias;
- ❏ formulários para formatação específica (por exemplo, notas fiscais, cheques e pedidos de compra);
- ❏ definição do escopo detalhado do projeto;
- ❏ documentação do *business blueprint* (padrões de processos) e criação do *enterprise area scope document* (documento de escopo por área da organização);
- ❏ cronograma detalhado das próximas fases.

Procura-se revisar cada processo dentro da empresa em confronto com os já existentes no ERP, e, como a visão é integradora, todos devem participar de todas as reuniões para se assegurar a melhor integração de informações e processos.

Fase III – Realização (simulação e validação)

A partir das informações e da modelagem dos processos definidos na fase II, inicia-se o trabalho de configuração do sistema ERP, contemplando as seguintes atividades:

Sistemas integrados de gestão

- configuração do sistema;
- configuração de parâmetros globais da companhia;
- configuração das estruturas organizacionais de cada módulo do sistema;
- caracterização dos dados cadastrais;
- configuração dos processos de negócio da empresa;
- documentação dos processos;
- definição e simulação dos diferentes cenários de processos;
- definição e desenvolvimento das interfaces, programas de conversão e cargas de dados, formatação de formulários e desenvolvimentos complementares;
- testes de integração e dos desenvolvimentos realizados;
- definição de procedimentos operacionais;
- preparação do material e do plano para treinamento do usuário final.

Fase IV – Preparação para entrada em produção e corte

Nesta fase o sistema estará configurado e testado. As atividades concentram-se nas verificações e no desenvolvimento de atividades de preparação para a entrada em produção:

- plano detalhado para entrada em produção;
- treinamento do usuário final;
- testes finais de integração, conversões, carga de dados, complementos, formulários e interfaces;
- testes de volume;
- teste técnico do sistema;
- definição de um plano de contingência;
- definição do *help desk* (serviço de ajuda ao usuário);
- corte para entrada do sistema em produção.

Fase V – Entrada do sistema em produção e acompanhamento

A partir desta etapa se inicia o processo de verificação do sistema em produção e dos resultados obtidos para o negócio. Durante o acompanhamento compararam-se os resultados obtidos com os esperados. Identificam-se os profissionais da equipe de projeto que permanecerão com as atribuições relativas à continuidade deste, buscando identificar e implementar novos recursos e funcionalidades oferecidas pelo sistema.

Impactos e benefícios

Os benefícios prometidos com a implantação de ERP são bastante tentadores, embora nem sempre a realidade seja tão agradável. Esses benefícios, em geral, representam maior possibilidade de controle dos processos, atualização tecnológica, redução dos custos de informática, retorno de investimento e acesso a informações de qualidade em tempo real para tomada de decisão (Souza e Zwicker, 2000).

A pesquisa Second Wave, da Deloitte Consulting, indica os benefícios, tangíveis e intangíveis, obtidos com a implementação de sistemas ERP, conforme a tabela 2.

Tabela 2
Benefícios tangíveis e intangíveis

Benefícios	Ocorrência (%)
Tangíveis	
❑ Redução de estoques	32
❑ Redução de pessoal	27
❑ Aumento de produtividade	26
❑ Redução de tempo de ciclo de ordens	20
❑ Redução de tempo de ciclo de fechamento contábil/financeiro	19
❑ Redução de custos de TI	14
❑ Melhorias em processos de suprimentos	12
❑ Melhorias na gestão de caixa	11
❑ Aumentos em receitas/lucros	11
❑ Melhorias em transportes/logística	9
❑ Melhorias em processos de manutenção	7
❑ Entrega no prazo	6
Intangíveis	
❑ Informação/visibilidade	55
❑ Melhorias em processos de negócios	24
❑ Melhorias no atendimento ao cliente	22
❑ Integração de processos	12
❑ Flexibilidade	9
❑ Globalização	9

Fonte: Colangelo Filho, 2001:53.

No entanto, o ERP "não acomoda exatamente todos os processos de negócio de cada empresa, o que significa profundas mudanças em jeitos de fazer negócio há muito estabelecidos" (Koch et al., 2000). Uma adaptação do sistema à realidade das empresas demanda esforços e enormes recursos. Além disso, há uma grande pressão criada pela expectativa – não totalmente confirmada – de que os processos-padrão do software

Sistemas integrados de gestão 61

são as melhores práticas. Em função dessas condições, "o que acontece na prática é que muitos proprietários de processos ficam intimidados pelo software e começam a adaptar seu processo à tecnologia" (Gouillart e Kelly, 1995:278).

A substituição dos processos existentes nas empresas pelas formas de trabalho propostas pelo software parece ser a principal razão para um alto índice de queda de desempenho empresarial após implantação de ERP, conforme pesquisa Deloitte Consulting em 64 empresas (segundo Koch et al., 2000), pois as pessoas não conseguem fazer seu trabalho do jeito que era familiar e ainda não dominam o novo.

Também as características tecnológicas do ERP de alta integração das informações (sendo processadas de forma interligada, com apoio em um único banco de dados) "conduzem a resistências por parte dos usuários, entre outras razões porque consideram a responsabilidade pela informação que geram como carga adicional de trabalho" (Souza e Zwicker, 2000).

Por trazer uma mudança na forma de trabalhar da empresa, através da visão de processo integrado, o ERP faz com que o escopo de trabalho dos usuários seja ampliado. O que anteriormente era atributo de um funcionário em um departamento passa a sê-lo de um funcionário por vários departamentos, o que pode ocasionar remanejamento/desligamento de mão-de-obra.

Essas mudanças organizacionais e operacionais "implicam sacrifícios pessoais e por vezes embutem riscos apreciáveis. (...) Por mais difíceis e dolorosas que sejam, as mudanças devem ser realizadas, pois são necessárias para materializar os benefícios" (Colangelo Filho, 2001:141), e "os sistemas de cálculo e os sistemas mecânicos são cada vez mais combinados para desempenhar numerosas funções no controle das máquinas-ferramenta, das máquinas de escritório, dos robôs industriais, determinando uma verdadeira revolução nos processos produtivos. O uso destes instrumentos em uma sociedade complexa pode, assim, criar notáveis oportunidades, mas também enormes problemas: são os aspectos que dizem respeito ao funcionamento da sociedade que começam a ficar em evidência, assim como as suas possíveis repercussões nos vários setores. (...) o aspecto que se pode considerar mais incisivo na sociedade diz respeito à modificação da estrutura industrial e, em conseqüência, à organização e ao mercado de trabalho, aos níveis de emprego e à modificação das profissões" (Vismara, 1999:218-219).

Entre os benefícios, no que diz respeito à redução de mão-de-obra, "as firmas (...) operam na presunção de que a produtividade e os lucros dispararão se o trabalho que não exige raciocínio for reduzido ao mínimo ou transferido para tecnologia avançada e o potencial integral do trabalho for aproveitado. O objetivo é uma força de trabalho mais bem remunerada, porém menor" (Toffler e Toffler, 1999:71).

O mercado latino-americano de ERP deve crescer 82,64% até 2011, passando dos US$ 394,2 milhões obtidos em 2005 para US$ 720 milhões em cinco anos, segundo

62 Tecnologia da informação transformando as organizações e o trabalho

aponta o levantamento feito pela Frost & Sullivan.[16] O número representará um aumento médio anual de 10,6%.

De acordo com a consultoria, o Brasil deteve 43% do faturamento total registrado pela região no ano passado. Na seqüência aparece o México, responsável por 28% do mercado.

Esses impressionantes valores não impedem seguidas manifestações de que o mundo do ERP talvez não seja tão bom quanto o alardeado. Pesquisas e publicações especializadas indicam desempenho sofrível pós-implantação (Bergamaschi, 2000; Souza e Zwicker, 2000; Wood, 1999 e 2000; "Milhões pelo ralo", *Exame*, nov. 2000).

Essas restrições, dúvidas e críticas não povoam apenas as cabeças de clientes e funcionários, mas parecem também estar germinando dentro do próprio ambiente onde a TI nasceu e se desenvolveu, como descreve o editor de *Computerworld* na edição de 23 de outubro de 2000 da revista: "Ao deixar de lado a humanidade dos usuários de tecnologia, os CEOs (Chief Executive Office) e outros homens de negócio muitas vezes não consideram a forma como as ferramentas de produtividade vão afetar o funcionário individual, a cultura da empresa e a sociedade como um todo".

Assim, parece estar havendo certo consenso quanto a que "as implementações destes sistemas têm caráter estratégico e provocam impactos sobre o modelo de gestão, (...) um amplo processo de transformação organizacional, com impactos sobre o modelo de gestão, a estrutura organizacional, o estilo gerencial e, principalmente, as pessoas" (Wood, 1999), e deveriam ser abordados sob essa ótica.

Perspectivas dos setores: serviços e indústrias

Os sistemas ERP apresentam diversos módulos que cobrem as várias funcionalidades dos setores de serviços e da indústria e que podem ser implantados de forma isolada ou integrada. As principais funcionalidades utilizadas para o setor de serviços são gestões contábil, financeira e de recursos humanos, gerenciamento de vendas, distribuição, faturamento, serviços ao cliente e gerenciamento estratégico. Já para o setor industrial as principais funcionalidades utilizadas focalizam-se nos módulos de gestão de materiais, planejamento da produção, vendas e distribuição, finanças e custos. Os índices de cobertura funcional das áreas podem ser vistos nas figuras 6 e 7.

Os benefícios da implantação de ERP têm sido obtidos fundamentalmente pela possibilidade de disponibilizar informações em tempo real para que a alta gerência

---

[16] Dados obtidos em <http://idgnow.uol.com.br/computacao_corporativa/2006/08/07/idgnoticia.2006-08-07.7210192214/IDGNoticia_view>.

possa melhor decidir os rumos de seu negócio, bem como permitir modelos de simulação de negócios.

Uma vez solicitada, a aplicação cria informações a partir dos dados e os apresenta da melhor maneira possível para o operador, o executivo, o analista de sistemas ou qualquer outro mais.

Figura 6
Áreas funcionais com ERP implantado: setor de serviços

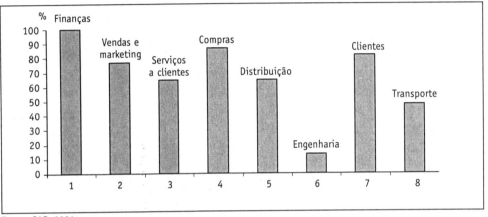

Fonte: SAP, 2001.

Figura 7
Áreas funcionais com ERP implantado: setor industrial (EUA)

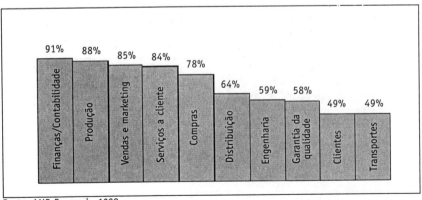

Fonte: AMR Research, 1998.

Todos que têm acesso ao sistema estão conectados com o que está ocorrendo na empresa, naturalmente cada um com a visão que sua responsabilidade exige ou permite (Blanchard, 2001).

Adicionalmente, para o setor de indústria, tais benefícios ressaltam-se na possibilidade de "eliminar quantidades apreciáveis de estoques de segurança e efetivos redundantes, assim como disponibilizar informação detalhada para melhor adequar as especificações dos produtos às necessidades dos consumidores individuais" (citação de Allan Greenspan na conferência sobre investigação em aplicações empresariais da AMR, junho de 1999).

Os ganhos para os setores, distribuídos por tipo de custo, podem ser vistos nas figuras 8 e 9.

Figura 8
Benefícios da implantação de um ERP: serviços

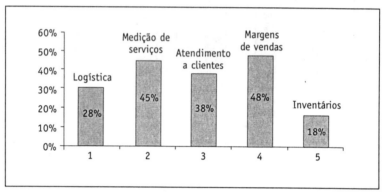

Fonte: Gartner Group, 1999.

Figura 9
Benefícios da implantação de um ERP: indústria

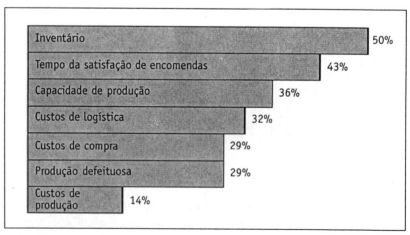

Fonte: AMR Research, 1998.

Sistemas integrados de gestão 65

No âmbito industrial, o sistema ERP permite que as organizações ajustem as demandas dos clientes afetadas por múltiplos e inter-relacionados itens e locais de produção através da integrabilidade de dados. Enfim, ele facilita o planejamento inteligente de recursos industriais em face das rápidas mudanças de restrições, como disponibilidade de materiais, capacidade de atendimento do fornecedor, capacidade das linhas de produção, disponibilidade de pessoal e custos por local de produção (Blanchard, 2001).

A implantação do ERP nos setores de serviços e industrial é especialmente complexa pela própria existência elevada de processos que devem ser interligados, assim como pelo risco de perdas com as operações financeiras em caso de falhas ou desvios do projeto.

O risco irá variar principalmente da estratégia de implantação (*big-bang*, *franchising* ou *slam dunk*)[17] que se adotar e de como ela será conduzida, pois ela é que irá determinar:

❑ o nível de salvaguardas que deverão ser tomadas, como, por exemplo, manter fluxos financeiros alternativos, encerrar exercícios fiscais, sistema alternativo de entrega etc.;
❑ nível de preparação e confiabilidade na organização e pessoas que devem realizar a implantação.

Pesquisa realizada por Bergamarchi e Reinhard nos projetos de implantação em 43 empresas brasileiras indica que 41% foram realizados pela estratégia do *big-bang*, com uma duração média de aproximadamente 21 meses, ou seja, desde a fase inicial de preparação até a efetiva entrada em funcionamento. Durante o período do projeto, a pesquisa mostrou que 41% dos custos são relacionados com serviços de consultoria e da empresa fornecedora do software (o restante refere-se a hardware e software) (Bergamarchi et al., 2000).

Outro aspecto importante é a extensão do impacto da implantação sobre os trabalhadores da organização. A implantação do ERP em uma organização de serviços passa não apenas pela preparação de trabalhadores das áreas de suporte normalmente mais afeitos a instrumentos com base em informática, mas também pelos trabalhadores de "campo", ou seja, aqueles que estão em constante contato com os clientes. Já

---

[17] *Big-bang*: implantação total do novo software em todos os departamentos ou unidades de negócio com o simultâneo desligamento dos sistemas existentes; *franchising*: o sistema é instalado individualmente em cada unidade, sendo estabelecidas todas as conexões necessárias para o completo desempenho das funções associadas; *slam dunk*: a implantação é feita somente nos processos considerados fundamentais para a empresa.

para o setor industrial passa também pelos trabalhadores do chamado "chão de fábrica", ou seja, trabalhadores da produção, manutenção, de movimentação de materiais etc. Essas condições impactam fortemente o perfil desses trabalhadores envolvidos, requerendo, além do treinamento técnico no instrumento, uma preparação prévia de conceitos de trabalho administrativo ou indireto.

A pesquisa

A pesquisa envolveu empresas que atuam nas áreas industrial e de serviços. Ela teve um caráter predominantemente qualitativo, recomendado para se obter um entendimento do significado e da intencionalidade inerentes aos atos, às relações e às estruturas sociais, como é o caso de mudanças no âmbito organizacional e do trabalho, ou seja, não se buscou apenas a coleção de dados e fatos, mas apurar as diferentes construções e significados que as pessoas colocam sobre a sua experiência quando da incorporação de novas tecnologias.

A perspectiva foi principalmente longitudinal no sentido de que foram investigadas as situações antes e depois da implantação do software (ERP), buscando estabelecer as mudanças produzidas entre esses dois momentos.

O universo envolvido foi o das pessoas que trabalham em empresas do setor de serviços e no industrial que tenham implantado sistema de gestão SAP, contemplando ramos diferentes para se ter uma maior variedade de traços culturais envolvidos, e que tenham implantado o sistema há mais de um ano, especialmente para que se possam obter informações relativas à utilização do instrumento e seus efeitos.

Em função da extensão desse universo e considerando que a pesquisa teve principalmente um viés qualitativo, foi tomada uma amostra de conveniência composta de 50 trabalhadores em cada setor pesquisado. A amostra conteve representantes das três categorias de sujeitos a pesquisar: líder, usuário-chave e usuário comum.

Os pesquisados, trabalhadores das diversas empresas, foram estratificados em:

❑ trabalhadores, de uma maneira geral, aqui chamados de "usuário comum" do sistema. A condição é que eles estivessem trabalhando nas empresas desde antes da implantação do sistema, de forma que pudessem oferecer uma visão comparativa entre os dois momentos;

❑ trabalhadores que participaram da implantação como integrantes do time de projeto, aqui chamados de "usuários-chave", e que foram responsáveis por representar áreas e processos da empresa e atuar como facilitadores e multiplicadores do novo sistema dentro da empresa;

❑ trabalhadores que receberam a delegação de liderar o time de projeto responsável pela implantação do sistema SAP e que também atuaram como representantes da alta administração junto aos parceiros externos (consultores, fornecedores etc.). Esses funcionários foram denominados "líderes".

A nomenclatura utilizada é reconhecida como padrão no meio especializado, possibilitando que os sujeitos sejam facilmente identificados durante a pesquisa. Os pesquisados selecionados pertencem às diversas áreas da empresa na qual o sistema foi implementado.

A coleta dos dados foi feita contatando-se diretamente os pesquisados identificados através de comunicações pessoais, e-mail etc., sem utilizar o caminho da estrutura organizacional hierárquica das empresas em que trabalham.

Essa abordagem teve o objetivo de restringir a influência que a empresa e os chefes das pessoas pesquisadas possam exercer, mesmo que de forma inconsciente, na opinião ou na percepção dos pesquisados, mascarando os resultados pretendidos.

A identificação das empresas nas quais trabalham foi preservada não só pelo fato de não terem sido oficialmente ouvidas, mas também para assegurar aos pesquisados a autonomia para expressar suas opiniões.

Para garantir um efetivo direcionamento, sem, no entanto, fechar as portas a idéias, abordagens e aspectos diferentes que possam surgir ao longo do trabalho, a pesquisa foi realizada com:

- ❑ questionários semi-estruturados, com questões orientadas a obter indicadores objetivos que comprovem ou não a hipótese inicial e questões abertas buscando outros aspectos que sejam espontaneamente expostos pelo pesquisado;
- ❑ entrevistas semi-estruturadas, mantendo uma linha básica de investigação em direção ao objeto da pesquisa, e também viabilizando ao entrevistado que construa sua visão livre sobre o tema;
- ❑ levantamento bibliográfico relacionado ao tema, disponível inclusive na internet.

As questões que serão abordadas referem-se principalmente a:

- ❑ nível de participação dos trabalhadores durante as fases do processo (decisão, escolha, planejamento, implantação, disseminação);
- ❑ percepção do nível de alteração dos processos empresariais resultantes da implementação e do grau de sua aceitação;
- ❑ grau de entendimento dos trabalhadores sobre os recursos do sistema e também dos processos empresariais dele resultantes;
- ❑ efeitos sobre a capacitação profissional e condições de trabalho dos envolvidos;
- ❑ efeitos sobre o escopo do controle gerencial e, por conseguinte, sobre a autonomia e a participação dos trabalhadores nos processos empresariais pós-implementação;
- ❑ percepção das melhorias alcançadas e, ainda, possíveis de alcançar tanto em nível pessoal quanto da organização.

Essa abordagem deverá permitir uma revisão dos princípios e métodos utilizados por empresas, gestores e consultores para a implementação de tais sistemas, complementando as abordagens mais tradicionais existentes.

O tratamento e a análise dos dados foram efetuados quantitativamente no que se refere à tabulação dos dados obtidos pelos questionários, e de forma qualitativa quanto à interpretação e ao agrupamento das opiniões obtidas nas questões abertas do questionário e das entrevistas.

Limitações

Algumas das limitações possíveis são:

- as informações obtidas através do líder do projeto poderão tender a um viés "promocional" positivo dos resultados alcançados, visto que, ao ser guindado à condição de "dono do projeto", poderá ser resistente a criticar os resultados de sua própria tarefa. Um confronto de sua posição com a dos demais usuários poderá confirmar sua avaliação ou, pelo menos, comprovar que, não havendo unicidade de percepção, haveria uma zona de conflito não solucionada (ou seja, em linha com o objetivo desse estudo);
- o depoimento dos trabalhadores poderá conter "sentimentos" positivos ou negativos em relação a outros aspectos da sua relação com o empregador, como efeito colateral da abordagem direta ao sujeitos nessa pesquisa. Um aprofundamento na pesquisa via entrevista poderá minimizar esse efeito colateral ao tentar-se avaliar mais profundamente os aspectos mais dissonantes ou extremados obtidos;
- o tempo decorrido entre a fase de implantação do sistema ERP e essa pesquisa poderá produzir dificuldades em se obterem as impressões ocorridas na época.

Resultados da pesquisa

Neste capítulo apresentamos os resultados da pesquisa. Visto que a pesquisa pretende avaliar o impacto do processo de implantação e o uso do ERP sob a ótica dos trabalhadores da organização, o foco foi a investigação da maior diversidade possível de pessoas. Assim a pesquisa foi realizada com 50 trabalhadores de sete diferentes empresas do setor de serviços e com 50 trabalhadores de 12 empresas industriais diversas e que vivenciaram o processo de implantação do sistema ERP da empresa SAP AG nas suas organizações. Para a obtenção dos resultados foi aplicado como base primária um questionário com 25 questões com múltipla escolha e uma questão para que os pesquisados pudessem se expressar livremente sobre o tema.

As empresas

A maioria das empresas relacionadas na pesquisa opera há mais de seis anos nos seus respectivos ramos e em ramos diferentes. Todas implantaram o SAP há mais de um ano.

Sistemas integrados de gestão

A duração do projeto de implementação está representada na tabela 3.

Tabela 3
Duração do projeto de implementação

Número de empresas	Duração do projeto (meses)
3	6 a 8
8	9 a 18
5	19 a 24
3	25 a 36

A distribuição percentual dos processos e módulos implantados encontra-se na tabela 4.

Tabela 4
Distribuição percentual dos processos: módulos implementados

Processo	Módulos implementados	Percentual de empresas que implementaram o módulo (serviços/indústria)
Administração geral	Gerenciamento estratégico	100/92
	Planejamento estratégico	100/92
	Gestão contábil	100/100
	Gestão financeira	100/100
Gestão comercial	Gerenciamento de vendas	100/100
	Logística	43/100
	Faturamento	100/100
	Acompanhamento pós-venda	71/50
Serviços	Gerenciamento de chamadas	43/25
	Planejamento de atividades	100/92
	Manutenção interna/externa	43/83
	Histórico de manutenção	43/58
Suporte ao negócio	Gestão de recursos humanos	71/42
	Suprimentos	86/100
	Tesouraria	100/100
	Ativo fixo	29/33
	Workflow	57/17
CRM	Serviço ao cliente	86/17
	Análise e pesquisa de mercado	14/08
	Marketing do produto	29/33
	Gestão do programa de marketing	29/33
Produção	Plano de produção, gestão, capacidades, produtos acabados, documentos	–/100

Perfil dos pesquisados

As tabelas 5 e 6 apresentam o perfil dos pesquisados quanto à idade e ao tempo de trabalho na empresa.

Tabela 5

Perfil dos pesquisados quanto à faixa etária e ao papel no projeto

Setor/Faixa etária	Papel			
	Líder do projeto	Usuário-chave	Usuário comum	Total
Serviços				
Número de pessoas	7	21	22	50
Faixa etária(%)				
❑ Até 30 anos	14	5	36	20
❑ 31 a 40 anos	57	24	55	42
❑ Acima de 40 anos	29	71	9	38
Indústria				
Número de pessoas	8	18	24	50
Faixa etária (%)				
❑ Até 30 anos	0	25	27	23
❑ 31 a 35 anos	50	13	23	23
❑ 36 a 40 anos	0	38	23	25
❑ 41 a 45 anos	33	6	14	14
❑ Acima de 45 anos	17	18	13	15

Tabela 6

Perfil dos pesquisados quanto ao tempo de empresa (%)

Setor/Tempo	Papel			
	Líder do projeto	Usuário-chave	Usuário comum	Total
Serviços				
Menos de 2 anos	0	0	0	0
De 2 a 5 anos	14	10	9	10
De 5 a 10 anos	72	71	64	68
Acima de 10 anos	14	19	27	22
Indústria				
Menos de 2 anos	0	0	0	0
De 2 a 5 anos	38	6	33	24
De 5 a 10 anos	38	22	13	20
Acima de 10 anos	25	72	54	56

Quanto ao tempo de trabalho nas empresas, a maioria tem entre cinco e 10 anos e nenhum dos entrevistados tem menos de dois anos de permanência, pois foram escolhidos funcionários que vivenciaram o processo de implementação. A liderança do projeto, o usuário-chave e o usuário comum foram compostos, na maior parte, por profissionais com mais de cinco anos de empresa (90% e 94%), refletindo assim a intenção de utilizar nos projetos pessoas com maior grau de conhecimento dos processos das organizações.

Tabela 7
Perfil dos pesquisados quanto ao nível de conhecimento sobre sistemas de informação e ERP (%)

Setor/Nível	Papel			
	Líder do projeto	Usuário-chave	Usuário comum	Total
Serviços				
Nenhum	0	0	0	0
Regular	29	14	18	18
Bom	57	76	77	74
Muito bom	14	10	5	8
Indústria				
Nenhum	0	0	0	0
Regular	13	6	21	14
Bom	50	67	79	70
Muito bom	38	27	0	16

A maioria (82% e 86%) apontou ter bom/muito bom conhecimento (o que fazem e para que servem) sobre sistemas de informação e ERP (as empresas relacionadas na pesquisa já possuíam algum tipo de sistema de informação). Embora 29% e 13% dos líderes de projeto tivessem conhecimento regular sobre ERP, já haviam gerenciado pelo menos dois projetos relacionados com a área de tecnologia da informação.

Tabela 8
Perfil dos pesquisados quanto ao nível de conhecimento dos objetivos do projeto (%)

Setor/Nível	Papel			
	Líder do projeto	Usuário-chave	Usuário comum	Total
Serviços				
Nenhum	0	0	18	8
Regular	14	14	45	28
Bom	29	81	23	48
Muito bom	57	5	14	16
Indústria				
Nenhum	0	0	4	2
Regular	0	0	21	10
Bom	13	61	63	54
Muito bom	87	39	13	34

O nível de informação sobre os objetivos do projeto – bom e muito bom – foi alto para "líder de projeto" e "usuário-chave" (86%, serviços; 100%, indústria); já para o "usuário comum" foi baixo no setor de serviços (37%) e mais elevado no industrial (76%). Tal fato reflete:

- o nível de conhecimento que decresce à medida que se desce na estrutura hierárquica do projeto, denotando menor preocupação da empresa em envolver aqueles que só seriam usuários finais;
- a pouca vontade das empresas em posicioná-los nas decisões estratégicas relacionadas ao projeto.

Os objetivos conhecidos, que poderiam ser mais de um, agruparam-se conforme a tabela 9.

Tabela 9
Objetivos conhecidos (%)

Setor/Objetivo	Papel			
	Líder do projeto	Usuário-chave	Usuário comum	Total
Serviços				
Corte de pessoal	14	5	4	6
Melhoria de processo	43	57	64	58
Redução de custos	29	28	27	28
Bug do milênio	14	10	5	8
Indústria				
Corte de pessoal	18	0	8	8
Melhoria de processo	36	55	53	50
Redução de custos	32	32	30	31
Bug do milênio	5	6	0	3
Outros	9	7	9	8

O objetivo da redução de pessoal foi propositadamente relacionado à parte para evitar que os pesquisados tivessem a tendência de amenizar sua resposta enquadrando esse item em outros objetivos mais gerais e abrangentes.

"Melhoria de processo" (58%, serviços; 50%, indústria) e "redução de custos" (28%, serviços; 31%, indústria) foram os objetivos mais importantes. Em relação ao terceiro objetivo mais importante, o *bug* do milênio reflete que as empresas já tinham, em sua maioria, adaptado seus sistemas de informação existentes à época da implementação do ERP. Corte de pessoal foi o objetivo citado como menos importante, o que pode denotar falta de alinhamento ou de informação dos reais desígnios estabelecidos pela alta direção. Ressalta-se o fato de que também a maioria dos líderes de

Sistemas integrados de gestão

projeto não considerou a redução de pessoal como objetivo. O índice de participação do líder nos processos de decisão e definição do projeto parece confirmar em parte essa possibilidade.

"Redução de custos" para o usuário-chave e para o usuário comum refere-se à melhoria nos processos existentes com ganhos em retrabalhos, tempo de atendimento, eliminação de formulários etc.

Os objetivos identificados guardam estreita relação com o resultado que as empresas em geral têm obtido (conforme referência da pesquisa da Deloitte Consulting, p. 60), ou seja, "melhoria de processos" (redução de ciclo de ordens/processos administrativos, informação/visibilidade etc.) e "redução de custo" (redução de estoques, aumento de produtividade etc.).

A exceção é o ganho com redução de pessoal (segundo benefício auferido pelas empresas na pesquisa Deloitte), que não é objetivo importante no nosso levantamento. Essa distorção e o fato de que esse objetivo foi explicitado na nossa pesquisa parecem conduzir à idéia de que se trata de objetivo inconfessável pelos líderes dos projetos ou só conhecido pela alta direção. "Redução de pessoal" é um dos mais fortes argumentos comerciais utilizados pelas empresas que comercializam ERP, para justificar o retorno sobre o investimento no mesmo, além de ser ampla e publicamente reconhecida como um efeito de implantação de ERP – pode-se deduzir dos pesquisados uma tendência à auto-ilusão sobre os objetivos do projeto.

As entrevistas confirmaram que informações diferenciadas chegaram aos vários níveis hierárquicos do projeto. A particularidade nesse caso ficou por conta dos usuários-chave, que receberam diferentes níveis de informação entre si; alguns, envolvidos desde o início do projeto, puderam conhecer melhor o que se pretendia, outros não – entraram no projeto sem muito conhecimento do que se esperava deles. Os usuários comuns receberam em geral informações genéricas através de informes da empresa ou de seus respectivos chefes.

Identificação do nível de participação dos empregados

Nesse item pretendemos demonstrar o nível de participação dos trabalhadores no processo de decisão, planejamento, implantação e utilização do sistema ERP.

Participação na decisão e na definição do projeto

A tabela 10 apresenta o resultado indicado pela pesquisa quanto ao nível de participação na decisão de realizar o projeto, na definição dos requisitos que o sistema deveria ter e na escolha do sistema a adquirir.

Tabela 10

Nível de participação na decisão e definição do projeto (%)

Setor/Participação	Papel			Total
	Líder do projeto	Usuário-chave	Usuário comum	
Serviços				
Nenhuma	14	38	82	54
Pouca	29	29	14	22
Eventual	14	4	4	6
Muita	43	29	0	18
Indústria				
Nenhuma	17	37	86	57
Pouca	33	26	10	19
Eventual	8	9	4	7
Muita	42	28	0	17

Fonte: Questões 4b, 4c e 4d do questionário.

O nível de participação tanto do líder do projeto quanto do usuário-chave foi baixo (43% e 67%, respectivamente como nenhuma ou pouca participação: serviços; e 50% e 63%: indústria), denotando que as empresas tenham feito as decisões em nível estratégico da alta direção, repassando apenas o objetivo de realizá-lo ao time.

O índice de participação muito baixo do usuário comum no processo decisório (96% como nenhuma ou pouca participação em ambos os setores) reflete seu desconhecimento sobre os novos processos à serem implementados.

O fato de tanto o líder do projeto quanto o usuário-chave terem nenhuma ou pouca participação pode ser crítico, pois reflete que não foi considerado o conhecimento acumulado dos níveis mais operacionais da empresa, o que pode acarretar processos não totalmente atendidos pelo ERP (baixa adesão), tendo como conseqüência sucessivas adaptações nos processos do mesmo ou até a permanência de processos antigos.

Participação na preparação do projeto

Quanto ao nível de participação nos processos de planejamento envolvendo o levantamento dos processos existentes, a seleção dos recursos necessários à implantação, a seleção e a estruturação dos grupos de trabalho, o treinamento na ferramenta ERP e a definição da metodologia de implantação (incluindo papel dos consultores, área de informática etc.), a pesquisa resultou conforme a tabela 11.

Dada a importância do líder do projeto, do usuário-chave e de suas participações nos aspectos determinantes para o sucesso, não só dos seus trabalhos, mas da implementação do projeto como um todo, é questionável o nível de participação entre ne-

Sistemas integrados de gestão

nhuma e eventual para esse grupo (28% e 52%, respectivamente: serviços; e 25% e 49%: indústria), embora esses níveis tenham sido aumentados.

Tabela 11
Nível de participação na preparação do projeto

Setor/Nível de participação	Papel			
	Líder do projeto	Usuário-chave	Usuário comum	Total
Serviços				
Nenhuma	0	19	73	40
Pouca	14	14	14	14
Eventual	14	19	9	14
Muita	72	48	4	32
Indústria				
Nenhuma	0	16	62	36
Pouca	10	13	17	14
Eventual	15	20	15	17
Muita	75	51	6	33

Em relação ao usuário comum, dois pontos devem ser ressaltados: o seu pouco envolvimento no planejamento do projeto, mesmo tendo conhecimento do possível impacto em sua rotina de trabalho, e o baixo índice de participação no treinamento (54% nos níveis nenhum e pouco e 86% se incluirmos também aqueles que tiveram participação só eventual: serviços; e 50% e 83%: indústria).

Em relação a esse último, é crítica a sua pouca participação, pois poderá acarretar desempenho insatisfatório quando da entrada do sistema em produção, fazendo com que a utilização do suporte técnico oferecido pelo implementador torne-se uma constante.

O baixo índice de participação do usuário comum no levantamento dos processos indica uma tendência em se adotar os processos-padrão (melhores práticas) do ERP, minimizando possíveis críticas e resistências aos novos processos.

O próprio conceito técnico de implantação ERP (ver referencial no capítulo 4) não deixa clara a intensidade recomendada para a participação do usuário comum nesses pontos, mas ela está implícita na fase de levantamento dos processos, já que nem o usuário-chave pode conhecer todos os detalhes de todos os processos, e explícita na fase de preparação para entrada em produção no que se refere ao treinamento. No entanto, a pesquisa parece indicar que, mesmo sendo prescrito pela metodologia de implantação, o seu nível de participação foi baixo.

Esse ponto é crítico para o sucesso do empreendimento, visto que ele permitiria ao usuário comum conhecer o novo instrumento, avaliar o impacto no seu trabalho e,

Tecnologia da informação transformando as organizações e o trabalho

a partir daí, estabelecer uma relação não só de confiança pela transparência do processo, mas de possibilidade de melhor expressar as resistências naturais a esse processo de mudança.

Participação na implantação do projeto

Quanto ao nível de participação nos processos de sugestões de contorno (sugestões para conciliar os processos-padrão ERP e os da empresa), de definição e controle do cronograma e de sugestões ao projeto, o resultado está demonstrado na tabela 12.

Tabela 12
Nível de participação na implantação do projeto (%)

Setor/Nível de participação	Papel			
	Líder do projeto	Usuário-chave	Usuário comum	Total
Serviços				
Nenhuma	0	5	59	28
Pouca	29	14	27	22
Eventual	0	19	9	12
Muita	71	62	5	38
Indústria				
Nenhuma	0	7	39	21
Pouca	8	15	21	17
Eventual	8	18	26	21
Muita	84	60	14	41

Posto que o papel do líder é também o de manter o projeto no prazo e custo acordados, o índice alto de muita participação espelha essa função. Porém 29% (serviços) e 8% (indústria) tiveram pouca participação, o que indica que o cronograma do projeto e seu custo associado foram resolvidos no nível da alta direção. Tal fato indica também uma tendência em se adotar os processos-padrão (melhores práticas) do ERP, já que as sugestões de melhoria e contorno originam-se dos processos existentes na empresa antes da implantação do sistema. Ressalta-se que quanto maior o nível de melhorias e adaptações nos processos-padrão, maior o custo envolvido no projeto.

Essas melhorias podem se dar por duas formas:

❑ alteração da parametrização original dos processos-padrão. Nesse caso o trabalho envolve a identificação de cada evento associado à alteração e a nova parametrização das tabelas do software associadas ao processo em questão;

❑ desenvolvimento de aplicações. O ERP possui uma linguagem de programação proprietária na qual as aplicações são escritas. Uma vez prontas, são incorporadas ao sistema e tratadas como se originalmente fizessem parte dele.

Em ambos os casos, novos esforços dos consultores funcionais e/ou dos programadores da equipe de implantação são requeridos. Isso eleva o custo e compromete o cronograma original do projeto. Segundo entrevista de um líder de projeto, as alterações propostas e aceitas representaram um aumento de 45 dias úteis de projeto e um acréscimo no custo do mesmo de 15% do valor originalmente contratado.

Os índices de 38% (serviços) e 40% (indústria) entre nenhuma e eventual participação do usuário-chave são relativamente críticos, pois ele é quem possui o maior conhecimento dos processos atuais, sendo justamente nesse ponto que sua atuação deveria ser mais utilizada para encontrar e propor melhores soluções entre os processos atual e novo.

Quanto às sugestões de melhoria no setor de serviços, poucas foram efetivadas na implementação (35%), embora a liberdade em dá-las tenha sido alta (78%). Aquelas que foram consideradas trouxeram ganhos às empresas, o que parece demonstrar que, em se abrindo espaço para participação, há grande possibilidade de ganhos para o projeto com sugestões que agregam valor aos processos.

Já para o setor industrial, o índice de participação do líder nesse quesito também se mostrou coerente com a responsabilidade que ele tem pelo resultado final do projeto, seja quanto ao prazo, seja quanto ao custo. Considerando-se as oportunidades que foram abertas para sugestões ao processo de implantação, quer quanto aos prazos, quer quanto às melhorias em processos etc., pode-se concluir que boa parte delas foi levada em conta no projeto, já que mais de 50% foram consideradas totalmente, 24% parcialmente e o restante, 26% , de forma nenhuma ou em pouca extensão. Isso parece demonstrar que, em se abrindo espaço para participação, há grande possibilidade de ganhos para o projeto com sugestões que agregam valor aos processos.

Avaliação geral do nível de participação

Quanto maior a disponibilidade de informações sobre o andamento do projeto, maior o envolvimento dos participantes. A ausência de *feedback* pode instalar dúvidas sobre os verdadeiros objetivos do projeto ou sobre as conclusões dos trabalhos, aumentando a resistência da equipe. A avaliação da disponibilidade de informações sobre o projeto (item 6 do questionário) durante a implantação indica que o líder do projeto e o usuário-chave tinham muita informação (86% e 89%, respectivamente, para serviços e 75% e 89% para indústria) e o usuário comum, pouca (27% apenas para serviços e 30% para indústria), geralmente informado somente sobre o posicionamento do projeto no cronograma preestabelecido.

As entrevistas indicaram, em geral, que a metodologia utilizada para a implantação foi adequada. Algumas empresas (43%) optaram por uma metodologia que faz uso de *templates* – conjunto de processos em que parte deles já está pré-parametrizada nas tabelas internas do ERP enquanto as demais optaram por escolher os processos constantes do rol de opções do ERP (melhores práticas). Em ambos os casos, as seguintes dificuldades foram colocadas: conseguir que as áreas liberassem os recursos para o projeto (pessoas e equipamentos); qualificação (maior conhecimento sobre o negócio da empresa) e dedicação insuficiente do time de consultores (principalmente na fase inicial do projeto); falta de treinamento mais profundo; alterar prazos estabelecidos; entrada tardia do usuário comum no projeto (a citação de um deles pertencente ao setor industrial: "não tivemos muita influência no que foi decidido implantar [...] o treinamento ocorreu muitas vezes na 'bucha', em cima da hora, e a chefia tinha dificuldade para nos liberar"); linguajar muito técnico dos consultores; sobrecarga de trabalho, pois, além de participarem do projeto, estavam envolvidos com o dia-a-dia da empresa.

O resultado da pesquisa indicou alguns aspectos positivos, especialmente no início do projeto de implantação. A reunião de apresentação, na qual todos os envolvidos estavam presentes (denominada *kick off* do projeto), foi considerada muito boa por todos. Nessa apresentação são abordados os seguintes pontos: missão e objetivos do projeto; integração dos módulos a serem implementados; definição do projeto – escopo, equipe, metodologia e cronograma; fatores críticos de sucesso, como evitar alterações no escopo preestabelecido; integração da equipe; dedicação aos trabalhos etc. O fato de tal tipo de reunião não se repetir no decorrer do projeto foi mencionado várias vezes (28), principalmente pelos usuários comuns, os quais careceram de um maior envolvimento com riscos de comprometimento do sucesso do projeto.

A metodologia de implantação na qual é definido um time de projeto composto por representante da empresa e demais trabalhadores da organização faz muito sentido, pois pode criar condições de um trabalho que unifique os interesses estratégicos da empresa com os do trabalho dos envolvidos. Porém, para seu funcionamento, o grau de alinhamento e integração do grupo de projeto com o restante da organização deve ser alto, sob pena de ser apenas um grupo executor das tarefas definidas pelo fornecedor do software e/ou pelos consultores contratados.

Um ponto a ser destacado é a seleção dos participantes, principalmente dos usuários-chave, que nem sempre podem ser aqueles que melhor conhecem os processos, mas sim os com melhor alinhamento com os objetivos não-explicitados aos demais pela alta direção em relação ao projeto. Já que os usuários-chave são aqueles que escolherão os usuários comuns, esse viés pode se estender a eles.

Embora a metodologia prevista para a implantação de sistema ERP contenha, na teoria, considerações adequadas quanto a realizar o projeto de forma a envolver todos os atores da organização e também a considerar o impacto no ambiente organizacional (preocupação que está explicitamente referenciada na fase I da metodologia, que prevê cuidados com gerenciamento de mudança), a pesquisa demonstrou razoável distância entre essas prescrições e a prática: a participação dos trabalhadores em geral foi baixa em vários pontos críticos.

Resultados da implantação e uso do sistema

Para avaliar os resultados da implantação e do uso do ERP sob a ótica dos trabalhadores envolvidos, foram levantados aqueles relacionados com os processos de trabalho, os para a organização e, na percepção efetiva, se os objetivos propostos inicialmente foram alcançados.

Resultado sobre os processos

Quanto ao resultado para os processos, foi questionado o nível de satisfação com a implantação dos novos processos trazidos pelo ERP em comparação com a situação anterior (tabela 13).

Tabela 13
Processos que permaneceram após implantação (%)

Setor/Processos	Papel			
	Líder do projeto	Usuário-chave	Usuário comum	Total
Serviços				
Nenhum	14	5	9	8
Alguns	72	86	77	80
Muitos	14	9	14	12
Todos	0	0	0	0
Indústria				
Nenhum	13	6	4	6
Alguns	62	83	75	76
Muitos	25	11	21	18
Todos	0	0	0	0

Para alguns, o índice de 80% (total) para serviços e 76% para indústria denota a dificuldade de total adesão dos processos do ERP em relação às especificidades de cada empresa. Dos processos antigos, permaneceram, em média, 12% (setor de serviços) e 18% (setor industrial), por serem importantes para as empresas e não terem similar nos processos-padrão do ERP. Para esses processos antigos que permaneceram foram geradas *interfaces* para que os mesmos se comunicassem com os do ERP. O índice de adesão total de 88% apurado na pesquisa pode ser considerado elevado.

Quanto à satisfação com os novos processos do ERP, constatou-se uma percepção clara de haver ganhos de 86%, 86% e 77% para líder, usuário-chave e usuário comum, respectivamente, no setor de serviços, e de 100%, 83% e 67% no setor industrial. A maior percepção do líder e do usuário-chave deve-se à visão mais generalista dos mesmos sobre os processos, enquanto para o usuário comum a visão costuma ser da sua tarefa específica, o que limita sua percepção do ganho global (que pode estar localizado em outra parte do processo que não na tarefa que ele desempenha). Uma ampliação de seu conhecimento no sentido do processo global auxiliaria na melhor aceitação do novo processo. A pesquisa apontou a existência de tarefas dentro de processos que o sistema não contempla e que o usuário se vale de recursos fora do sistema para efetuá-las.

Tabela 14

Ganho nos processos implementados (%)

Setor/Ganhos	Papel			
	Líder do projeto	Usuário-chave	Usuário comum	Total
Serviços				
Nenhum	0	0	0	0
Alguns	14	14	23	18
Muitos	86	86	77	82
Todos	0	0	0	0
Indústria				
Nenhum	0	0	0	0
Alguns	0	17	33	22
Muitos	100	83	67	78
Todos	0	0	0	0

Tabela 15

Existência de processos antigos melhores que os atuais (%)

Setor/Processos	Papel			
	Líder do projeto	Usuário-chave	Usuário comum	Total
Serviços				
Nenhum	14	14	5	10
Alguns	86	81	86	84
Muitos	0	5	9	6
Todos	0	0	0	0
Indústria				
Nenhum	25	33	25	28
Alguns	75	56	75	68
Muitos	0	11	0	4
Todos	0	0	0	0

Os índices médios de 84% para serviços e 68% para indústria apontando que alguns processos antigos são melhores que os do ERP demonstram a dificuldade do time de projeto em formatar a implantação com vistas à melhor solução de processos

Sistemas integrados de gestão

para a empresa, por estar preso às restrições de ordem estratégica preestabelecidas quando da opção pela forma de implantação – *templates* pré-formatados ou melhores práticas –, priorizando o uso dos processos-padrão do sistema (pressões por prazo e custos). As entrevistas realizadas no setor industrial confirmaram que a regra geral era "não inventar a roda", ou seja, priorizar o uso dos processos-padrão do sistema em vista de sua vantagem teórica sobre os processos existentes; em geral, todos também estavam convencidos disso, desde o líder até o usuário comum. Mesmo assim há indícios de que algumas coisas poderiam ter sido mais bem feitas se não fossem as pressões do tempo. Ainda existem tarefas que o sistema não contempla, valendo-se o usuário de recursos fora do sistema.

Por outro lado, essa perda de qualidade em alguns novos processos pode ser compensada pelo ganho total na integração e na visão mais estruturada dos processos, dando a alta direção informações mais precisas e imediatas para a tomada de decisão – perde-se em alguns, mas se ganha mais no todo.

Ressalte-se que a resistência a esses processos novos, não tão bem adequados como os antigos, poderá ser elevada por parte de quase todos os usuários envolvidos, exceto pela alta direção pelos motivos anteriormente descritos.

Resultado sobre a estrutura da organização

Do ponto de vista de impacto na organização, a pesquisa apurou o nível de alteração das estruturas organizacional e da função e/ou áreas, além da movimentação do quadro de pessoal.

Em relação às mudanças estruturais, seja da organização, seja das funções, os resultados obtidos na pesquisa encontram-se na tabela 16.

Tabela 16
Mudanças estruturais (%)

Setor/Mudanças	Papel			
	Líder do projeto	Usuário-chave	Usuário comum	Total
Serviços				
Nenhuma	0	5	14	8
Algumas	57	86	59	70
Muitas	43	9	27	22
Total	0	0	0	0
Indústria				
Nenhuma	0	3	23	12
Algumas	56	80	63	68
Muitas	44	17	14	20
Total	0	0	0	0

O resultado confirma que a implantação de ERP tem grande impacto na organização funcional e no conteúdo dos cargos. Uma das causas é que o sistema traz a visão de processo em substituição à departamentalizada. Embora as pessoas ocupem posições hierárquicas diferentes nos processos, nem sempre suas posições estão claramente definidas pela dinâmica e flexibilidade dos mesmos. A intensidade desse impacto se apresenta de forma decrescente nas percepções do líder, do usuário-chave e do usuário comum, respectivamente, o que pode estar relacionado com o nível de visão mais ou menos global do impacto em toda a organização.

Resultado sobre o quadro de pessoal

A tabela 17 apresenta os resultados referentes às alterações na quantidade de pessoal.

Tabela 17
Alterações na quantidade de pessoal: serviços (%)

Setor/Alterações	Papel			
	Líder do projeto	Usuário-chave	Usuário comum	Total
Serviços				
Nenhuma	14	5	9	8
Redução	57	52	64	58
Aumento	0	0	4	2
Migração entre áreas	29	43	23	32
Indústria				
Nenhuma	0	17	21	16
Redução	63	39	42	44
Aumento	0	6	13	8
Migração entre áreas	37	39	25	32

O resultado demonstra que a implantação do ERP provoca grande migração de pessoal entre as áreas funcionais, decorrente da nova configuração dos processos de trabalho que demandam uma distribuição diferente dos recursos entre os setores. A visão de processos substituindo a departamentalizada é a maior responsável por essa migração.

O maior impacto referiu-se à redução do pessoal em níveis muito similares (58% em média para serviços e 44% para indústria) entre os três tipos de pesquisados (confirmando também esse item como um dos principais resultados da implantação do ERP identificado na pesquisa da Deloitte). Esse ponto é especialmente preocupante se considerarmos que esse item aparece em apenas 6% das respostas sobre os objetivos iniciais conhecidos do projeto para serviços e 8% para indústria. Essa grande diferença

Sistemas integrados de gestão

entre o que foi divulgado como objetivo e o que de fato ocorreu tende a produzir insegurança e resistências nos trabalhadores da organização em relação ao projeto.

O quanto a perda do emprego de colegas de trabalho afetou o ambiente interno dos que ficaram e/ou produziu uma tendência a uma rápida aceitação do novo sistema não foi avaliado.

Os entrevistados tiveram visões diferentes do resultado sobre a organização e o efetivo de pessoal:

❑ para o líder do projeto – a redução de pessoal foi uma conseqüência normal da racionalização dos processos, que era o objetivo final – "ao se passar de uma forma de trabalho departamentalizada para uma de processo é normal existirem funções que fiquem esvaziadas" (citação de três líderes de projeto);

❑ para o usuário-chave – esse efeito não foi planejado, ele ocorreu como conseqüência do trabalho – "neste novo ambiente de trabalho as pessoas precisam ser mais polivalentes" (citação de cinco usuários-chave);

❑ para o usuário comum – esperava que isso ocorresse considerando outros projetos de melhoria organizacional implantados anteriormente – "quando a administração de pedidos foi automatizada, o setor ficou reduzido de seis para dois funcionários" (citação de um usuário).

Avaliação geral dos resultados

Em relação à conquista dos objetivos propostos, a pesquisa indicou que 67% dos pesquisados consideraram que muitos dos objetivos foram satisfeitos e apenas 30% que só alguns deles foram realizados – 70% para serviços e 24% para indústria. A percepção do grau de satisfação é maior no nível do líder e menor no dos usuário-chave e usuário comum.

A implantação do ERP atingiu os principais objetivos planejados, resultando em ganhos com os novos processos otimizados. Os objetivos foram alcançados através de mudanças organizacionais e funcionais, adaptações dos trabalhadores aos novos processos e forte redução do efetivo de pessoal, o que de certa forma confirma uma parte da finalidade de redução de custos (conforme mostrado geralmente pelo fornecedor do software em seu estudo de retorno sobre investimento do projeto), embora esse não seja o único aspecto.

Os preços da realização desses objetivos, no entanto, foram principalmente o esforço dos trabalhadores para se adaptarem ao trabalho nos novos processos e a redução do efetivo de pessoal. Quanto ao trabalho nos novos processos, a baixa participação do usuário comum no treinamento do ERP (mais 50% com nenhuma ou pouca participação) durante a fase de planejamento pode ter significado grandes esforços e até resistências.

Impacto na contribuição dos empregados aos processos

Esse tópico da pesquisa refere-se ao fato de que, ao se adotarem atividades padronizadas sem considerar o engajamento dos trabalhadores, poderão existir conseqüências na criatividade e no autodesenvolvimento dos trabalhadores, inibindo melhorias nos processos empresariais.

Os sistemas ERP operam dados de forma integrada, atuando em tempo real e sendo organizado em processos-padrão denominados melhores práticas. Essas características produzem pelo menos dois impactos no trabalho:

- sendo integrados e operando em tempo real, exercem uma pressão de velocidade e tempo sobre o trabalho das pessoas, em que o erro pode ser fatal, já que ele irá se alastrar para dentro do sistema de forma instantânea;
- usando processos-padrão, eles delimitam a variabilidade nos procedimentos, ou seja, uma ação independente e não planejada do homem.

Esses dois pontos por si restringem a atuação do trabalhador na sua ação ante as diferentes demandas diárias no trabalho; a grande maioria das situações deverá se "encaixar" nos padrões do sistema. O sistema ERP oferece, no entanto, uma grande diversidade de situações que podem ser programadas para que cubra a maioria das demandas, mas seu custo cresce proporcionalmente à quantidade dessas diferentes soluções. Apenas alterações de pequeno porte em microprocessos ou parte de tarefas são facilmente realizáveis pela característica tecnológica do produto (alta integrabilidade, base de dados únicas etc.).

Dessa forma, a definição do nível de processos e procedimentos diferentes que serão adicionados ao sistema-padrão (quer via programas complementares, quer via customização do próprio ERP) dependerá principalmente de um cálculo de custo/benefício: custo das adaptações para atender às especificidades dos processos de trabalho da empresa em comparação com os ganhos que o processo resultante poderia oferecer se fosse mantido ao invés do processo-padrão.

Ao adotar sistemas ERP as empresas de certa forma passam a ficar mais parecidas entre si no que se refere aos seus processos de trabalho; a diferença será tanto maior quanto maior for o nível de adaptações feitas nos processos-padrão do sistema em cada uma delas. Isso poderá significar diferencial de competitividade.

Cerca de 82% (serviços) e 78% (indústria) dos pesquisados afirmam existir ganhos nos processos novos do sistema, confirmando a qualidade dos processos chamados melhores práticas. De outro lado, 84% (serviços) e 68% (indústria) dos pesquisados consideram que existem alguns processos antigos que eram melhores do que os novos implantados via ERP, sendo que para 6% (serviços) e 4% (indústria) havia muitos processos melhores.

Sistemas integrados de gestão

A base para a avaliação dos processos é o mapeamento de como ele é hoje: cerca de 54% (serviços) e 52% (indústria) dos pesquisados tiveram nenhuma ou eventual participação nesse trabalho, sendo 83% (serviços) e 88% (indústria) no caso do usuário comum. Isso indica, além da baixa participação dos envolvidos, uma tendência a desconsiderar o conhecimento de que os processos atuais são bons ou ruins, significando um risco de oportunidade perdida.

A oportunidade para integrar ao futuro processo as soluções ótimas, ou seja, idéias alternativas entre os processos-padrão e atual, ocorre na fase de soluções de contorno: cerca de 61% (serviços) e 58% (indústria) dos pesquisados tiveram nenhuma ou eventual participação no trabalho, sendo 83% (serviços) e 88% (indústria) no caso do usuário comum. Também o fato de que 47% (serviços) e 48% (indústria) tiveram nenhuma ou pouca liberdade para oferecer sugestões, mas o mais importante é que, quando isso ocorreu, cerca de 54% (serviços) e 50% (indústria) delas foram aceitas e implantadas.

Esses dados indicam que a possibilidade de entender como funciona o processo atual, julgá-lo ante o processo-padrão e oferecer soluções alternativas foi relativamente baixa. Essa situação minimizou a possibilidade de que a experiência e o conhecimento existentes pudessem ser integrados ao novo sistema de trabalho. Essa atitude também restringiu a oportunidade de se obter ganhos adicionais através de propostas de soluções otimizadas entre o processo antigo e o processo-padrão, já que, quando houve oportunidade de oferecer sugestões, boa parte delas foi aceita.

Se, de outro lado, considerarmos que a pesquisa indicou que houve um aumento do nível de autonomia para a criação de novas rotinas de trabalho (53% [serviços] e 58% [indústria] responderam que aumentou ou aumentou muito), parece haver uma contradição pelo fato de terem sido implantados prioritariamente os processos-padrão e de que eles não podem, então, ser alterados ao longo do uso do sistema ERP.

Nesse ponto o entendimento do pesquisado se refere, porém, só à possibilidade de, dentro dos parâmetros que o sistema implantado oferece, alterar passos e tarefas. Esse aspecto é reforçado pela experiência de que, nos sistemas antigos de processamento de dados, normalmente "feitos em casa e sob medida", a possibilidade de alterar programas era mais restrita pela condição tecnológica (poucos detinham o conhecimento técnico no sistema feito sob medida, grande esforço técnico para combinar as alterações com os demais subsistemas etc.).

No caso do ERP, a tecnologia permite que pequenos ajustes em passos do processo e tarefas específicas possam ser feitos com menos esforço e de forma automaticamente integrada. Essa facilidade no nível bem operacional e do microprocesso, no entanto, não significa que há autonomia para alterar processos inteiros, ou seja, mudar de forma essencial o jeito como as coisas são feitas a ponto de produzir um diferencial de competitividade.

Não foi pesquisado se houve estudo do custo/benefício que fundamentou essa opção das empresas por uma implantação mais focada nos processos-padrão. No entanto, se considerarmos que as empresas ficam cada vez mais parecidas umas com as outras pelo uso de processos-padrão dos sistemas integrados, há pelo menos o risco de que oportunidades de ganho potenciais tenham sido perdidas.

Concebendo-se que a pesquisa demonstrou clara restrição quanto à possibilidade de participação na oferta de sugestões de melhoria, e que quando elas puderam ser feitas houve um índice considerável de aceitação (portanto, resultando em processos melhores do que os padrão), pode-se considerar validada a hipótese dessa pesquisa.

Impacto sobre os empregados da organização

Busca pesquisar os efeitos da implantação do ERP sobre os trabalhadores na organização, assim como o ganho profissional para eles e o grau de satisfação com a nova ferramenta.

Impacto sobre a dinâmica do trabalho

Os resultados quanto ao impacto na velocidade, na qualidade e na complexidade da execução do trabalho resultante da implantação do ERP estão expostos na tabela 18.

Tabela 18
Impacto sobre a dinâmica do trabalho (%)

Setor/Impacto	Papel			
	Líder do projeto	Usuário-chave	Usuário comum	Total
Serviços				
Diminuiu	0	9	4	6
Ficou igual	0	5	14	8
Aumentou	86	57	59	62
Aumentou muito	14	29	23	24
Indústria				
Diminuiu	0	6	10	7
Ficou igual	0	0	18	8
Aumentou	79	76	60	69
Aumentou muito	21	18	12	16

Como o ERP trabalha online e em tempo real, as informações, ao entrarem no sistema, geralmente afetam de forma imediata todos os eventos relacionados a ela, ou seja, os processos integrados. Isso faz com que o envolvido tenha que fornecer também de forma imediata as informações necessárias a esses processos encadeados. A demanda por maior velocidade na execução do trabalho (com média de 81% entre aumentou e aumentou muito para serviços e 88% para indústria) pode estar relacionada com essa característica do ERP, como também pode estar conectada com a redução do efetivo de pessoal e/ou com o agrupamento de tarefas diferentes para a mesma pessoa executar (causado pela redistribuição dos passos dentro do novo processo de trabalho). Essa última afirmação parece ser confirmada pelo aumento da complexidade do trabalho (média 81% entre aumentou e aumentou muito para serviços e 78% para indústria), o que significa trabalhar com maior número de tarefas diferentes ao mesmo tempo (visão de processo).

A qualidade do trabalho resultante da implantação também se elevou bastante (75% entre aumentou e aumentou muito para serviços e 78% para indústria) por causa do alto grau de controle que o ERP tem sobre os processos. Nenhum deles pode "ficar em aberto", ou seja, todas, todas as informações concernentes a um determinado processo têm obrigatoriamente que ser fornecidas para que o mesmo seja validado.

Os 18% (serviços) e 28% (indústria) relativos à velocidade, complexidade e qualidade do trabalho relacionados ao usuário comum, como diminuiu ou ficou igual, parecem refletir que o sistema se encarrega de executar as tarefas operacionais mais simples.

Impacto sobre a capacitação exigida

Quanto aos níveis de competência e conhecimento exigidos dos trabalhadores com a implantação do ERP, medidos pelo nível do entendimento do funcionamento dos processos organizacionais e pelo de competência exigido na execução das tarefas, os resultados são apresentados na tabela 19.

Tabela 19

Capacitação exigida dos trabalhadores com a implantação do ERP (%)

Setor/Capacitação	Papel			
	Líder do projeto	Usuário-chave	Usuário comum	Total
Serviços				
Diminuiu	0	0	0	0
Ficou igual	0	5	9	6
Aumentou	86	57	77	70
Aumentou muito	14	38	14	24
Indústria				
Diminuiu	0	0	8	4
Ficou igual	0	6	12	8
Aumentou	69	53	65	61
Aumentou muito	31	41	15	27

Se, por um lado, o ERP produziu maior capacitação para executar o trabalho e aumento na demanda por maior visão dos processos empresariais ao invés de foco na tarefa (visão departamentalizada), por outro a pouca participação no treinamento pode resultar em inadequação técnica dos funcionários para execução dos trabalhos.

No caso do usuário comum, para uma parcela menor dessa população o requisito de competência para executar o trabalho ficou menor provavelmente devido à simplificação que o sistema oferece principalmente para tarefas rotineiras.

As entrevistas demonstraram que para o usuário-chave houve um ganho importante de qualificação, até o ponto de muitos deles terem sido convidados a trabalhar em outras empresas ou consultorias; mesmo dentro da organização eles passaram a ser cada vez mais requisitados para participar de projetos e grupos de trabalho.

Impacto no nível de autonomia e participação

Quanto aos níveis de liberdade e participação obtidos pelos trabalhadores na organização, medidos através da autonomia em executar o trabalho, na participação em decisões e na autonomia na criação de novas rotinas de trabalho, os resultados encontram-se na tabela 20.

Tabela 20
Níveis de liberdade e participação obtidos pelos trabalhadores (%)

Setor/Autonomia	Papel			
	Líder do projeto	Usuário-chave	Usuário comum	Total
Serviços				
Diminuiu	14	10	9	10
Ficou igual	57	24	27	30
Aumentou	29	52	55	50
Aumentou muito	0	14	9	10
Indústria				
Diminuiu	13	11	6	9
Ficou igual	42	22	29	29
Aumentou	45	50	58	53
Aumentou muito	0	17	7	9

O aumento na autonomia para executar os trabalhos, principalmente para o usuário-chave e o usuário comum, denotando menor nível de controle exercido pela supervisão, também pode refletir uma certa flexibilização nos processos parametrizados, fazendo com que o controle seja exercido agora pelo sistema. Ressalte-se que esse tipo de sistema pode manter armazenadas todas as operações efetuadas pelos diversos tipos de usuário, as quais podem ser analisadas pelas gerências, fornecendo, entre ou-

Sistemas integrados de gestão

tras informações, erros cometidos, trabalhos executados, retrabalhos etc. O pouco aumento relativo ao líder pode refletir que o mesmo já usufruía anteriormente de boa liberdade para agir e decidir.

Por outro lado, de vez que os processos estão implementados conforme o padrão preestabelecido pela empresa, a possibilidade de delegar maior autonomia aos trabalhadores no que tange a rotinas e procedimentos de trabalho que não impliquem mudanças nos processos do sistema aumenta, chegando até mesmo a impor uma elevação da competência dos mesmos no que diz respeito ao funcionamento dos processos.

Esse resultado fortalece a noção de que é possível maior delegação, visto que os fundamentos básicos do funcionamento dos processos estão assegurados pelo software. Também fortalece a noção de que, para esse novo tipo de trabalho, é necessário um aumento da competência dos trabalhadores, seja quanto ao conteúdo do trabalho, seja quanto ao funcionamento dos processos empresariais, sem o que a maior liberdade não seria concedida.

Avaliação geral

O benefício auferido pelos pesquisados através da implantação e do uso do novo sistema foi apurado pesquisando-se a percepção dos ganhos profissionais em conhecimento, desempenho e multidisciplinaridade, conforme expõe a tabela 21.

Tabela 21

Ganhos profissionais em conhecimento, desempenho e multidisciplinaridade (%)

Setor/Percepção	Papel			
	Líder do projeto	Usuário-chave	Usuário comum	Total
Serviços				
Nenhum ganho	0	0	5	2
Pouco ganho	0	10	18	12
Algum ganho	29	43	50	44
Muito ganho	71	47	27	42
Indústria				
Nenhum ganho	0	0	3	1
Pouco ganho	0	6	11	7
Algum ganho	33	48	50	47
Muito ganho	67	46	36	45

O resultado das entrevistas em geral confirma essa avaliação positiva – como instrumento de trabalho o ERP trouxe ganhos expressivos. Os trabalhadores devem ter sua capacitação profissional aumentada para fazer frente aos requisitos que a nova gestão dos processos exige, com maior velocidade, complexidade, visão de processo etc., o que parece ser o resultado auferido por aqueles que permaneceram na organização após a implantação do sistema.

Confirmando a validade do ERP como ferramenta eficaz na melhoria dos processos, a avaliação geral de satisfação com a nova ferramenta obteve índice de 89% para serviços e 92% para indústria entre os graus bom e muito bom.

A multidisciplinaridade obtida pela visão de processo faz com que os trabalhadores tenham sua participação aumentada nos grupos de trabalho na empresa. Há a percepção de que, sob essa ótica, a empresa ficou mais competitiva, os processos mais eficazes e os trabalhadores, mais capazes para realizar o trabalho exigido.

Em resumo, pode-se concluir que os principais impactos da implantação do sistema ERP sobre os trabalhadores que permanecem na organização foram:

❑ aumento na pressão sobre o trabalho, com demanda por maiores velocidade e complexidade;

❑ maior exigência de capacitação, seja no sentido de ter visão ampliada dos processos e não só foco na tarefa, seja no próprio conhecimento necessário para exercer as tarefas;

❑ aumento da autonomia para a realização do trabalho, reduzindo o nível de supervisão requerida;

❑ o nível de qualidade do trabalho aumenta em decorrência dessas condições;

❑ aumento da capacitação profissional para trabalhar no novo ambiente.

Esses aspectos conduzem à percepção de que, para os trabalhadores que ainda continuam empregados, há uma pressão para que dêem maior contribuição à empresa na realização de seus objetivos e de que recebem, em contrapartida, a respectiva capacitação.

Um aspecto muito crítico é o da redução do quadro de pessoal durante o processo de implantação. Os que saíram das empresas não tiveram a oportunidade de expressar sua avaliação do processo, mesmo porque não participaram dele totalmente. Os depoimentos colhidos são daqueles que permanecem na organização, ou seja, que sobreviveram ao efeito da racionalização que o sistema provocou.

Os sobreviventes se vêem então sob algumas formas claras de pressão: manutenção do emprego em um ambiente de trabalho que exige maiores qualificação e prestação de serviços (seja em velocidade, seja em complexidade). Não se podem desconsiderar os ganhos profissionais que elas obtiveram, mas certamente vieram acompanhados do desconforto pela perda dos colegas de trabalho e pela necessidade de ter-se que se mostrar competitivo para garantir sua continuidade no novo ambiente da empresa.

Nesse ambiente pode-se imaginar que, especialmente o usuário comum, que teve papel pouco estratégico e decisivo na implantação, sendo mais agente passivo do que

Sistemas integrados de gestão

ativo (conforme mostra o nível de participação baixo nas fases iniciais e decisivas do projeto), seja pressionado a aceitar as novas condições e se estruturar para se manter em atividade na empresa.

Considerações dos pesquisados

A tabela 22 mostra a avaliação que os pesquisados fazem do ERP e o que pode ser considerado para novas implantações do mesmo. Concebendo que mesmo os sistemas já instalados passam periodicamente por atualizações de versões, não só técnicas mas funcionais, gerando novo esforço da organização para implantá-las, essas considerações constituem um retorno importante.

Tabela 22
Avaliação dos pesquisados sobre o ERP

Item citado	Freqüência (%)
Necessidade de reuniões periódicas durante a implementação envolvendo todos os participantes da equipe	47
Sistema anterior fornecendo informações mais detalhadas para o departamento e mais fácil de usar	8
Maior tempo de duração para o treinamento	37
Pouco tempo e pouca autonomia para decidir alterações nos processos padronizados do ERP	13
Documentação complexa para recorrer a dúvidas sobre a utilização do sistema	18
Falta de alguns usuários na equipe com maior conhecimento das tarefas	9
Diretriz para se aceitar os processos do ERP	27
Sobrecarga de trabalho durante a implementação	31

Fonte: Questionário, questão 26.

As propostas confirmam a necessidade de uma orientação dialógica de gestão no processo de implantação e uso do sistema ERP, recomendando fortemente um aumento na participação de todos, sem distinção, e também um nível de conhecimento mais profundo.

Análise crítica do processo de implantação do ERP

Os resultados da pesquisa inicialmente indicam que as condições para a execução do projeto de implantação do ERP foram, em geral, favoráveis a uma atitude dialógica:

Tecnologia da informação transformando as organizações e o trabalho

❑ pela extensão de informações que foram disponibilizadas aos envolvidos, seja no início do projeto, seja no decorrer de sua implantação;

❑ pela composição dos times de projeto, incluindo trabalhadores de vários níveis, de forma a contribuírem com seu conhecimento e experiência.

Mas foi inadequado o nível de treinamento oferecido aos envolvidos. A baixa incidência dessa condição, em especial para o pessoal operacional (usuário comum), demonstra uma preocupação com o tempo e os recursos envolvidos para a realização do projeto, ou seja, um foco mais preocupado com resultado de recursos e prazos (instrumental, estratégico).

Ao longo do projeto, o nível de participação foi diferenciado entre os diversos atores, mas com pontos certamente insuficientes para gerar uma contribuição adequada e consciente de todos.

O processo de trabalho idealizado em times de projeto não parece ter sido explorado na sua potencialidade, visto que o nível de participação foi insuficiente ou, no mínimo, desequilibrado, mesmo se aceitarmos que a participação em certos tipos de decisão pode caber mais a uns do que a outros, pela própria capacitação envolvida.

Essa parece ter sido uma ótima oportunidade perdida para se aplicar uma gestão menos estratégica e obter melhores resultados para os envolvidos, pois, no momento em que houve a oportunidade de apresentar sugestões de melhoria durante o processo, uma boa parte delas foi aceita e introduzida, inclusive aquelas oferecidas pelo usuário comum, o que reforça a validade do tipo de trabalho cooperativo gerenciado dialogicamente dentro dos times de projeto.

Após a implantação, os trabalhadores reportaram que houve um aumento na autonomia em executar o trabalho, na participação em decisões e na criação de novas rotinas de trabalho, que são indícios de uma alteração de conteúdo dialógico da gestão. Não está claro, no entanto, se esse maior espaço de participação não está previsto dentro da margem de controle do sistema implantado, o que seria, então, uma falsa autonomia.

O confronto entre a percepção de que o processo de implantação não foi tão participativo quanto poderia ou deveria ser e o nível de satisfação geral elevado dos trabalhadores com os resultados produzidos (sejam no âmbito profissional, seja quanto aos processos de trabalho) pela implantação do ERP parece denotar uma incoerência. Afinal, se a satisfação é tão alta, por que alterar a forma de condução do projeto desse tipo? Por que fazê-la de forma mais dialógica?

Primeiro deve-se observar o nível de ganho para os diferentes agentes envolvidos. O resultado das entrevistas resultou em ganhos claros para o líder e os usuários-chave no que se refere a maior visibilidade profissional dentro da própria empresa (pelos resultados da implantação) e maior nível de empregabilidade (profissional disputado pelo mercado e pela própria empresa). Para o usuário comum o ganho se resumiu a uma maior capacitação técnica para execução dos trabalhos na empresa, ou seja, principalmente vantagens que fornecem mais ganhos para a empresa.

Dessa forma parece aceitável entender a visão mais positiva do líder e do usuário-chave. No caso do usuário comum é que ainda subsiste a incoerência. Nesse caso, a análise deve ser estratificada em dois aspectos: o do trabalho em si (realização das tarefas) e o do ambiente de trabalho após a implantação do ERP.

Do ponto de vista do trabalho, o novo instrumento é certamente um ganho para o usuário comum, pois oferece mais recursos para que ele execute as suas tarefas. Não há dúvidas para o usuário comum de que ele possui melhores condições de operacionalizar suas tarefas.

Do ponto de vista do ambiente de trabalho, os efeitos da redução e da migração de pessoal entre as áreas produziram certamente pressão sobre o nível de segurança no trabalho, principalmente para o usuário comum. Assim, a crítica ao projeto e a suas condições resultantes foram fortemente amenizadas pela pressão do poder da empresa. O líder e o usuário-chave, no entanto, tiveram importância aumentada dentro das empresas (além de alcançarem nível de independência maior em relação à empresa pelo ganho de empregabilidade no mercado), tornando-os mais "imunes" a essa influência ou pressão.

A própria constatação de que houve um aumento na complexidade, na velocidade do trabalho e na competência exigida para realizá-lo mostra uma pressão do sistema sobre os trabalhadores, o que pode produzir, conforme Antunes, uma precarização do trabalho dos que ficaram, já que deles exige-se que trabalhem com maior esforço, para o que não está claro que tenham recebido o benefício respectivo.

Nessas condições, a ação estratégica empreendida na forma de implantação do ERP criou constrangimentos às condições de trabalho, segundo citam Alvesson, Mats e Deetz: qualidades do trabalho como criatividade, variação, desenvolvimento e significação podem ter sido ignoradas ou subordinadas a valores instrumentais. A criatividade tende a ficar restrita aos ditames e espaços cada vez menores que o sistema permite, conforme vimos na validação da hipótese da pesquisa.

Uma gestão dialógica não parece ter sido efetivamente aplicada durante todo o processo de implantação do ERP, nem está claro se o tipo de gestão resultante da implantação também o foi, embora as condições que o sistema de trabalho implantado oferece tendam a permitir maior participação na gestão. A implantação do sistema ERP, como apoiador do objetivo de flexibilização organizacional, fez-se principalmente por meio de atitude estratégica das empresas.

Conclusão

Inicialmente foi realizada uma revisão teórica sobre os conceitos básicos da flexibilização organizacional (paradigma organizacional pós-fordista), da TI, do sistema integrado de gestão e da teoria crítica. Realizou-se a seguir um estudo da implantação

94 Tecnologia da informação transformando as organizações e o trabalho

de sistemas integrados de gestão, denominados ERP, como instrumento facilitador da flexibilização organizacional perseguida pelas empresas.

A pesquisa foi realizada com funcionários de empresas do setor de serviços de diversos ramos de atividade, as quais implantaram e utilizam o software ERP da empresa alemã SAP AG, com o propósito de identificar o nível de participação dos diversos atores no processo, os resultados da implantação e do uso do sistema e os efeitos sobre a criatividade dos envolvidos, de forma a atender o objetivo principal da pesquisa e avaliar os impactos sobre os trabalhadores na organização.

Essa investigação foi realizada através de um questionário semi-estruturado, no qual se permitiu também propor sugestões para melhoria no processo de implantação do ERP e que foi complementado por entrevistas com parte dos envolvidos na pesquisa.

Os objetivos intermediários foram atendidos.

❑ Identificar o nível de participação dos trabalhadores no processo de decisão, planejamento, implantação e utilização do sistema.

O resultado da pesquisa indicou que houve um processo participativo dos trabalhadores no período de lançamento do projeto, no qual todos conheceram os objetivos, pelo menos aqueles publicáveis pela alta direção. No entanto, ao longo da realização do projeto, os níveis de participação foram diversificados e, em alguns casos, criticamente baixos ou inadequados, especialmente: baixo nível de participação em treinamentos, em todos os níveis; nível insuficiente de informação do andamento dos trabalhos no projeto; nível menor de participação nas atividades de melhoria dos processos, na definição, no controle do cronograma e na possibilidade de oferecer sugestões. O bom índice de aceitação das sugestões dadas, quando o foram, indica que o potencial social dos trabalhadores não foi explorado suficientemente.

Há uma clara incoerência entre o discurso da metodologia (que prevê envolvimento em time, preocupação com treinamento etc.) e a prática utilizada (nível inadequado de participação e até desconsideração dos trabalhadores em pontos-chave do processo) para a implantação de sistemas ERP. Essa incoerência parece se originar na racionalidade que está embutida nesse processo, ou seja, uma ação orientada prioritariamente para os resultados empresariais, sem a consideração suficiente dos interesses dos demais atores da organização diretamente envolvidos na ação.

❑ Identificar os resultados da implantação e da utilização do sistema, sob a ótica dos trabalhadores: no geral, os objetivos propostos no início dos projetos de implantação do ERP foram plenamente alcançados. A pesquisa apurou que, em geral, os processos-padrão trazidos pelo sistema ERP foram considerados melhores que os existentes, embora tenha sido avaliado que alguns dos novos processos implantados tinham aspectos inferiores aos antigos.

Muitas mudanças organizacionais ocorrem, existindo principalmente uma redução do efetivo de pessoal, resultado esse que não estava divulgado oficialmente no iní-

Sistemas integrados de gestão

cio do projeto. É extremamente crítico esse ponto, pois ele tende a invalidar a boa aceitação do projeto no decorrer de sua realização. O impacto desse fato tende a ser mais crítico no usuário comum, que é o único que não auferiu ganhos pessoais diretos com o projeto: o líder e o usuário-chave ganharam maior capacitação, visibilidade na empresa e empregabilidade pela competência especial adquirida.

A implantação de sistema ERP, enquanto sistema integrado de gestão, de fato produz mudanças de porte da organização, trazendo em geral uma visão de virtude, melhoria etc. quanto aos processos, mas ao mesmo tempo produz receio e resistência dos trabalhadores como resultado da mudança das coisas até então estabelecidas, reforçados pela pressão de redução de pessoal e pelas mudanças de estrutura.

A hipótese da pesquisa era de que, no processo de implementação de sistemas ERP, ao se adotarem atividades padronizadas sem considerar o engajamento do quadro funcional das organizações, poderiam existir conseqüências na criatividade e no autodesenvolvimento para os trabalhadores, inibindo melhorias nos processos empresariais.

A hipótese foi validada pela constatação de que, embora a maioria dos trabalhadores considere que os novos processos são efetivamente bons, eles não tiveram muita oportunidade de colocar seu pensamento e suas propostas nos momentos de mapeamento dos processos e de decisão sobre as soluções de contorno. Nos momentos em que as sugestões puderam ser apresentadas, houve um índice bom de aceitação, o que reforça o risco de que, pela forma como o projeto foi conduzido, ele inibiu o potencial social das organizações.

A pergunta central da pesquisa foi respondida. Em resumo, os principais impactos foram:

- ❑ aumento na pressão sobre o trabalho, com demanda por maior velocidade e complexidade;
- ❑ maior exigência por capacitação (visão ampliada de processo e conhecimento do novo instrumento);
- ❑ aumento na autonomia com redução do nível de supervisão, visto que o sistema trabalha de forma integrada em processos formalizados;
- ❑ aumento da qualidade do trabalho, posto que o sistema possui pontos de controle integrados e eventuais erros cometidos se propagam rapidamente pela empresa e podem ser percebidos por mais pessoas.

Essas condições resultam em maior pressão sobre o trabalhador na empresa, embora a pesquisa indique que ele esteja satisfeito com o instrumento. O fato de terem ocorrido demissões na maioria dos projetos certamente influenciou a avaliação dos trabalhadores sobreviventes, que são exatamente os pesquisados. Não se podem desconsiderar os ganhos profissionais que todos obtiveram, mas eles vêm acompanhados da insegurança da continuidade no emprego, além da necessidade de ser altamente competente dentro da nova situação do trabalho.

Uma análise crítica do processo de implantação do sistema ERP, feita à luz da teoria crítica de Jürgen Habermas, concluiu que:

- embora o processo de implantação e uso do ERP tenha alcançado seus objetivos, ele foi realizado minimizando o potencial social que a organização tem;
- a realização do projeto teve, no início, um caráter participativo, que se perdeu ao longo do processo, cedendo lugar aos desígnios estratégicos das empresas;
- as conseqüências dessa mudança de atitude reforçam o caráter de dominação da empresa sobre os trabalhadores, talvez com menor intensidade naqueles que obtiveram mais ganhos profissionais e pessoais (empregabilidade, visibilidade etc.), como os lideres e usuários-chave.

O caráter da gestão empreendida nesses projetos não indica uma direção clara para a efetiva flexibilização organizacional, na qual a cidadania é elemento integrante (e, portanto, "viabilizador" do chamado trabalhador deliberativo), mas sim uma repetição nos métodos de intensificação do uso da mão-de-obra e do conhecimento dos trabalhadores, orientado para atender prioritariamente aos interesses da empresa.

A redução de pessoal realizada, sem que fosse sequer um ponto abertamente colocado no início dos trabalhos, realiza a pressão (via poder e dinheiro) sobre o trabalhador. A multiplicação desse tipo de atitude em diversas organizações, como o que a pesquisa apurou, significa um impacto social elevado sobre o qual os sobreviventes nas organizações parecem não ter percepção completa. A redução de pessoal, aliada aos ganhos profissionais efetivos para os sobreviventes dos projetos (empregabilidade, capacitação etc.), tende efetivamente a produzir uma atitude de auto-ilusão quanto aos benefícios do projeto ERP, minimizando a possibilidade de uma atitude crítica.

Em geral, a implantação de sistemas ERP como elementos apoiadores da flexibilização organizacional pode ser resumida da seguinte forma:

- o ERP revela-se, pela sua característica tecnológica, um instrumento que viabiliza tecnicamente a redução do nível de supervisão hierárquica tradicional (na medida em que transfere para a máquina essa supervisão), assegurando um nível adequado de segurança, confiabilidade e agilidade para os processos das empresas, bem como um ganho importante em custos (ao integrar os processos e operar em tempo real);
- no entanto, a contrapartida é que a institucionalização de grande parte dos processos empresariais dentro do sistema e a dificuldade para alterá-los (dependência de consultores externos detentores do conhecimento tecnológico do produto ERP) acabam por restringir a possibilidade de alterações na seqüência do trabalho para atender demandas não previstas até então nos processos e cuja probabilidade de ocorrer é crescente;

dessa forma, parece existir a tendência de que os trabalhadores tenham menos liberdade para influenciar nas mudanças do trabalho e no processo de gestão, já que, em grande extensão, os processos estão formalmente estruturados dentro do processo informacional. O resultado final poderá significar, na verdade, a tendência à perda da flexibilidade nos processos das empresas para enfrentar demandas futuras.

Recomendações

A utilização de sistemas ERP traz efetivamente ganhos operacionais importantes para a racionalização dos processos empresariais e, por conseguinte, dos seus custos, muito embora possua uma característica inibidora de um processo efetivo de flexibilização organizacional (aquela em que o trabalhador tem participação ativa, consciente e responsável).

A estratégia de vendas de ERP traçada pelos principais fornecedores desse tipo de solução para novos mercados (pequena e média empresas) contempla implementações rápidas com o uso intensivo de *templates*, de forma a baratear o projeto concluindo-o em menor prazo.

Cerca de 87% das implementações para o mercado de empresas com faturamento de até US$ 80 milhões por ano (considerado o de pequenas e médias empresas) utilizaram essa modalidade de implementação segundo informação da SAP AG.

Isso tem contribuído para que as empresas fiquem cada vez mais parecidas por usarem processos cada vez mais padronizados. Um dos principais diferenciais competitivos das mesmas recai então na contribuição que os trabalhadores podem dar aos processos e à gestão. Entretanto, é necessário que os mesmos tenham domínio sobre os processos e uma participação mais ativa na gestão.

Para a obtenção de um maior domínio sobre os processos é necessário que o treinamento dos envolvidos seja mais profundo (conteúdo e extensão), de forma a possibilitar a utilização dos recursos oferecidos pela solução em sua plenitude.

Por outro lado, a pressão por custos e prazos menores dos projetos faz com que cada vez mais sejam adotados os processos-padrão do ERP em prol de um estudo mais aprofundado nos processos vigentes nas organizações para se avaliar até que ponto aceitar uma padronização representa perda do conhecimento acumulado dos processos em uso. Existe metodologia disponível no ERP que possibilita que, durante o processo de implantação, seja validado processo a processo vigente com os padronizados e que esses sejam alterados para melhor atender às necessidades das empresas. Essas alterações baseiam-se em novas parametrizações ou em desenvolvimento de aplicações a serem integradas ao ERP. Para que isso seja feito é necessária uma maior participação dos envolvidos, que, a partir do conhecimento que detêm dos processos atuais em curso na organização e juntamente com os consultores funcionais da empresa implementadora que conhecem os processos do ERP, proponham essas alterações. Em caso de o processo vigente ser melhor que o padronizado, a diretriz pode ser a de mantê-lo, incorporando-o ao software; caso contrário, há de aceitar-se o padronizado. Os projetos implementados dessa forma demandam maiores envolvimento e disponibilidade dos envolvidos (tanto por parte da empresa objeto da implantação quanto por parte da implementadora), maior tempo para implementação e, conseqüentemente, custos acentuadamente maiores, o que conflita com o objetivo empresarial de minimizar os custos do projeto, realizando-o no mais curto prazo e da forma mais padronizada possível.

Identificar os melhores processos vigentes de forma a preservá-los, minimizando futuras perdas potenciais, e aceitar processos padronizados que representem ganhos parece ser o desafio para esse tipo de projeto.

Em suma, analisar o projeto não só sob uma ótica financeira imediatista, mas considerar as perdas potenciais que a sistemática de implementação *fast-food* pode trazer.

Especial atenção deve ser dada à seleção dos atores que participarão da implementação. A nomeação dos usuários-chave, normalmente feita pelo líder do projeto, nem sempre representa a melhor escolha em termos de conhecimento, experiência e habilidade. O mesmo ocorre para a dos usuários comuns. O processo se dá através de simples nomeação. Não há uma integração entre todos os envolvidos para se eleger os melhores funcionários (aqueles que agregam as qualidades anteriormente descritas) como esses atores. Tais escolhas podem encobrir o objetivo de se alocar ao projeto pessoas "pouco questionadoras", de modo a aceitarem sem grandes impedimentos os processos-padrão.

Recomenda-se que estudos complementares sejam realizados com o objetivo de fornecer subsídios para uma revisão na metodologia de implantação de sistemas integrados de gestão (ou sistemas correlatos), com orientação para:

❑ avaliar a formação da equipe do projeto, estabelecendo critérios menos subjetivos para a escolha dos participantes;
❑ avaliar as perdas competitivas para as empresas, resultantes da adoção de um viés prioritariamente financeiro na base da gestão do projeto;
❑ estudar os ganhos potenciais que as empresas teriam com a implantação de idéias e sugestões que foram identificadas, mas que não foram incorporadas aos projetos de implantação;
❑ estudar uma metodologia para estabelecer o cálculo do retorno sobre investimento do projeto que considere custos e benefícios de se manterem processos legados importantes em prol dos padronizados;

Sistemas integrados de gestão

- avaliar o impacto para a imagem (interna e externa) e, por decorrência disso, para os negócios e o desempenho das empresas, cujos resultados dos projetos tenham sido principalmente reduções importantes do quadro de pessoal;
- avaliar e comparar gastos com contração de consultoria devido à redução feita de mão-de-obra, ocasionando perda do conhecimento dos processos, quando mudanças de cenários de negócios exigiram novas parametrizações do sistema;
- avaliar mudanças de arquiteturas organizacionais causadas pela adoção do sistema.

Parte II

Flexibilização do trabalho

Capítulo 3

Referencial teórico

A primeira seção deste capítulo faz um breve histórico da regulação do trabalho no Brasil, analisado pela perspectiva de contraposição dos conceitos de regulamentação e de qualidade de vida no trabalho. A seguir, aborda-se o tema da flexibilização das relações de trabalho e expõem-se seus preceitos legais. Finalmente, apresenta-se o panorama atual da qualidade de vida no trabalho no país.

Breve histórico da regulação do trabalho no Brasil

No início do século XX, com a emergência do período da industrialização, são discutidas as mudanças ocorridas nas relações entre trabalho e trabalhador. Na era da Revolução Industrial, a ocorrência de inovações tecnológicas levou um aumento dos problemas sociotrabalhistas à vida dos operários, já que eles eram obrigados a operar no mesmo ritmo das máquinas. Essas condições desumanas de trabalho começam a compor a pauta de discussões no campo da legislação social. A Declaração Universal dos Direitos Humanos[18] consolida a afirmação de uma ética universal ao consagrar um consenso sobre valores de cunho global a serem seguidos pelos Estados. No cenário mundial, direitos humanos e liberdades fundamentais tornavam-se preocupações constantes.

As principais instituições do mercado de trabalho no Brasil foram introduzidas entre os anos de 1930 e 1940. Nesse período, a maioria das leis sociais é concebida, implementada, regulamentada e fiscalizada, visando à proteção do trabalhador, dan-

---

[18] No dia 10 de dezembro de 1948 a comunidade internacional aprovou a Declaração Universal dos Direitos Humanos como uma norma comum de aplicação que reconhecia a dignidade e os direitos inalienáveis e inerentes a todas as pessoas de todos os países.

do-se início, mesmo que timidamente, a uma nova discussão sobre os direitos humanos, cuja proteção não se deve reduzir ao domínio reservado do Estado. Em 1943, durante o governo de Getúlio Vargas, surge o código trabalhista denominado Consolidação das Leis do Trabalho (CLT).[19] Esse código estipula a existência de contratos individuais[20] e coletivos[21] de trabalho e cria a Justiça do Trabalho para intermediar as relações entre empregadores e empregados e dirimir todas as disputas trabalhistas. Assim, as condições mínimas de trabalho foram transformadas em lei para conferir à Justiça do Trabalho a necessária legitimidade para proferir sentenças e esvaziaram-se os sindicatos trabalhistas de sua principal função e fonte de mobilização. Criou-se um imposto para financiamento das atividades sindicais de trabalhadores e de empregadores, correspondente a um dia de trabalho por ano e a uma percentagem das receitas das firmas, e estabeleceram-se o monopólio de representação por categoria profissional no nível municipal e os contratos coletivos aplicáveis a todos os trabalhadores, independentemente da filiação sindical.

Nos Estados Unidos dos anos 1960 iniciou-se um movimento de boicote a produtos e ações de empresas, decorrente de uma reação negativa da população em relação à guerra do Vietnã, que de alguma forma estavam ligadas ao conflito armado. Esta reação gerou para as organizações a necessidade de prestar informações ao público sobre suas atividades no campo social. As empresas reagiram às pressões da sociedade, que exigia nova postura ética, iniciando um processo de prestação de contas de suas ações e justificando seu objetivo social, com o intuito de melhorar a imagem junto a consumidores e acionistas.

No Brasil, nessa mesma década, a política reacionária imposta pelo golpe de Estado fez desabar o sistema no país, mais especificamente sobre a área social, colocando um freio na luta dos trabalhadores por melhores condições de vida. Passaram a ocorrer altas taxas de desemprego, houve queda dos salários reais e aumentou a procura por contrato de trabalho em tempo parcial, além da demanda por maiores níveis de escolaridade para os trabalhadores que permanecessem empregados e que ocupassem postos considerados essenciais para os processos produtivos nos quais estavam inseridos.

---

[19] Promulgada pelo Decreto-Lei nº 5.452, de 1º de maio de 1943, a CLT representou a reunião de todas as leis trabalhistas que existiam isoladamente somadas às outras que foram e são criadas.
[20] "As relações de trabalho propriamente ditas, isto é, aquelas entre patrões e cada um de seus empregados, pelas quais se troca trabalho por remuneração. Incluem-se aqui as regras de acesso ao emprego (idade mínima e máxima, por exemplo), o lugar que o indivíduo ocupará no organograma da empresa, e também regras mais universais como a que regula a jornada de trabalho etc." (Cardoso, 2000:8).
[21] "As relações profissionais, por meio de regras para a defesa e representação de interesses das partes, capital e trabalho. São as relações de 'direito coletivo' e recobrem a organização sindical, a ação coletiva, a negociação coletiva, a representação por locais de trabalho etc." (Cardoso, 2000:8).

A partir de 1965 encontraram-se vestígios de flexibilização no Brasil (Carvalho, 2000), quando ocorreu a promulgação da Lei nº 4.923/65, que trata da redução geral e transitória dos salários até o limite de 25%, por acordo sindical, quando a empresa tivesse sido afetada por caso fortuito ou força maior em razão da conjuntura econômica, e, depois, da Lei nº 5.107/66, que acabou com a estabilidade, reduzindo os custos de demissão de pessoal com a criação do fundo de capitalização individual para indenizações por demissão (Fundo de Garantia por Tempo de Serviço [FGTS]) em substituição a uma cláusula que proibia demissões de trabalhadores com mais de 10 anos de serviço. Ocorreram, ainda, as leis "terceirizantes", em especial a Lei nº 6.019/74, conhecida como lei do trabalho temporário, que tem por objetivo possibilitar às empresas mão-de-obra mais barata. Em 1986 criou-se o seguro-desemprego, financiado por um imposto sobre a receita das firmas, o qual foi reformulado em 1989.

Somente em 1988, com a promulgação da Constituição Federal do Brasil, teve início uma nova fase para o trabalhismo brasileiro, ainda que no plano formal. A grande inovação do texto de 1988, que ampliou a dimensão dos direitos e das garantias, consistiu em incluir no catálogo de direitos fundamentais não apenas os direitos civis e políticos, mas também os sociais, aumentando os direitos dos trabalhadores. Nesse período, muitas empresas, na luta pela vitória ou em busca da sobrevivência, apostavam no "vale-tudo" e nem sempre tinham entre suas prioridades uma conduta baseada em princípios éticos, como o respeito ao consumidor, o cumprimento da legislação trabalhista ou a preservação ambiental. Esse quadro começou a mudar nos anos 1990, com a preocupação de criar melhores condições de vida para o trabalhador e com a extensão da qualidade do produto como pré-requisitos para obtenção do passaporte do qual o Brasil precisava para ter acesso à internacionalização da economia,[22] principalmente no que tange à competitividade de mercado.

Com a Lei nº 9.601/98 aumentou a abrangência do contrato de trabalho por prazo determinado, não o caracterizando como indeterminado quando prorrogado pela segunda vez. Foram surgindo novas leis que modificaram em parte o direito do trabalho, como as medidas provisórias que introduziram os contratos por tempo parcial (MP nº 10.952-20/2000), que acrescentou à CLT o art. 58-A, o qual conceitua como trabalho em regime de tempo parcial aquela atividade cuja duração não exceda 25 horas semanais, sob a justificativa de que a permanência do empregado por um perío-

---

[22] A internacionalização da economia é propósito que favorece as nações fortes que podem conter preços de seus produtos aquém do custo de produção ensejando uma concorrência ilegítima. Para Boaventura de Souza Santos, "o traço da globalização da economia é a primazia total das empresas multinacionais, enquanto agentes do 'mercado global'. A própria evolução do nome por que são conhecidas assinala a constante expansão das atividades destas empresas com atividades em mais que um Estado nacional: de empresas multinacionais para empresas transnacionais e, mais recentemente, para empresas globais" (Santos, 2001:290).

106 Tecnologia da informação transformando as organizações e o trabalho

do mais curto na empresa possibilita aumentar a oferta de vagas. Há, também, o banco de horas (MP nº 10.709-3/98), que modificou o §2º do art. 59 da CLT, cuja forma prevê que o excesso de horas trabalhadas pelo empregado em um período poderia ser compensado no período máximo de um ano, isto é, se os sindicatos acordarem, as horas extras praticadas em um certo período não precisam ser pagas. Nos contratos coletivos também ocorreram importantes mudanças, como a eliminação, em 1988, do controle estatal sobre os sindicatos.

Entre os projetos de lei em tramitação no Congresso Nacional, destacam-se o PL nº 4.302-B, que pretende alterar a Lei nº 6.019/74 – para permitir-se a legalização da locação de mão-de-obra por negociação coletiva, quer para casos de atividade-meio, quer para casos de atividades-fins, autorizando que a terceirização seja praticada livremente sem quaisquer ressalvas e/ou reservas –, e o PL nº 5.483/2001, que, alterando o art. 618 da CLT, pretende a prevalência do negociado sobre o legislado sem antes se assegurarem as salvaguardas necessárias para que, efetivamente, haja uma livre e necessária negociação coletiva, sem submissão aos interesses do lucro do capital.

Os direitos sociais e trabalhistas foram elevados à categoria dos direitos individuais conferidos aos cidadãos no título *Dos Direitos e Garantias Fundamentais* (arts. 6º, 7º e parte final do §2º do art. 114), de observância obrigatória em um estado social de direito. Nos seus incisos VI, XIII e XIV (art. 7º, VI) limita a flexibilização, estabelecendo que a redução de salários, a diminuição e a compensação de jornada de trabalho e a prorrogação da jornada máxima de seis horas para o trabalho em turnos ininterruptos de revezamento processassem-se mediante acordo ou convenção coletiva. Excetuadas essas possibilidades de alteração, a flexibilização da relação de emprego terá de passar, necessariamente, por alterações constitucionais.

Magano (1999) atribui a tendência mais acentuada à flexibilização das relações de trabalho a partir de 1998 e cita entre os casos típicos de flexibilização:

❑ contrato a tempo parcial: a atividade do empregado desenvolve-se regularmente durante parte da jornada ou da semana, em períodos sensivelmente inferiores aos da duração normal do trabalho;

❑ contrato por prazo determinado: contratos mais maleáveis, realizados mediante necessidade de medidas de combate ao desemprego;

❑ trabalho temporário: atendimento de necessidade transitória de substituição extraordinária de serviço;

❑ contrato de trabalho em domicílio: resulta do emprego de terminais de telecomunicações e de informática;

❑ horário flexível: flexibilização da jornada de trabalho, que pode variar em distintos dias ou semanas, sem ser fixada de antemão ou ser suscetível a variação;

Referencial teórico

- ❑ subcontratação: para enfrentar a concorrência, a empresa concentra-se no campo de sua especialização. As atividades do processo produtivo não inseridas no âmbito selecionado são transferidas para outras empresas;
- ❑ contrato de formação: incentiva a contratação de jovens que ingressam no mercado de trabalho, sendo viabilizado por meio de reduções das contribuições dos empregados à seguridade social;
- ❑ contrato de solidariedade: diminuição da jornada e do salário do trabalhador em vias de se aposentar, arcando a seguridade social com os custos respectivos;
- ❑ *kapovaz*: instituto do direito alemão semelhante ao trabalho intermitente;
- ❑ *job-sharing*: flexibilização da jornada caracterizada pela convocação de trabalhador para substituir ausências no mesmo posto de trabalho.

Todo trabalhador deve ter uma carteira emitida pelo Ministério do Trabalho na qual estejam registrados todos os termos dos contratos individuais firmados durante sua vida ativa. Todos os contratos individuais devem obedecer a um conjunto de normas, e os coletivos, negociados anualmente através dos sindicatos, não podem contrariar essas normas, só aprimorá-las. Esse conjunto de normas compreende, entre outras, as seguintes:

- ❑ duração máxima da semana de trabalho (44 horas, a partir de 1988);
- ❑ duração máxima do dia de trabalho (8 horas para turnos normais e 6 horas para turnos ininterruptos);
- ❑ máximo de horas extras (2 horas por dia);
- ❑ salário mínimo;
- ❑ remuneração mínima do trabalho extraordinário (50% do salário regular);
- ❑ 30 dias de férias remuneradas por ano de serviço;
- ❑ abono de férias correspondente a 1/3 do salário regular;
- ❑ disposições especiais para turnos noturnos;
- ❑ 13º salário (1/12 do salário de dezembro multiplicado pelo número de meses de serviço do trabalhador na firma durante o ano);
- ❑ proteção à mulher grávida contra demissão;
- ❑ licença-maternidade de quatro meses para a mãe;
- ❑ licença-paternidade de cinco dias para o pai;
- ❑ salário complementar proporcional ao número de filhos de uma família, calculado como um percentual do salário mínimo;
- ❑ um mês de aviso prévio em caso de demissão. Durante esse mês o trabalhador pode dispor de duas horas diárias de seu tempo de trabalho para procurar outro emprego;
- ❑ direito a um fundo de garantia contra demissão depositado pela firma;
- ❑ multa contra demissão, paga pela firma ao trabalhador, se a dispensa não for por justa causa;
- ❑ seguro-desemprego (1986);

Tecnologia da informação transformando as organizações e o trabalho

- [ ] normas especiais para o trabalho infantil;
- [ ] normas especiais para o emprego em condições perigosas.

Os custos não-salariais com mão-de-obra incluem, ainda:

- [ ] tempo não trabalhado pago;
- [ ] contribuição do empregador à previdência social;
- [ ] imposto sobre a folha para financiar instituição de capacitação profissional nacional dirigida e administrada por organizações patronais;
- [ ] imposto sobre a folha para financiar organizações de assistência social a empregados e empregadores;
- [ ] imposto sobre a folha para financiar organização que preste serviços econômicos aos empregadores;
- [ ] imposto sobre a folha para financiar o ensino formal ministrado pelo Ministério da Educação.

Os contratos coletivos de trabalho, segundo Camargo (1996), têm por finalidade complementar os contratos individuais de trabalho, visto que todo trabalhador brasileiro, filiado ou não, deve ser representado por um sindicato que negocia contratos coletivos de trabalho, em bases anuais, para toda uma categoria profissional de uma dada cidade.

A negociação de contratos coletivos se dá entre os sindicatos de trabalhadores e as firmas ou entre estes e os sindicatos patronais. A forma descentralizada de organização dos sindicatos, por categorias e por municípios, torna muito difícil a coordenação macroeconômica desses processos. A maioria das negociações coletivas diz respeito ao reajuste do salário nominal.

Entre as soluções mais comumente apontadas para flexibilizar o direito do trabalho encontra-se a contratação coletiva através de negociação descentralizada no nível da empresa. Uma reflexão sobre essa proposta do contrato livremente negociado, flexível e passível de revisão quando o interesse mais forte for contrariado nos remete à possibilidade de o mais forte sempre sair ganhando em nome da eficiência.

O direito do trabalho (Camargo, 1996) tem por fim a tutela dos trabalhadores e a consecução de uma igualdade substancial e prática para os sujeitos envolvidos. É o único ramo da Justiça que tem poder normativo ao invés de simplesmente aplicar uma lei existente. Os tribunais do trabalho exercem três importantes funções:

- [ ] dirimir toda controvérsia acerca do cumprimento da lei;
- [ ] resolver todas as disputas que envolvam contratos individuais e coletivos de trabalho;
- [ ] conciliar, arbitrar e julgar as negociações coletivas.

O sistema brasileiro de tribunais do trabalho está dividido em três níveis hierarquicamente organizados como se segue:

Referencial teórico

- ❏ Juntas de Conciliação e Julgamento: compostas por um advogado trabalhista, um representante dos trabalhadores e outro dos empregadores, sendo estes últimos nomeados pelo presidente do Tribunal Regional do Trabalho (TRT) onde a junta se realiza;
- ❏ TRTs: compostos por uma maioria de advogados trabalhistas e por uma minoria de representantes de trabalhadores e empregadores nomeados pelo presidente da República, os quais julgam reivindicações de trabalhadores e empregadores. Devem pronunciar sentenças das quais se pode apelar junto ao Tribunal Superior do Trabalho (TST);
- ❏ TST: seus membros são nomeados pelo presidente da República e aprovados pelo Senado. É composto por três representantes de trabalhadores, três representantes de empregadores e 11 advogados trabalhistas, todos com mandato vitalício. Suas decisões têm caráter definitivo, salvo no caso de controvérsia acerca de um princípio constitucional, quando, então, se pode apelar junto ao Supremo Tribunal Federal (STF).

Todos os acordos individuais que envolvam controvérsias só são válidos se realizados através de uma Junta de Conciliação e Julgamento. O trabalhador dispõe de cinco anos para entrar com uma reivindicação na Justiça do Trabalho e cabe ao empregador provar que cumpriu os termos do contrato e/ou da lei. Ao juiz cabe acatá-la ou não. No plano da negociação coletiva as disputas são resolvidas junto aos Tribunais do Trabalho. Nesse caso cabe também ao empregador o ônus da prova.

A corrente contrária à flexibilização das relações de trabalho entende que, embora tais políticas tenham claramente o objetivo estratégico de conceder maior competitividade às empresas, na prática têm significado, na maior parte das vezes, uma perda para o trabalhador, gerando desempregados, subempregados ou pessoas superocupadas.

O impacto de sua ação para o trabalhador tem se refletido no aumento do tempo de trabalho – não necessariamente com maior remuneração –, nas exigências infinitas de melhoria de qualificação, cujos investimentos ficam geralmente sob sua responsabilidade, e na conseqüente invasão do mundo da vida pelo mundo do trabalho.

Para a sociedade essas práticas geram custos como o aumento de desempregados que migram para o trabalho não-formal, normalmente em ocupações que requerem qualificações formais inferiores às que possuem, encontrando cada vez mais dificuldades para se reempregar devido às qualificações em constante mudança.

Nas empresas, o que se observa é o abuso, cada vez mais ostensivo, das vantagens estratégicas que as práticas oferecem, visto que a resistência das pessoas é pequena em vista da falta de alternativas.

De acordo com Nascimento (segundo Paiva, 1998:4),

a flexibilização do direito do trabalho faria dele mero apêndice da economia e deixaria de ser uma defesa do homem contra a sua absorção pelo processo econômico para ser, unicamente, um conjunto de normas destinadas à realização do progresso econômico, mesmo que com sacrifícios insuportáveis dos trabalhadores.

E conforme Cardoso (2000:11), "a flexibilização das relações de trabalho como interesse nacional é sinônimo de alienação do Estado, de desregulamentação, de transferência aos atores sociais, capital e trabalho, do poder de definir seu destino".

A globalização de mercados, segundo Pochmann (2001), com a queda das barreiras protecionistas e a integração produtiva intercontinental favorecidas pela proliferação das políticas neoliberais, vem produzindo aumento da desigualdade de rendimento e da pobreza, posto que tende a restringir a transferência de tecnologia para países de periferia e semiperiferia. Grandes corporações vêm se utilizando de vantagens competitivas disponíveis em diferentes países, provocando a desvalorização do custo de contratação, a desregulamentação do mercado de trabalho e a flexibilização das normas de relacionamento entre o capital e o trabalho.

Em consonância com Casali e colaboradores (1997, segundo Sousa, 1999:34),

o desafio que se impõe às organizações diante dessas transformações no cenário mundial conduz a um processo de reestruturação produtiva que resulta num novo modelo de produção chamado de produção flexível. De acordo com esse modelo, os mercados tornam-se cada dia menos caracterizados pela produção padronizada em larga escala e mais pela oferta de bens e serviços de alto valor agregado, especialmente em termos do valor do conhecimento incorporado ao processo produtivo. Trata-se de um processo apoiado no desenvolvimento científico e tecnológico e na globalização de mercados, o qual apresenta, também, o seu lado perverso, provocando a "precarização" das relações de trabalho e o aumento dos níveis de desemprego, com efeitos claramente excludentes e marginalizadores para significativas parcelas das sociedades.

Consoante Nascimento (1997:120), a

flexibilização do direito do trabalho é a corrente de pensamento segundo a qual necessidades de natureza econômica justificam a postergação dos direitos dos trabalhadores, como a estabilidade no emprego, as limitações à jornada diária de trabalho, substituídas por um módulo anual de totalização da duração do trabalho, a imposição pelo empregador das formas de contratação do trabalho moldadas de acordo com o interesse unilateral da empresa, o afastamento sistemático do direito adquirido pelo trabalhador e que ficaria ineficaz sempre que a produção econômica o exigisse, enfim, o crescimento do direito potestativo do empregador.

Para Siqueira Neto (Oliveira, 1996), os que defendem a proposição que consagra a globalização econômica e os valores superiores do mercado e vêem a proteção do trabalho como elemento de contenção do desenvolvimento econômico dos países cometem equívocos ao vulgarizar o conceito de rigidez do direito e do mercado de trabalho e banalizam a negociação coletiva do trabalho e o papel do Estado nas relações de trabalho.

O autor argumenta que as relações e o direito do trabalho são pautados pela articulação das políticas públicas com a atuação de sindicatos, associações empresariais e empresas por intermédio da contratação coletiva de trabalho.

Como afirma ainda Siqueira Neto (Oliveira, 1996:332),

> entre as formatações dos sistemas de relações de trabalho dos países industrializados de maior projeção, o europeu apresentou-se estruturado e articulado de fato, com políticas públicas relativas ao trabalho e integrado por um amplo e complexo processo de contratação coletiva realizada em todos os níveis. O sistema japonês alcançou um alto grau de cooperação entre os atores sociais, sem, contudo, promover a institucionalização dos procedimentos, sobretudo por intermédio da negociação efetiva de contratos coletivos setoriais fora do âmbito das empresas. O sistema norte-americano, ao contrário dos demais analisados, não consumou o nível de articulação de compromisso do padrão europeu, e tampouco conseguiu a cooperação do sistema japonês. Nestas circunstâncias, inegavelmente o direito do trabalho europeu foi fortalecido.

A reestruturação do processo produtivo assentada sobre os princípios da flexibilidade transformou-se, assim, na ordem do dia, tanto no meio acadêmico quanto no empresarial. Porém a análise crítica desse processo deságua na questão socioeconômica da abordagem. Para Legge (1995, segundo Sousa, 1999:35),

> na prática, as ações empresariais em torno da flexibilidade mais parecem fruto do pragmatismo e do oportunismo patronal, como parte de uma estratégia organizacional mais ampla de controle do trabalhador e de obtenção de melhores índices de lucratividade. A especialização flexível é classificada como uma espécie de neofordismo, em que se busca reestruturar o processo produtivo e a força de trabalho para aumentar a versatilidade e a adaptabilidade do indivíduo a novas tecnologias, sem, contudo, negar o princípio fundamental do fordismo, ou seja, a necessidade de reforçar o controle social sobre a massa trabalhadora. Nesse caso, a economia de escala, típica do fordismo no início do século XX, transforma-se em uma "economia baseada na competência", mas o modelo permanece inserido em um contexto de produção de massa e de controle social do trabalho.

Assim, o sentido da flexibilização organizacional como efetiva transformação do processo produtivo só se justifica quando incorpora à globalização e ao progresso científico tecnológico o elemento da valorização da cidadania. Nesse contexto, sua trajetória leva em direção à democratização das relações sociais no sistema empresa e, conseqüentemente, a maiores integração e homogeneização sociais.

Para Tenório (2000a:182), a efetiva flexibilização organizacional, que produz como resultado a participação contributiva das pessoas na gestão das empresas, deve estar fundamentada na "interação entre a evolução técnico-científica, a globalização e a cidadania. Gerenciar somente através das duas primeiras variáveis seria implementar mudanças sob a perspectiva neofordista".

Ainda segundo o autor, o novo modo de organização da produção e do trabalho é uma tentativa de caminhar para um modelo de gestão empresarial que privilegie as flexibilizações interna e externa à organização em relação a um contexto internacional que percebeu o esgotamento do taylorismo/fordismo e que se assenta na tríade globalização da economia, progresso técnico-científico e valorização da cidadania.

Para Tenório (2000a), a gestão organizacional não se determina mais através de modelos, sejam eles explicativos, prescritivos ou o que for, mas se volta para cada sujeito que, num processo intersubjetivo reflexivo, dotado de conhecimento e contextualizado num ambiente histórico, procurará definir, através do entendimento com outros sujeitos, as ações adequadas num dado momento e local. A interação entre a evolução técnico-científica, a globalização da economia e a cidadania enfatiza uma maior participação dos trabalhadores na tomada de decisões e no controle da qualidade da produção.

Ainda conforme Tenório (2000a:199),

> antes do fordismo, o trabalhador-artífice detinha o controle da concepção, do processo, dos instrumentos de trabalho e até, em muitos casos, da comercialização. Com o fordismo o trabalhador-massa perde esse controle e passa a executar suas tarefas segundo o planejado pelo quadro técnico da firma e através de uma supervisão estrita sobre o seu desempenho. O trabalhador-massa atua quase como uma extensão da máquina. Hoje, com a perspectiva pós-fordista e sob outras condições sociais e tecnológicas, começa a surgir o trabalhador societário. Tal como o trabalhador pré-fordista, o atual volta a colocar o seu conhecimento no processo produtivo, acrescido de ações intersubjetivas ou de cooperação social através de técnicas e instrumentos de produção mais sofisticados. Nesse sentido, o perfil do novo trabalhador exige um maior grau de escolarização, uma maior participação no processo de tomada de decisão e um maior número de atribuições na sua forma de trabalhar.

É fundamental a diferenciação entre estar simplesmente renomeando como flexível e inovadora a mesma prática, cujo objetivo último estaria na busca da eficiência do funcionamento do mercado, e a efetiva construção de um contexto favorável para mudança e de uma nova forma de entender e realizar o trabalho com uma perspectiva

Referencial teórico

mais flexível, que consiste em preparar os participantes, compreender seu desempenho, proporcionar-lhes *feedback* e promover o diálogo constante.

Cardoso (2000:10) faz uma análise crítica da "nova ordem mundial", enfocando a flexibilização do mercado de trabalho ou a revisão do direito do trabalho como denominações diferentes para o mesmo fenômeno:

> a eficiência no mercado deixa de ser um interesse pátrio, cujas fronteiras possam ser claramente delimitadas. Em uma associação de idéias nada difícil de rastrear, o que está em questão é o funcionamento do mercado enquanto tal. E, como o mercado destrói crescentemente as fronteiras (a questão não é a sobrevivência no novo capitalismo global?), o interesse nacional confunde-se com a idéia de eficiência do funcionamento do sistema como um todo, de nossa parte no sistema global de trocas eficientes. O discurso neoliberal opera uma clivagem entre o interesse nacional e o interesse dos nacionais justamente porque a eficiência de mercado como meta elege os capitais apátridas como senhores dos projetos de organização social. A sobrevivência no capitalismo global confunde-se com a sobrevivência do novo capitalismo global. (...) O interesse dos nacionais, ao contrário, tem fronteiras claramente delimitadas. Estamos encerrados no Brasil, ou América Latina. Por isso mesmo estaríamos oferecendo resistência insustentável tendo em conta o modelo de eficiência global vertido em interesse nacional, dado que a inércia dos sistemas nacionais de relação de trabalho, que se recusam à flexibilização, seria um empecilho, um obstáculo ou um entrave à eficiência já referida. O equilíbrio aqui se manifestaria como desigualdade, desemprego etc., isto é, como um equilíbrio não ótimo ou socialmente indesejável porque a legislação trabalhista existe.

Ainda segundo Cardoso (2000:11), a proposição "desreguladora" aponta como solução a contratação sem a participação do Estado, que surge em substituição ao direito do trabalho e, também, sob a tutela da flexibilização das relações de trabalho. Não se propõe a mudança das leis, visto que implicaria a participação do Congresso Nacional e, conseqüentemente, no debate público. "A idéia é a contratação descentralizada, por empresa, no mundo privado." Segundo o autor, "no mundo globalizado, o contrato coletivo livremente negociado, flexível e passível de revisões, sempre que o interesse do mais forte for contrariado, é a panacéia para o mal dos acordos congressuais: no mercado, longe das incertezas do jogo político, o mais forte pode sair ganhando sempre. Em nome da eficiência".

Consoante o mesmo autor, embora o direito do trabalho seja correntemente avaliado como obstáculo, cuja rigidez gera custos excessivos ao mercado, por outro lado ele vem cumprindo o seu papel de civilizacional.

Para Cardoso (2000:20-22),

não tanto pela pacificação ou humanização das empresas, mas pela vertebração da própria sociedade via estabilização de expectativas dos assalariados a respeito de seu quinhão na riqueza socialmente produzida e do seu lugar na estrutura de distribuição de recursos mais propriamente estatutários. Indivíduos e coletividade, ao se vincularem a uma categoria profissional reconhecida pelo Estado e, com isso, se investirem de direitos quase corporativos, ganhavam também um lugar na ordem social de posições, definindo-se por oposição a outras categorias profissionais e aos que não estavam no mercado formal de trabalho.

E faz uma advertência:

apenas aqui não se parece reconhecer que o mercado, deixado a si mesmo, o mercado sem o Estado, é a guerra, a selva ou a máfia, ou tudo isso junto. É esse, parece-me, o risco maior da flexibilização e desregulamentação do mercado de trabalho tal como propostas pelos vencedores atuais da guerra ideológica.

Flexibilização das relações de trabalho

A flexibilização das relações de trabalho é definida de diversas maneiras, dependendo da leitura que se faça do contexto macroeconômico, da orientação política e social do pensador, do objetivo e da amplitude que se vislumbra e até mesmo da referência histórica e geográfica adotada. Segundo Siqueira Neto (segundo Oliveira et al., 1996), além da diversidade de conceitos existentes de flexibilização, existe ainda uma variação da flexibilidade quanto a fins, objeto e forma. Quanto aos fins pode objetivar a proteção ao trabalhador, a adaptação a novas circunstâncias e a desregulamentação de benefícios trabalhistas. Quanto ao objeto, quando interno, modifica aspectos de uma relação preexistente (horário, jornada, condições de trabalho etc.) e, quando externo, está relacionado à entrada e saída do mercado de trabalho. Quanto à forma, a flexibilização pode ser imposta (pelo empregador ou pelo Estado) e negociada.

Os defensores da flexibilização das relações de trabalho argumentam que a busca do aumento da competitividade das empresas e das economias nacionais contrapõe-se à rigidez do sistema e do mercado de trabalho e que a solução aponta para a flexibilização dos direitos trabalhistas e o incentivo às negociações coletivas de trabalho. A seguir, algumas definições dessa linha de pensamento.

Flexibilizar é a capacidade do indivíduo de renunciar a seus costumes e adaptar-se às novas circunstâncias do mercado de trabalho. Traduz-se pelo uso de instrumentos

Referencial teórico

jurídicos que permitam adaptar as relações de trabalho às flutuações econômicas, às alterações ocorridas na ordem social e às constantes inovações tecnológicas. O objetivo da flexibilização é a garantia de emprego, embora com redução de direitos trabalhistas.

(Andrade, 1999:16)

Flexibilização do Direito do Trabalho é o processo de adaptação de normas trabalhistas à realidade cambiante. Trata-se de processo porque se traduz em sucessão de estados e mudanças. Caracteriza-se como adaptação porque não gera mudanças *in vitro*, e sim as exigidas pela realidade cambiante.

(Magano, 1999:2)

A flexibilização laboral se traduz pelo uso dos instrumentos jurídicos que permitam o ajustamento da produção, emprego e condições de trabalho à celeridade e permanência das flutuações econômicas, às inovações tecnológicas e outros elementos que requerem rápida adequação.

(Arturo Hoyos, segundo Paiva, 1998:2)

Flexibilização das normas trabalhistas é parte integrante do processo maior de flexibilização do mercado de trabalho; consiste no conjunto de medidas destinadas a dotar o direito laboral de novos mecanismos capazes de compatibilizá-lo com as mutações decorrentes de fatores de ordem econômica, tecnológica ou de natureza diversa exigentes de pronto ajustamento.

(Nassar, segundo Paiva, 1998:3)

A flexibilização trabalhista consiste na possibilidade da empresa contar com mecanismos jurídicos que permitam ajustar sua produção, emprego e condições de trabalho ante as flutuações rápidas e contínuas do sistema econômico (demanda efetiva e diversificação da mesma, taxa de câmbio, interesses bancários, competência internacional), as inovações tecnológicas e outros fatores que demandam ajustes com rapidez.

(Numhauser-Henning, segundo Oliveira, 1996:335)

Flexibilização do direito do trabalho é instrumento de política social caracterizado pela adaptação constante das normas jurídicas à realidade econômica, social e institucional, mediante intensa participação de trabalhadores e empresários, para eficaz regulação do mercado de trabalho, tendo como objetivos o desenvolvimento econômico e o progresso social. O instrumento central da flexibilização é a negociação coletiva e o contrato coletivo de trabalho.

(Robortella, segundo Rudiger, 1997:16)

Na mesma corrente de pensamento de adaptação do mercado de trabalho às mudanças provocadas pela globalização e inovação tecnológica, Pastore (1999) ressalta que o desemprego no mundo não é determinado apenas pelos métodos que poupam trabalho. Ele é causado também pela escassez de capitais para investimentos e pela carência de mão-de-obra qualificada para trabalhar nas novas condições de tecnologia e de administração. Segundo o autor, gerar empregos é um investimento caro quando se levam em conta as novas condições de produção. Na década de 1970, o Brasil tinha condições de criar um emprego com US$ 10 mil; na de 1980, subiu para US$ 15 mil; e hoje são necessários US$ 30 mil. Além do custo das tecnologias produtivas e da proteção ambiental, a geração de empregos é afetada pelos custos de contratar e descontratar a mão-de-obra. Sempre que as instituições e regulações que regem o comportamento de firmas e trabalhadores são extensas, o mercado de trabalho é rígido. Ainda consoante Pastore (1999), os países que resistiram à flexibilização da lei e do contrato coletivo amargam altas taxas de desemprego. Na Europa há casos de mais de 20% de desemprego (Espanha), enquanto nos Estados Unidos a taxa é de 6%; no Japão, 2%; na Coréia, 2%; em Taiwan 1,5%; em Hong Kong, 1%. Apesar de atrasada, a Europa entrou em cheio na era da desregulamentação e flexibilização do mercado de trabalho. Quase todos os países vêm simplificando a legislação trabalhista e previdenciária, reduzindo os encargos sociais, reciclando mão-de-obra e negociando contratos (contratação com menos encargos sociais, tempo parcial, subcontratação de pessoas e empresas etc.).

Pastore (1999) argumenta ainda que, no Brasil, o quadro geral do trabalho continua muito regulamentado. É um sistema de muita legislação e pouca negociação. Alerta que os países que dificultam as inovações espantam os capitais e destroem empregos no local de origem para criá-los no local de destino.

A adaptação do direito do trabalho brasileiro aos novos tempos é defendida também por Paiva (1998) sob a argumentação de que foi criado há quase 50 anos e reflete forte intervencionismo estatal, o que o torna complexo e obscuro, contribuindo para o imobilismo empresarial e o estímulo à especulação financeira. Conforme o autor, a legislação deve estar mais aberta à economia e às necessidades de adaptação conjuntural marcada pelo fim da crença do progresso social ilimitado e pelo acréscimo de regalias para os trabalhadores. Trata-se do fenômeno de um novo espírito de Estado menos centralizado, mais aberto aos grupos naturais e mais preocupado com o bem-estar da comunidade, e não apenas de uma parcela de privilegiados.

O custo do ajuste, o grau e as dimensões da flexibilidade do mercado de trabalho dependem de vasto conjunto de fatores, dos quais um dos mais importantes é a estrutura institucional que regula o comportamento do mercado de trabalho: as normas formais e informais que determinam a estrutura do contrato de trabalho, os incentivos criados para agentes e organizações, os sindicatos trabalhistas e organizações patronais, o grau e o custo do cumprimento das normas e contratos etc.

Referencial teórico

Nesse sentido, para Camargo (1996), o grande número de restrições e o alto custo da observância da regulamentação do mercado de trabalho no Brasil levam a esperar um mercado relativamente rígido, porém a realidade não é assim devido aos cinco fatores discriminados a seguir.

❑ O custo de todas as restrições, salvo o salário mínimo, é proporcional ao salário pago pela firma. Assim, se o salário for flexível, o custo total também o será. A composição salarial revela que, quando um trabalhador é admitido num emprego com contrato assinado, seu salário efetivo corresponde a 155% do salário nominal negociado, enquanto o custo para a firma é de 190%. Como 35% do custo da mão-de-obra não revertem diretamente para o trabalhador ou para o empregador, há aí um incentivo para que ambos deixem de cumprir a legislação e dividam essa diferença entre si. Se o contrato não for assinado, o empregador não só pode pagar um salário mais alto ao trabalhador, como ainda pode ter um custo mais baixo de mão-de-obra.

Quando negocia um contrato legal, o trabalhador está negociando o salário nominal acrescido dos salários indiretos que receberá. É por isso que os salários do mercado refletem todos os custos de mão-de-obra que revertem ao trabalhador, e não apenas o seu salário nominal. Isso significa que a rigidez do custo não-salarial da mão-de-obra não torna rígido o custo real total, uma vez que os salários reais sejam flexíveis. Isso não se verifica apenas quando o salário de mercado está 1,9 aquém do salário mínimo. Nesse caso, como o contrato legal não pode estipular uma remuneração inferior ao salário mínimo, a rigidez dos salários nominais torna inflexíveis os custos reais de mão-de-obra. O único meio, então, de tornar flexíveis os custos de mão-de-obra é através de contratos de trabalho ilegais.

❑ Embora previstas em lei, e algumas até mesmo na Constituição, as restrições são passíveis de negociação nos tribunais do trabalho. Os custos trabalhistas não-salariais, por poderem ser negociados em tribunais de justiça, criam incentivos para que o trabalhador acione o empregador na Justiça do Trabalho.

❑ O custo da demissão é relativamente baixo. O empregador, sabendo que, através de negociações na Justiça do Trabalho, poderá pagar apenas uma fração do custo total decorrente da legislação, tem forte incentivo para desrespeitá-la. O trabalhador, por sua vez, enquanto permanece empregado, aceita as condições de serviço estipuladas pelo empregador. Se é demitido ou se acha que pode encontrar um novo emprego com facilidade, força a demissão e entra com uma ação contra o empregador. Na audiência de conciliação o empregador apresenta sua contraproposta e, como o processo é demorado, o trabalhador se vê incentivado a negociar com o empregador e a aceitar a contraproposta, mesmo que esta não satisfaça todos os requisitos legais do contrato de trabalho. Estatísticas mostram que, dos quase 2 milhões de ações que dão entrada na Justiça do Trabalho a cada ano, 80% se encerram na fase de conciliação, nunca indo a julgamento.

❑ Há incentivos para que empregados e empregadores não cumpram a lei, não assinando contratos formais ou não observando as limitações impostas pela legislação.

❑ Existe uma vantagem monetária para o trabalhador que força sua demissão se conseguir encontrar rapidamente um novo emprego. O incentivo aos contratos de curto prazo ou aos contratos ilegais é reforçado, ainda, pelos mecanismos de indenização por afastamento e pelo seguro-desemprego.

O seguro-desemprego cria incentivos aos contratos ilegais na medida em que o sistema não dispõe de nenhum mecanismo para verificar se o trabalhador tem um emprego informal durante os cinco meses em que está recebendo o benefício, o que permite ao trabalhador e ao patrão entabular negociações para que aquele seja demitido do emprego com carteira assinada e readmitido ilegalmente, podendo, assim, receber o benefício e o novo salário. O empregador se exime de pagar as contribuições sociais e o trabalhador tem aumento de renda real. Ainda segundo Camargo (1996), o FGTS gera incentivos aos contratos de curto prazo. O custo de demissão corresponde às duas horas diárias de que o trabalhador dispõe para procurar outro emprego durante o mês em que recebeu o aviso prévio mais a multa de 40% sobre o fundo de capitalização. Para um trabalhador com um ano de serviço isso representa 64% do salário mensal e cresce a uma taxa de 40% do salário ao ano. Faz-se importante notar o fato de não haver restrição não-monetária, no Brasil, para demissões. Essa renda e o total do montante acumulado no fundo revertem diretamente para o trabalhador e representam uma gratificação por demissão. Assim, é de se esperar que os trabalhadores forcem suas demissões ou tentem negociá-las com os empregadores, que, por sua vez, não investem na qualificação da mão-de-obra, pois o risco de perder o investimento é muito grande.

Diante desse quadro, Camargo (1996) aponta como conseqüências:

❑ a flexibilização do custo trabalhista não-salarial;
❑ o incentivo à não-observância da legislação;
❑ a dificuldade no estabelecimento de relação cooperativa entre empregados e empregadores, uma vez que a negociação só se realiza quando o contrato de trabalho é quebrado;
❑ a criação de incentivo aos contratos de trabalho de curto prazo, já que essa é a única maneira de os trabalhadores terem poder de barganha para fazer com que seus empregadores cumpram a lei e/ou os termos dos contratos;
❑ a pouca qualificação e os salários baixos;
❑ o custo de fazer um contrato ser cumprido é bastante elevado;

E propõe, entre outras, as seguintes mudanças:

- transformação do FGTS em pecúlio complementar à aposentadoria ou permitir ao trabalhador o acesso ao FGTS somente após determinados períodos, de cinco ou 10 anos, criando-se dessa forma incentivos a relações de trabalho de longo prazo;
- integração do seguro-desemprego a um sistema nacional de realocação e retreinamento de mão-de-obra, cujas ofertas de emprego não poderiam ser recusadas sob pena da perda do benefício do seguro-desemprego;
- transferência da negociação dos direitos individuais dos trabalhadores da Justiça do Trabalho para a empresa através de contratos coletivos estabelecidos com a firma. Os sindicatos dos trabalhadores negociariam com as empresas parte dos direitos individuais, a partir de contratos coletivos válidos para toda a empresa, através de comissões de negociação. Os limites mínimos das condições de trabalho seriam negociados entre centrais sindicais, confederação e federações de empresários e o governo, em níveis nacional e regional.

Panorama da qualidade de vida no trabalho no Brasil

O Brasil é signatário das convenções da Organização Internacional do Trabalho (OIT).[23] Qualquer convenção da OIT pode virar lei no Brasil se forem observados todos os passos legais (prazos, depósitos e carência). Normalmente são introduzidas no nosso ordenamento jurídico por meio de decretos presidenciais após sua aprovação e confirmação pelo Congresso Nacional. Passa a ser um tratado internacional com força de lei no país porque todos os requisitos formais foram observados e seus conteúdos, alinhados à Constituição Federal do Brasil.

As convenções da OIT são a base de elaboração da Norma SA 8000[24] e o fio condutor no cumprimento dos requisitos de responsabilidade social, aos quais as organizações têm a obrigação de atender. Soma-se a essa base a necessidade que as organizações têm de ser coerentes com os preceitos da Carta Constitucional de 1988, e, então, começa-se a perceber a existência, ainda que incipiente, de um movimento de convivência democrática nas empresas.

---

[23] A OIT, criada pelo Tratado de Paz de Versalhes, em 1919, em Genebra, na Suíça, é um fórum internacional onde governos, empregadores e trabalhadores discutem e adotam, em igualdade de condições, princípios trabalhistas condizentes com o direito e a dignidade do homem e com os interesses da sociedade.

[24] A SA 8000 é uma certificação internacional que visa aprimorar o bem-estar e as boas condições de trabalho, bem como o desenvolvimento de um sistema de verificação que garanta a contínua conformidade com os padrões estabelecidos pela norma.

Vive-se uma época de profundas mudanças que afetam diretamente o sistema-empresa.[25] Além do processo de crescente internacionalização da economia, tem-se o maior reconhecimento do mercado como fornecedor de recursos, o que faz o Estado recuar de sua antiga posição na esfera produtiva e de seu papel como regulador do mercado.

Nos espaços empresariais são observadas novas formas de organização que tendem a privilegiar o trabalho coletivo, criativo, inovador. No campo do trabalho surge a incumbência de produzir novos resultados, como salários mínimos aceitáveis, dignas condições de trabalho e justas relações trabalhistas.

Registra-se também a ocorrência do desenvolvimento progressivo de uma produção cada vez mais "individualizada" e de estilos de consumo cada vez mais diferenciados. O Estado passa a intervir menos na regulação do livre funcionamento dos mercados, abandonando gradualmente seu papel de executor direto no esforço de obtenção do pleno emprego. A expectativa de conseguir níveis cada vez mais altos de consumo de massa é transferida, progressivamente, da ação estatal para a ação do mercado. Nessa conjuntura destaca-se também a tecnologia de base microeletrônica que vem provocando importantes mudanças na organização taylorista do trabalho. A flexibilidade[26] da produção reduz a homogeneização da força de trabalho. O crescente emprego transitório – definido por modalidades mutáveis de contratação e pela flexibilidade nas funções e no horário, com formas diversas de remuneração – reduz progressiva-

---

[25] "O sistema-empresa, a partir do taylorismo/fordismo, tem preestabelecido as ações de seus membros mediante uma divisão de trabalho implementada por meio de vários instrumentos gerenciadores de suas ações: estrutura decisória através da disposição hierárquica; definição de atribuições através de plano de cargos e salários; programas de treinamento através de conteúdos 'standardizados' segundo o modismo da época; definição de tarefas através de 'manualização' etc. Tais mecanismos são utilizados para demarcar ou delimitar o comportamento do empregado, dificultando a manifestação dos elementos estruturais de seu mundo da vida" (Tenório, 2000a:91).

[26] No livro *La flexibilidad del trabajo en Europa*, coordenado por Robert Boyer e sob os auspícios da Federación Europea de Investigaciones Económicas (Fere), "os autores identificaram cinco definições para o termo 'flexibilidade': a) maior ou menor adaptabilidade da organização da produção – opções técnicas e organizacionais condicionadas às dimensões e demandas do mercado; b) a atitude dos trabalhadores para mudar o posto de trabalho – competência técnica e atitude da mão-de-obra para dominar diversos segmentos de um mesmo processo produtivo; c) debilidade das restrições jurídicas que regulam o contrato de trabalho – dizem respeito aos aspectos institucionais relacionados às leis trabalhistas e que facilitem, inclusive, ao empregador a dispensa dos empregados sem qualquer garantia adicional; d) sensibilidade dos salários (nominais ou reais) – significa a dependência dos salários em relação à situação econômica da empresa ou ao mercado de trabalho em geral; e) possibilidade de as empresas subtraírem uma parte das deduções sociais e fiscais – liberação das empresas das regulações do Estado quanto ao seu funcionamento" (Tenório, 2000a:164).

mente o contingente assalariado estável. Os temas flexibilização e "desregulação"[27] trabalhista, como novas tendências nas relações trabalhistas, parecem ser os tópicos mais críticos nas relações que começam a se estabelecer entre os papéis principal do mercado e menos interveniente do Estado.

Com a queda do muro de Berlim começou verdadeiramente o século XXI, pois, com sua simbologia, um ciclo foi encerrado, o século das conquistas sociais ficou para trás, e, no campo da política, a celeridade persegue o ritmo da internet.

Tomar decisões torna-se extremamente rápido, aumentando a flexibilidade e a mobilidade do exercício do poder. Sob o manto da forte volatilidade do mercado, do aumento da competição e do estreitamento das margens de lucro, as organizações tiram proveito do enfraquecimento do poder sindical e da grande quantidade de mão-de-obra excedente (desempregados ou subempregados) para impor regimes e contratos de trabalho mais flexíveis, diminuindo o emprego regular em favor do crescente uso do trabalho em tempo parcial, temporário ou subcontratado. A proposta, que não é nova, assume sua verdadeira face: a desregulamentação.

Mesmo quando se atribui ao Estado um papel menos ativo do que no passado, não há dúvida de que, nos processos de transformação socioeconômica em curso, os Estados nacionais ainda desempenham o papel de atores protagonistas. Um dos desafios do Estado é transformar seu próprio papel, redefinindo as funções que classicamente desempenhava no antigo sistema. Essa mudança ou redefinição de seu papel é um dos mais importantes componentes do fenômeno global de transformação socioeconômica e é um dos processos que geram a maior quantidade de conflitos entre os diversos atores políticos, sindicais e empresariais. A concepção do Estado mínimo é uma das propostas de redefinição do Estado. O que se propõe é uma desregulação tão abrangente quanto possível dos mais diversos âmbitos de atividade, inclusive do domínio das relações trabalhistas.

Há um processo de esvaziamento que vai progressivamente reduzindo o papel do Estado por meio de uma ação de transferência de funções para o mercado e para o setor privado.

Já o novo papel do mercado, aqui representado pela organização empresarial, introduz um conjunto de desafios relevantes. Assegura-se a competitividade, o que implica a capacidade de adaptar-se a condições variáveis de mercado e à conseqüente incerteza. Ambos os fenômenos são decorrentes da abertura para uma economia internacional em transformação e com permanente inovação tecnológica. A articulação entre os requisitos de competitividade e uma gestão trabalhista que inclua componen-

---

[27] A preocupação que na "desregulação" o Estado não intervenha nas relações de trabalho, para que a autonomia privada, coletiva ou individual, disponha, sem limitações legais, sobre as condições de trabalho, além de outros fatores para adequado funcionamento dessa autonomia, exige equilíbrio entre a oferta e a procura do emprego, o que não se verifica na atual conjuntura.

tes de negociação individual e coletiva das novas modalidades institucionais, técnicas e trabalhistas requerem seguramente que se realizem reordenamentos em cada um desses campos, reduzindo os custos sociais e ampliando as possibilidades de incorporação de parte dos trabalhadores e de suas organizações sindicais no processo.

A partir do exposto, o desempenho global da economia passa a ser o resultado não só das decisões de política econômica – cujo papel fundamental se concentra na criação de condições favoráveis à produção de certos tipos de comportamento dos atores econômicos, entre eles, prioritariamente, o empresarial –, mas também, e cada vez mais, da agregação das múltiplas decisões empresariais. Esse fato pode ser verificado na busca de comportamentos empresariais positivos quanto a investimentos, geração de empregos, aumento de produtividade e de competitividade, elevação de salários e inovação em tecnologia.

Também as inovações em termos de tecnologias gerenciais e de organização empresarial mostram-se eficazes se associadas à concepção da empresa como uma unidade que integra positivamente o trabalhador, proporcionando-lhe um princípio de identidade. Seguindo esse raciocínio, resgata-se a ênfase na responsabilidade social como condutora das ações do trabalhador. Esse fio condutor faz surgir o comprometimento destes com os sistemas produtivos, o que propicia que se atinjam os objetivos organizacionais traduzidos em melhor qualidade no trabalho e maior satisfação do trabalhador, boa produtividade e alta competitividade.

Diante de tal consideração verifica-se que nos anos 1990 surgiu a preocupação com a qualidade de vida do trabalhador, para além da atenção dispensada à qualidade do produto, como pré-requisito para a internacionalização da economia brasileira, principalmente no que tange à competitividade de mercado.

Os mecanismos de medições da gestão da qualidade do produto e ambientais são feitos pelas empresas através da implementação das normas certificadoras International Organization for Standardization 9000 (ISO 9000)[28] e 14000[29] e, particularmente, para a indústria automobilística, a norma Quality System (QS 9000),[30] que tem como objetivo básico credenciar as organizações que se destacam no tocante aos padrões de

---

[28] "A série ISO 9000 fornece um sistema de gestão da qualidade reconhecido globalmente, baseado nos princípios de melhoria contínua, auditoria, monitoramento e em um sistema de gestão" (McIntosh et al., 2001:311).

[29] "A série ISO 14000 foi criada depois da ISO 9000, fornecendo um sistema de gestão ambiental reconhecido globalmente. A série baseia-se nos princípios de um registro de efeitos ambientais, incluindo entradas, processos e saídas, além da melhoria contínua mensurável baseada em auditoria, monitoramento e sistema de gestão" (McIntosh et al., 2001:314).

[30] "O sistema QS 9000 é uma tentativa de uniformização de práticas da indústria automobilística americana e pode ser aplicado a todos os fornecedores na área automobilística, ou seja, a toda a cadeia produtiva automotiva, entre os quais a Empresa A e a Empresa B" (Martins, 1999:404).

eficiência e eficácia. Os certificados ISO e QS se constituem em passaportes para o mercado internacional.

Para os empresários, a empresa, além de produzir bens e serviços, também devem ter um sentido mais amplo que justifique sua existência. Essa responsabilidade, inserida na missão empresarial, deve estar associada a um objetivo social, como o de proporcionar o bem-estar das pessoas no ambiente de trabalho e na sociedade, contribuindo para a existência de modos de vida mais saudáveis.

Na empresa, este chamado à responsabilidade social inclui a preocupação com a qualidade de vida do ser humano em todos os seus espaços de convivência. A melhoria da qualidade de vida, como o custeio da eficiência das redes de proteção social para todos os habitantes das sociedades avançadas, pode ser constatada por meio da verificação de alguns indicadores, como, segundo Srour (1998:42),

> a existência de uma renda mínima universal que garanta os meios básicos de subsistência; a redução da jornada de trabalho e a semana de quatro dias ou menos; as condições de segurança de trabalho e a gradativa eliminação de tarefas insalubres ou perigosas, entregues a robôs; o abandono da tese da luta de classes e a aceitação da economia de mercado por parte de sindicatos de larga tradição anticapitalista; o desfrute pelos consumidores de produtos mais duradouros e diversificados; a universalização dos sistemas de educação, saúde e seguridade social; o amplo acesso às redes de energia elétrica, de água tratada e de esgotos; o transporte coletivo subsidiado; e a possibilidade de fruição do lazer ou do ócio, entendido como usufruto do tempo livre.

Porém precede essas tendências avançadas a preocupação com as altas taxas de desemprego, que são acompanhadas por uma crescente insegurança devido à precariedade das novas formas de ocupação e à queda dos salários reais. Também a flexibilização das relações de trabalho (contrato de tempo parcial, subcontratação, terceirização etc.) inscreve-se no mesmo processo que demanda maiores níveis de escolaridade para os trabalhadores que permanecem empregados e que ocupam postos de trabalho considerados essenciais para os processos produtivos nos quais se inserem.

Por isso, em especial, as empresas têm que buscar a constante modernização de seu processo produtivo para sobreviverem no mercado atual. Além da qualidade total, da preocupação ecológica, do marketing institucional, existe a presteza da responsabilidade social, que vem a se integrar ao novo processo produtivo qualitativo e – por que não? – competitivo.

É nessa conjuntura, dentro do sistema de mercado, que a responsabilidade social da empresa torna-se um componente vital para o sucesso dos negócios e, mais do que isso, uma extraordinária vantagem competitiva. Desse modo, exercer e demonstrar a responsabilidade social, incluindo as obrigações das leis de trabalho, é um direito adquirido dos trabalhadores e um dever das empresas que se preocupam com suas partes interessadas e com seus negócios em longo prazo. No entanto, para melhor compreender o comportamento do mercado e especificamente as relações de trabalho, é fundamental conhecer a estrutura do código trabalhista.

Capítulo 4

Qualidade de vida no trabalho

Este capítulo estabelece como corte analítico fundamental a seleção de indicadores sociais que mais impacto possuem sobre a produtividade e a competitividade organizacional e, ao mesmo tempo, representem os efeitos das práticas de flexibilização das relações de trabalho sobre a qualidade de vida neste, especificamente a satisfação das necessidades sociais do trabalhador e a gestão do conhecimento. São ainda apresentados os elementos da norma AS 8000, que monitora a qualidade social das empresas.

Necessidades sociais do trabalhador

Existem hoje diferentes abordagens teóricas sobre qualidade de vida, e vários estudos têm sido feitos no sentido de identificar os indicadores que definam a qualidade de vida dentro e fora do trabalho.

Cardoso de Melo e co-autores (1998:205-206) constatam a existência de uma divisão em termos da relação saúde/trabalho entre os trabalhadores do "centro" e os da "periferia". Segundo esses autores,

> na estratégia de eliminar cada vez mais a porosidade do trabalho, observa-se em relação aos trabalhadores "centrais" um ritmo de trabalho mais intenso, tendo em vista a polivalência como um dos requisitos atuais de qualificação para o trabalho. Em relação aos trabalhadores "periféricos", o que se verifica é, também, o aumento da jornada de trabalho, paralelamente a uma total desproteção social. A prática da "exportação de riscos" adotada por muitas indústrias dos países centrais em relação aos periféricos assume grande relevância tanto para a saúde dos trabalhadores quanto

para o meio ambiente, visto que a transferência de suas plantas e processos mais "comprometidos" baseia-se basicamente na flexibilidade das leis trabalhistas e ambientais locais.

Segundo o glossário de planejamento editado pelo Departamento Nacional do Serviço Social da Indústria, Sesi/DN (2000), a qualidade de vida para e no trabalho não é só a busca da garantia da não-ocorrência de acidentes nas instalações ou a procura de determinação das fontes de risco, mas é também a atuação na prevenção através de ações que garantam a manutenção da mão-de-obra já formada dentro dos quadros da organização. Nesse sentido, atividades ligadas às áreas de lazer e cultura, benefícios como planos de previdência complementar, investimento em formação, treinamento e capacitação da equipe são fundamentais para a satisfação interna e o aumento da produtividade com valorização da equipe. Ainda consoante aquela publicação, o local de trabalho não é apenas a instância onde se realiza a produção de bens e serviços. Ele é, também, um espaço de realização de uma série de necessidades específicas dos trabalhadores e um espaço pedagógico. Se os trabalhadores, nos seus ambientes profissionais, estão em contato com relações respeitosas, bons hábitos e atitudes, cuidados com a saúde e alimentação, clima de harmonia, padrões estéticos agradáveis, entre outros fatores, o processo natural é a tendência a reproduzir tais comportamentos na sua vida privada, nas relações com a família, com as comunidades etc.

Peixoto (1997:XV) afirma que qualidade de vida é a busca contínua da realização integral do ser humano através de estímulos adequados à plena utilização de sua capacidade mental, física e psíquica, além de estar relacionada com o equilíbrio e a experimentação de todas as dimensões de sua realização pessoal.

Para Silva (2000), qualidade de vida é um conceito amplo que engloba aspectos subjetivos (sentimentos, percepção, bem-estar e satisfação) e objetivos (recursos materiais disponíveis, salário e carreira). Ele afirma que, no contexto da saúde organizacional, é possível apresentar alguns indicadores como satisfação, auto-realização, motivação, desempenho, ou, ainda, analisar a ausência da qualidade de vida por meio dos efeitos causados à saúde do trabalhador.

Para Goulart e Sampaio (1999:25),

uma tendência freqüente tem sido considerar a empresa responsável pelos fatores determinantes de qualidade de vida dentro do trabalho, ao passo que a qualidade de vida que inclui aspectos relacionados a saúde, educação, moradia, entre outros, constituiria responsabilidade de um projeto social de cunho político, que escapa às obrigações da empresa. Há, contudo, um ponto de vista segundo o qual a empresa pode oferecer subsídios para garantir vida familiar mais satisfatória; esta crença reflete-se nas ações que vão compor o programa de qualidade de vida no trabalho de determinadas organizações. Pode-se concluir, pois, que, embora a qualidade de vida global e a qualidade de vida no trabalho sejam distintas, elas se interinfluenciam e insatisfações no trabalho podem causar desajustes na vida familiar e nas relações sociais fora do trabalho, enquanto insatisfações fora do trabalho exercem um papel desadaptador sobre o trabalho.

Segundo Sliwiany (1997:25), "aceita-se por nível de vida da população, em uma dada unidade de tempo e em uma dada unidade de espaço, o grau de satisfação das necessidades materiais e culturais das economias domésticas obtido, no sentido da garantia dessa satisfação, através dos fluxos de mercadorias e de serviços pagos e dos fluxos do fundo de consumo coletivo". Ainda segundo a autora, a qualidade de vida é um fenômeno social complexo que envolve diversas variáveis psicossociais. Propõe a adoção da classificação criada por Zienkowski, a qual agrupa as necessidades sociais do ser humano em três grandes grupos: "ter", "ser", "amar".

❑ Ter (possuir) refere-se ao consumo e à acumulação conforme as condições materiais do local de trabalho e do ambiente natural.
❑ Ser (sentir) refere-se às relações entre as pessoas no local de trabalho, na família, no grupo de amigos.
❑ Amar (existir) diz respeito à auto-realização como oposição a alienação, frustração, incerteza, insegurança.

Além da constatação da interdependência entre qualidade de vida dentro e fora do trabalho, muitos estudos têm sido realizados no sentido de comprovar a influência dos indicadores sociais sobre os econômicos. Assim, se a economia é um agente determinante para o desenvolvimento, o social não pode ser considerado, nesse desenvolvimento, um simples adendo. Se o econômico influencia o social, a recíproca é verdadeira.

Segundo o *Relatório sobre o desenvolvimento mundial* (Banco Mundial, 1990), vários estudos vêm demonstrando os efeitos da educação sobre a produção e a produtividade. Estudo abrangendo 58 países no período entre 1960 e 1985 fornece clara indicação de que aumento de um ano na duração média da educação pode elevar o produto interno bruto (PIB) em 3%. Os efeitos da melhoria nas condições de saúde e nutrição sobre a produtividade, embora menos documentados, também têm demonstrado resultados positivos. Na Indonésia, a produtividade dos trabalhadores que receberam suplementos de ferro durante dois meses aumentou de 15% para 25%; em Serra Leoa, a maior ingestão de calorias elevou bastante a produtividade dos agricultores; e no Sri Lanka a ingesta de calorias tem efeito muito positivo sobre os salários reais.

Também na esfera organizacional essa reciprocidade demonstra ser verdadeira. Estudo realizado pelo Departamento Regional do Paraná do Sesi (DR-PR) em parceria

128   Tecnologia da informação transformando as organizações e o trabalho

com o Instituto Brasileiro de Qualidade e Produtividade, IBQP (2000), comprova que a qualidade de vida do trabalhador é reconhecidamente um dos fatores determinantes da produtividade e competitividade das organizações ao demonstrar que a cada 1% de incremento na qualidade de vida do trabalhador existe um impacto positivo de R$ 1.560 no faturamento da empresa. Na qualidade de vida fora do trabalho foram observadas três grandes áreas de benefícios sociais: habitação, saúde e educação. Já na qualidade de vida dentro do trabalho, estas áreas foram observadas: segurança e saúde ocupacional, qualificação profissional, satisfação e participação, e uso do tempo. O estudo constatou ainda que, em razão de a média da qualidade de vida encontrada situar-se num patamar pouco satisfatório e de o fato do crescimento da qualidade de vida ter um potencial não-estagnado, esforços de investimentos financeiros e administrativos redundarão, seguramente, em um crescimento positivo. Assim, o estudo recomenda, além dessas ações, a adoção de gestão de pessoas com conteúdo mais democrático e criativo, visto que a autonomia e a participação foram entendidas não apenas como fatores importantes na resolução de problemas da produção, mas, junto com o tempo livre, como necessidades sociais superiores.

Gestão do conhecimento

A gestão do conhecimento, amplamente discutida tanto no meio acadêmico quanto no profissional, vem direcionando o entendimento de que o sucesso da organização tem como um dos principais requisitos a implantação de modelos de funcionamento que contemplem atividades geradoras de conhecimento novo, disseminem esse conhecimento amplamente a toda organização e, rapidamente, o incorporem a novas tecnologias e produtos. Essa abordagem pressupõe a identificação e o desenvolvimento das competências essenciais da organização – reconhecidas pela dificuldade de imitação que a distingue dos concorrentes – aliados à capacidade de prever as tendências de um mercado mutante, formulando respostas que se antecipem às mudanças do mercado.

De acordo com Nonaka, "numa economia onde a única certeza é a incerteza, a única fonte garantida de vantagem competitiva duradoura é o conhecimento" (Starkey, 1997:27).

A necessidade de aquisição permanente de conhecimento pode ser percebida pelo indivíduo e pela organização. O trabalhador, ante as ameaças do ambiente sobre a passividade intelectual, seria afetado principalmente em relação às questões de segurança profissional. A organização, diante da necessidade de adaptação às freqüentes mudanças no ambiente externo, precisaria, constantemente, renovar e ampliar sua capacidade criativa e de competências na busca de posições proativas.

Qualidade de vida no trabalho

Nonaka e Takeuchi (1997) fazem uma associação entre o desempenho das empresas e a capacidade de gerar conhecimentos novos. Apontam soluções realistas e práticas do processo de aprendizado, sinalizando dois tipos de conhecimento: o "explícito", contido em manuais e outras formas codificadas, e que só pode ser transmitido através da linguagem formal e sistemática; e o "tácito", que se adquire com a experiência ao longo do tempo e que, por ser pessoal, é difícil de ser formulado e comunicado. A conversão do conhecimento tácito em explícito parece ser o mapa do tesouro encontrado pelas empresas japonesas.

Esses autores apresentam, ainda, quatro modos de conversão do conhecimento que representam os mecanismos através dos quais o conhecimento individual é articulado e amplificado na organização:

- socialização: conversão do conhecimento tácito em conhecimento tácito através de processo de compartilhamento de experiências. Pode ocorrer não apenas pela utilização da linguagem, mas também através de observação, imitação e prática;
- externalização: conversão do conhecimento tácito em conhecimento explícito através de processo de articulação cognitiva expresso por metáforas, analogias, conceitos, hipóteses ou modelos. É provocada pelo diálogo ou pela reflexão coletiva;
- combinação: conversão do conhecimento explícito em conhecimento explícito por meio de processo de sistematização de conceitos. Os conhecimentos individuais são trocados e combinados em reuniões, conversas ou rede de comunicação computadorizada;
- internalização: conversão do conhecimento explícito em conhecimento tácito através de processo de incorporação do conhecimento na prática. Para que esse processo ocorra é necessária a codificação do conhecimento explícito sob a forma de documentos, manuais ou histórias orais.

A compreensão da aprendizagem organizacional como um processo estruturado e contínuo também é encontrada em Senge (1998), quando afirma que as organizações que aprendem devem desenvolver continuamente a capacidade de se adaptar e mudar através da criatividade e da inovação. Segundo o autor, o estímulo e a condução do processo de aprendizagem por intermédio de um conjunto de ações que engloba aspectos técnicos, sociais e comportamentais devem contemplar:

- domínio pessoal: por meio do autoconhecimento as pessoas aprendem a aprofundar seus próprios objetivos, expandir continuamente sua capacidade de criar e inovar e a concentrar esforços através de uma visão mais objetiva da realidade;
- questionamento dos modelos mentais: idéias enraizadas, generalizações e imagens que influenciam o modo como as pessoas vêem o mundo e a si mesmas devem vir à tona e ser questionadas para permitir a construção e a adoção de novas maneiras de pesquisar, testar e melhorar;

Tecnologia da informação transformando as organizações e o trabalho

❑ formação de visões compartilhadas: um objetivo percebido como legítimo leva as pessoas a se dedicarem e aprenderem de forma espontânea e a construírem visão comum e compartilhada;

❑ aprendizagem em equipe: capacidade para a ação coordenada que tem início com o diálogo. Possibilita aos vários membros da equipe trocar experiências, idéias e conhecimentos;

❑ adoção de pensamento sistêmico: percepção das relações entre as partes e da importância de cada uma em relação ao todo.

Ainda corroborando a importância da gestão do conhecimento para o sucesso competitivo das organizações, Kim (1997) afirma que a exposição da firma ao conhecimento externo não é suficiente sem o esforço de internalização desse conhecimento. Aprender a resolver problemas normalmente é o resultado de muitas tentativas práticas de solução de casos semelhantes. Então, uma quantidade considerável de tempo e esforços é necessária na solução de problemas simples antes que se possam resolver os mais complexos. Esses esforços intensificam a interação entre os membros da organização e facilitam a criação e a conversão de conhecimentos na organização.

Ao analisarmos o papel desempenhado pelas inovações tecnológicas na reestruturação dos processos produtivos, em curso nas sociedades contemporâneas, parece ser irrefutável a constatação da correlação existente entre a capacidade de geração de inovações tecnológicas, tanto dos países quanto das organizações, e o aumento da competitividade e da conquista de mercados.

Segundo Figueiredo (2000), a acumulação de competências tecnológicas é fator crítico para a performance competitiva de empresas, principalmente daquelas atuantes em economias em industrialização, visto que sua característica tecnológica-chave difere das empresas na fronteira tecnológica. Enquanto nestas as competências tecnológicas inovadoras já existem, as "empresas em industrialização" entram em novos negócios com base em tecnologia adquiridas de outras empresas em outros países. Para se aproximar da fronteira tecnológica e competir globalmente elas precisam construir e acumular suas próprias competências tecnológicas, isto é, engajar-se em um processo de "aprendizagem tecnológica".[31] A estrutura para análise dos processos de aprendizagem apresentada por Figueiredo contempla o cruzamento entre os quatro processos de aprendizagem e suas quatro características-chave. Decompõe aprendiza-

---

[31] O autor enfoca o termo aprendizagem tecnológica no sentido de "processos" pelos quais a aprendizagem individual é convertida em aprendizagem organizacional. A aprendizagem é entendida como processo que permite à empresa acumular competências tecnológicas ao longo do tempo. Competência tecnológica é definida como os recursos necessários para gerar e gerenciar aprimoramentos em processos e organização da produção, produtos, equipamentos e investimentos. Esses recursos são acumulados e incorporados a indivíduos e sistemas organizacionais.

Qualidade de vida no trabalho

gem em dois processos distintos: processos de aquisição de conhecimento e processos de conversão de conhecimento. Os processos de aquisição de conhecimentos são ainda desagregados em interno e externo, e os de conversão de conhecimento, em processos de socialização e de codificação de conhecimento. Os processos de aprendizagem são assim definidos:

1. processos de aquisição externa de conhecimento através dos quais indivíduos adquirem conhecimento tácito e/ou codificado de fora da empresa;
2. processos de aquisição interna de conhecimento através dos quais indivíduos adquirem conhecimento fazendo diferentes atividades dentro da empresa;
3. processos de socialização de conhecimento através dos quais indivíduos partilham seu conhecimento tácito;
4. processos de codificação de conhecimento pelos quais o conhecimento dos indivíduos torna-se explícito.

Como pode ser observado, os processos 3 e 4 são críticos para a conversão da aprendizagem individual em organizacional. As características-chave dos processos de aprendizagem envolvem variedade, intensidade, funcionamento e interação. Tais características são assim definidas:

❑ variedade – presença de diferentes processos de aprendizagem dentro da empresa;
❑ intensidade – repetição, através do tempo, na criação, na atualização, no uso, no aprimoramento e/ou no fortalecimento dos processos de aprendizagem;
❑ funcionamento – modo pelo qual os processos de aprendizagem operam ao longo do tempo;
❑ interação – maneira pela qual os processos de aprendizagem influenciam-se mutuamente.

Assim, segundo o autor, a variedade dos processos de aprendizagem dentro da empresa, a intensidade ou repetição através do tempo da criação, seu uso, aprimoramento, funcionamento ou modo de operar os processos ao longo do tempo, interação ou modo como os processos influenciam uns aos outros são características-chave dos processos de aprendizagem.

Para Fleury (1997, segundo Sousa, 1999:29), o processo de aprendizagem, em uma organização, não só envolve a elaboração de novos mapas cognitivos, que melhor possibilitem compreender o que está ocorrendo em seu ambiente externo e interno, como também a definição de novos comportamentos que comprovem a efetividade do aprendizado. Nesse sentido, a aprendizagem é um fenômeno que só pode ser testado por intermédio do desempenho. As organizações desenvolvem rotinas, procedimentos relativamente padronizados, para lidar com problemas internos e externos. À medida que as condições ambientais são dinâmicas, fazendo com que a mudança seja a regra, essas rotinas também devem ser desenvolvidas de forma constante, de modo que permitam a mudança, e para que a organização possa "identificar e corrigir erros", "criar, adquirir, aperfeiçoar e transferir conhecimentos" e "expandir sua capacidade de criar seu próprio futuro".

Na busca de maiores graus de competitividade, surge como alternativa a adoção de práticas de flexibilização das relações de trabalho. Conforme observado anteriormente neste estudo, trata-se de um tema polêmico que vem mobilizando diversos setores da sociedade na busca de um melhor entendimento e gerando muitas vezes posições antagônicas.

A questão que se propõe é a possibilidade de que, embora em curto prazo tais práticas possam representar aumento da lucratividade das organizações, para alguns autores, a longo prazo o impacto de sua ação pode se refletir de forma negativa no desenvolvimento e na qualificação da mão-de-obra, uma vez que não possibilita o investimento no aprimoramento dos trabalhadores. Consoante Leal Filho (1994, segundo Rüdiger, 1997), a OIT vem criticando a flexibilização do mercado de trabalho como predatória, visto que a competitividade através de relações de trabalho precárias tem um efeito perverso: destrói a capacidade da mão-de-obra e é nociva para a economia como um todo. A OIT preconiza ainda a estabilidade, a segurança no emprego e uma maior participação dos trabalhadores nas decisões tomadas. As empresas se tornariam, assim, competitivas em longo prazo.

Kurz (1999:4-6) faz também severas críticas à flexibilização do trabalho, associando-a ao processo de qualificação do trabalhador. Segundo ele,

> os indivíduos flexibilizados pelo capitalismo não são pessoas conscientes e universais, mas pessoas universalmente exploradas e solitárias. (...) Pessoas sem assistência e espoliadas ficam doentes e perdem a motivação. E tornam-se cada vez mais superficiais, dispersas e incompetentes. Isso porque a verdadeira qualificação exige tempo, tempo de que o mercado não dispõe mais.

Uma possível análise seria a de que na busca, cada vez mais intensa, de posições competitivas vantajosas as organizações vêm adotando ações que demonstram possuir princípios contraditórios e excludentes. Ao mesmo tempo que a flexibilização das relações de trabalho se apresenta como fator importante para a competitividade das organizações, as ameaças à permanência do trabalhador ou às condições de sua permanência podem representar empecilho para a adoção de processos de aprendizagem, também considerados cruciais na construção de vantagens competitivas e que têm como pilar-mestre a participação ativa das pessoas no processo de reestruturação produtiva.

Norma SA 8000

As questões sociais e éticas assumem crescente importância e têm que ser adequadamente medidas pelas organizações e pela sociedade. A era da qualidade do produto está dando lugar à da qualidade do produtor, e isto quer dizer que, para muitas empresas, simplesmente ter um comportamento ético já não é suficiente, é necessário que esse comportamento seja visto e mensurado.

As empresas não só precisam operar de forma ética, mas também demonstrar isso publicamente. Processos de auditoria social e ética vão além das demonstrações financeiras e examinam como empresas afetam seus *stakeholders* e seus conseqüentes reflexos na sociedade como um todo. Esses processos, num sentido mais amplo, abrangem os aspectos sociais e éticos de uma empresa, procedimentos de auditoria, sistemas de gestão e relatórios e prestação de contas. Para McIntosh e co-autores (2001:261), "todas as auditorias, à exceção das financeiras, são de alguma forma sociais, porque lidam com os valores dos interessados".[32] Mas pode ser feita uma distinção entre auditorias éticas e sociais.

Auditorias éticas são essencialmente ferramentas de gestão interna e uma forma de ouvir as idéias dos interessados, especialmente dos que trabalham na empresa, enquanto auditorias sociais são primariamente voltadas para fazer com que a organização preste contas de seu impacto social.

De acordo com McIntosh e co-autores (2001:264), processos de auditoria social medem os seguintes aspectos de uma organização:

- ❑ como funcionários e outros interessados percebem a organização;
- ❑ como a organização está cumprindo as metas;
- ❑ como a organização está trabalhando em conformidade com suas próprias declarações de valores.

Para atender à necessidade de monitoramento externo e, portanto, de transparência de resultados, foram desenvolvidas normas para promover e medir a causa da qualidade social intra e entre as empresas. Entre elas, a norma SA 8000, que evoluiu através do desenvolvimento de critérios para medir desempenho empresarial em nível mundial, constituindo-se num código de responsabilidade social perante terceiros que pode ser aplicado internacionalmente a todos os setores comerciais para avaliar se as organizações estão cumprindo as normas básicas de práticas de trabalho e direitos humanos. A norma SA 8000 é uma iniciativa coletiva que visa reunir códigos de conduta cada vez mais fragmentados e oferecer definições claras de termos na área dos direitos do trabalhador. Foi lançada nos Estados Unidos, em outubro de 1997, pela organização não-governamental Council of Economic Priorities Accreditation Agency,

---

[32] Interessados e *stakeholders* têm o mesmo significado.

antiga Cepaa (órgão credenciador do Conselho de Prioridades Econômicas) e atual Social Accountability International, SAI.

A presente norma foi elaborada baseada em 11 princípios da OIT, na Declaração Universal dos Direitos Humanos e na Declaração Universal dos Direitos da Criança.

A sua preparação foi iniciada por ocasião do 50º aniversário da Declaração dos Direitos Humanos da Organização das Nações Unidas (ONU). Para Leipziger (2001:3), "a norma SA 8000 requer ação concentrada de um grande número de agentes: ONGs, sindicatos, governo, associações de consumidores e organizações internacionais que desempenham papéis importantes na melhoria dos direitos dos trabalhadores ao redor do mundo".

As empresas não podem fazer maiores mudanças sem se associar a estes agentes. A norma é um agente de mudanças, um catalisador a promover direitos humanos e do trabalhador, que força a necessidade de alianças para gerar mudanças. Esses agentes desempenham, também, o papel de auditores sociais.

Leipziger (2001:136) diz que o "futuro da SA 8000 envolve o estabelecimento de um novo tipo de auditor: o 'auditor híbrido', que combina o treinamento de auditor profissional com a sensibilidade de uma ONG". Segundo a autora, esse processo já se iniciou em diversos países. ONGs estão participando de sessões de treinamento de auditores e aprendendo os mecanismos de auditoria.

A norma foi desenvolvida através de uma aproximação dos *stakeholders*, em que grupos (agentes) com pontos de vista muito diferentes chegaram a um acordo sobre um conjunto de princípios e uma metodologia de auditoria social, ou seja, ONGs, sindicatos e empresas de diferentes países centrais desenvolveram a norma SA 8000 através de consenso.

A SA 8000 combina as convenções da OIT com a metodologia ISO. O casamento entre OIT e ISO facilita a implementação de auditorias sociais e da própria SA 8000 para as empresas já certificadas em qualidade do produto e meio ambiente. Em outras palavras, a norma apresenta-se como um sistema de auditoria similar ao da ISO 9000 e 14000, sendo reconhecido no mundo todo como um sistema efetivo de implementação, manutenção e verificação de condições dignas de trabalho, constituindo-se num padrão social auditável. Nas empresas já certificadas por normas ISO 9000 e 14000, faz mais sentido integrar os sistemas e as auditorias do que desenvolver sistemas paralelos. Nessa linha, tal qual na ISO, desenvolve-se o manual da empresa,[33] ferramenta muito importante, pois centraliza o sistema de gestão da qualidade social, constituindo-se no documento apresentado aos trabalhadores.

A norma SA 8000 visa atender a uma necessidade dos consumidores mais esclarecidos e preocupados com a forma com que os produtos são produzidos, e não apenas com a sua qualidade. A vantagem da existência de uma norma de responsabilidade social

---

[33] O manual da empresa contém as diretrizes e a política social da empresa, além de incorporar todos os requisitos da norma SA 8000.

está no fato de ela propiciar uma padronização dos termos e uma consistência nos processos de auditoria, além de representar um mecanismo para melhoria contínua através da participação das organizações, possibilitando o envolvimento de todos os *stakeholders*.

No documento de orientação,[34] a SA 8000 é definida dessa forma pela SAI (1999:7):

it is a global standard for improving working conditions around the world. The first auditable international standard on worker's rights, SA 8000 provides definitions and parameters to ensure conformance to universal rights. Once companies have implemented the necessary improvements, they are granted a certificate attesting to their compliance with SA 8000. The certificate provides an assurance of good practice to consumers, buyers, and other companies.

A SA 8000, como especificação de requisitos de responsabilidade social, habilita empresas para:

❑ desenvolver, manter e reforçar políticas e procedimentos para gerenciar os assuntos que ela possa controlar (assuntos diretos) ou influenciar (assuntos indiretos) em relação à responsabilidade social;
❑ demonstrar para as partes interessadas que tais políticas, procedimentos e práticas estão em conformidade com os requisitos da norma SA 8000.

Para as organizações interessadas em certificação-padrão pela norma SA 8000, a autora Deborah Leipziger recomenda dois planejamentos: inicialmente o processo de implementação[35] da norma – utilizando o método *plan – do – check – act* (planejamento – execução – avaliação – ações corretivas [PDCA]),[36] e, subseqüentemente, o processo de certificação[37] da SA 8000.

---

[34] *Guidance document for social accountability* 8000 (SAI, 1999).

[35] No livro *SA 8000: the definitive guide to the new social standard*, Deborah Leipziger recomenda a aplicação do ciclo PDCA para o processo de implementação da SA 8000.

[36] "O conceito de melhoramento contínuo implica literalmente um processo sem fim, questionando repetidamente e requesitonando os trabalhos detalhados de uma operação. A natureza repetida e cíclica do melhoramento contínuo é bem mais resumida pelo que é chamado de ciclo PDCA (ou roda de Deming – assim chamada em homenagem ao 'guru' de qualidade W.E. Deming). O PDCA é a seqüência de atividades que são percorridas de maneira cíclica para melhorar atividades (...) o ciclo começa com o estágio P (de 'planejar'), que envolve o exame do atual método ou da área problema sendo estudada. Isto envolve coletar e analisar dados de modo a formular um plano de ação que se pretende melhorar o desempenho (...) uma vez que o plano de melhoramento tenha sido concordado, o próximo estágio é o estágio D (de *do*, 'fazer'). Este é o estágio de implementação durante o qual o plano é tentado na operação. Este estágio pode em si desenvolver um miniciclo PDCA para resolver os problemas de implementação. A seguir vem o estágio C (de 'checar'), em que a solução nova implementada é avaliada, para ver se resultou no melhoramento de desempenho esperado. Finalmente, pelo menos para este ciclo, vem o estágio A (de 'agir')" (Slack et al., 1999:462-463).

[37] Durante o processo de certificação, os auditores procuram evidências objetivas, de sistemas de gestão efetivos, de procedimentos e de desempenho que provem a conformidade com a norma. Mes-

Elementos normativos e suas interpretações

Os elementos normativos e a sua interpretação são um fio condutor no cumprimento dos requisitos da SA 8000. A empresa deve atender a leis nacionais e outras aplicáveis, a outros requisitos aos quais tenha-se obrigado e a esta norma. Quando as leis nacionais ou outras aplicáveis tratarem do mesmo tema, a disposição que for mais rigorosa se sobrepõe às demais. A SA 8000 requer da empresa o cumprimento das leis nacionais e de outras que lhe sejam aplicáveis. No Brasil, constituem requisitos legais aplicáveis:

- CLT de 1943, com destaque para os arts. 17, 57 a 75, 154 a 202, 402 a 441, 457 a 464, 511 a 569;
- Lei nº 6.514, de 1977, que altera o Capítulo V do Título II da CLT, relativo à segurança e medicina do trabalho;
- normas regulamentadoras que perfazem a Lei nº 3.214, de 1978, referente à segurança e medicina do trabalho;
- Constituição da República Federativa do Brasil, de 1988, nos capítulos referentes aos direitos sociais e trabalhistas;
- Estatuto da Criança e do Adolescente (ECA), de 1990, com destaque para os arts. 64 a 68.

A empresa deve também respeitar os princípios dos instrumentos internacionais, como se segue:

- Convenções nos 29 e 105 da OIT sobre a abolição do trabalho forçado;
- Convenção nº 87 da OIT sobre liberdade sindical e proteção ao direito de sindicalização;
- Convenção nº 98 da OIT sobre o direito de sindicalização e de negociação coletiva;
- Convenções nos 100 e 111 da OIT sobre o salário igual para trabalho de igual valor entre homens e mulheres e sobre discriminação em matéria de emprego e ocupação;
- Convenção nº 135 da OIT sobre a proteção de representantes dos trabalhadores;
- Convenção nº 138 e Recomendação nº 146 da OIT sobre idade mínima para admissão em emprego;
- Convenção nº 155 e Recomendação nº 164 da OIT sobre segurança e saúde dos trabalhadores;
- Convenção nº 159 da OIT sobre reabilitação profissional e emprego de pessoas deficientes;
- Convenção nº 177 da OIT sobre trabalho domiciliar;

---

mo assim, as instalações já certificadas estão sujeitas a auditorias de controle semestrais. A empresa, quando certificada, fica habilitada a exibir a marca de sua certificação, usando-a como um estímulo para os clientes e os fornecedores.

Qualidade de vida no trabalho

- ❏ Declaração Universal dos Direitos Humanos;
- ❏ convenção da ONU sobre direitos da criança.

Requisitos da SA 8000

A qualidade do produto ou serviço produzido pela empresa não é contemplada nos requisitos da norma. O produto ou serviço pode ser medíocre, mas se foi produzido numa organização certificada SA 8000, teoricamente regras básicas de ética e qualidade social terão sido honradas. Essa premissa preconiza este estudo, ou seja, nosso foco é a qualidade social.

A norma SA 8000 estabelece nove requisitos de responsabilidade social, os quais devem ser cumpridos pela empresa servindo como base para a implantação do sistema de gestão da responsabilidade social. Na seqüência será apresentado cada um desses requisitos, apontando-se seus respectivos critérios fundamentais.

Trabalho infantil

Trabalho infantil é um assunto muito complexo que precisa ser discutido pelos *stakeholders*, incluindo empresas, governos, setor de educação e ONGs. Seus critérios fundamentais são:

- ❏ estabelecer, documentar, manter e efetivamente comunicar ao pessoal e às outras partes interessadas políticas e procedimentos para a remediação de crianças encontradas trabalhando em condições que configurem o trabalho infantil;
- ❏ providenciar apoio adequado que permita a tais crianças freqüentar e permanecer na escola até que não mais sejam crianças;
- ❏ não utilizar ou apoiar o uso de trabalho infantil[38] dentro do que se consideram crianças[39] e trabalhadores jovens[40] e apoiar na reparação de crianças[41] que tenham sido submetidas a trabalho infantil;

---

[38] "Trabalho infantil: qualquer trabalho realizado por uma criança com idade menor do que as idades especificadas na definição de criança apresentada anteriormente, exceção feita ao que está previsto na Recomendação nº 146 da OIT" (SAI, 2001:4).

[39] "Criança: qualquer pessoa com menos de 15 anos de idade, a menos que a lei de idade mínima local estipule uma idade maior para início do trabalho ou término da educação obrigatória, situação em que prevalece a idade maior. Se, entretanto, a lei de idade mínima local estiver estabelecida em 14 anos de idade, de acordo com as exceções de países emergentes sob a Convenção 138 da OIT, prevalecerá a menor idade entre as duas condições" (SAI, 2001:4).

[40] "Trabalhador jovem: qualquer trabalhador com idade acima da idade de criança, conforme definido anteriormente, e abaixo de 18 anos de idade" (SAI, 2001:4).

[41] "Reparação de crianças: todo o apoio e ações necessários para garantir a segurança, saúde, educação e o desenvolvimento de crianças que tenham sido submetidas a trabalho infantil que foram demitidas" (SAI, 2001:4).

138 Tecnologia da informação transformando as organizações e o trabalho

- promover a educação para crianças respaldada pela Recomendação nº 146 da OIT e para trabalhadores jovens que estejam sujeitos a leis locais de educação compulsória;
- providenciar meios para assegurar que nenhuma dessas crianças ou trabalhadores jovens encontrem-se trabalhando durante os horários escolares e que as horas combinadas de transporte diário (entre a escola e o trabalho), de escola e de trabalho não excedam 10 horas por dia;
- não expor crianças ou trabalhadores jovens a situações internas ou externas ao local de trabalho que sejam perigosas, inseguras ou que causem danos à saúde.

A Convenção nº 138 da OIT estabelece que a idade mínima para o trabalho regular e não-perigoso é de 15 anos, e para o trabalho perigoso é de 18 anos. Nos países em desenvolvimento, a idade mínima prescrita é de 14 anos. O Estatuto da Criança e do Adolescente (ECA, 1990:7), legislação brasileira, prescreve em seu art. 60: "é proibido qualquer trabalho a menores de quatorze anos de idade, salvo na condição de aprendiz".

O art. 62 define aprendizagem "como uma formação técnico-profissional ministrada segundo as diretrizes e bases da legislação de educação em vigor".

A Recomendação nº 146 da OIT esclarece que crianças entre 13 e 14 anos podem trabalhar num período do dia, mas somente com autorização de órgão governamental do trabalho, o qual deve assegurar que não sejam expostas a trabalhos perigosos.

Podem-se empregar trabalhadores jovens em meio período desde que, no outro, eles tenham oportunidade de completar a educação secundária (ensino médio). No art. 67 (ECA, 1990:7) apresentam-se as proibições relativas ao trabalhador jovem ou aprendiz: "trabalho noturno, entre 22 horas de um dia e as cinco horas do dia seguinte; perigoso, insalubre ou penoso; realizado em locais prejudiciais à sua formação e ao seu desenvolvimento físico, psíquico, moral e social; realizado em horários e locais que não permitam a freqüência à escola".

Outro indicativo encontrado neste requisito refere-se aos procedimentos de remediação de crianças definidos como "ações para assegurar a saúde, segurança, educação e desenvolvimento de crianças que foram sujeitas ao trabalho infantil pela organização" (SAI, 1999:10).

Trabalho forçado

A norma proíbe o uso de trabalho forçado, incluindo trabalho compulsório e em cativeiro. Trabalho compulsório ocorre quando o cidadão trabalha para pagar um débito para com a empresa. Trabalho em cativeiro refere-se ao uso de prisioneiros que não são pagos ou aqueles que trabalham para completar sua sentença.

Qualidade de vida no trabalho

A SA 8000 determina que a empresa não deve fazer uso ou apoiar a utilização do trabalho forçado,[42] assim como não deve exigir que o pessoal apresente depósitos ou papéis de identificação como condição para tornar-se trabalhador da empresa. A Convenção nº 29 da OIT visa à imediata eliminação de todas as formas de trabalho forçado ou compulsório, com exceções como serviço militar, trabalho penal e emergências como guerra, incêndio e terremotos. Já a Convenção nº 105 da OIT preconiza a abolição de todas as formas de trabalho forçado ou compulsório como meio de correção política ou de educação, como sanções contra a livre manifestação de opiniões políticas e ideológicas, disciplina de trabalho, punição por participação em greves e medida de discriminação.

Saúde e segurança

Ao mesmo tempo que o tema da saúde e da segurança do trabalhador é muito amplo, também é muito específico a um determinado setor.

Isso faz com que a maioria das empresas que tencionam implementar a norma SA 8000 tenha que desenvolver e melhorar seus sistemas de gestão, facilitando melhorias de saúde e segurança nos locais de trabalho. Para tanto, seus critérios fundamentais são:

- providenciar um ambiente de trabalho saudável e seguro e adotar os passos para prevenir acidentes e lesões que surjam a partir da sua realização, que estejam associados com o trabalho ou que ocorram durante ele, através da minimização, até onde razoavelmente seja exeqüível, dos riscos inerentes ao ambiente de trabalho;
- designar um gerente como representante, com responsabilidade pela saúde e segurança de todo o pessoal e pela implementação dos elementos de saúde e segurança da SA 8000;
- assegurar que todo o pessoal receba treinamento regular e registrado sobre a saúde e a segurança, e que tal treinamento seja repetido para o pessoal novo e para o recolocado;
- estabelecer sistemas para detectar, evitar e atender ameaças potenciais à saúde e à segurança de todo o pessoal;
- fornecer, para o uso de todo o pessoal, banheiros limpos, acesso à água potável e, se apropriado, instalações higiênicas para alimento e armazenamento;
- assegurar que as instalações dos dormitórios, se fornecidas ao pessoal, sejam limpas, seguras e atendam às suas necessidades básicas.

---

[42] "Trabalho forçado: todo trabalho ou serviço que seja extraído de qualquer pessoa sob a ameaça de qualquer penalidade para a qual essa pessoa não tenha se oferecido voluntariamente" (SAI, 2001:4).

A Convenção nº 155 e a Recomendação nº 164 da OIT prescrevem a atenção às questões da saúde e da segurança ocupacional do trabalho.

No manual da empresa, a oferta de um ambiente saudável e seguro refere-se à manutenção de um sistema de prevenção de riscos e acidentes; ao gerenciamento da área feita pelo médico do trabalho da empresa; à promoção de treinamentos com registro para todos os trabalhadores; à manutenção da higiene da empresa como um todo (banheiros limpos, água potável, locais apropriados para os alimentos).

Liberdade de associação e negociação coletiva

Em países restritivos a associações, a empresa pode desenvolver comitês de trabalhadores que foquem os requisitos da norma SA 8000. É importante enfatizar que a norma não substitui o direito dos trabalhadores de se sindicalizarem ou negociarem coletivamente, agindo como facilitadora e visando atender aos seguintes critérios fundamentais:

❑ respeitar o direito de todo o pessoal de formar e de se filiar a sindicatos de sua escolha, bem como de negociar coletivamente;
❑ facilitar, para todo pessoal, meios paralelos para as livres e independentes sindicalização e negociação, onde quer que existam restrições legais para a liberdade de sindicalização e de negociação coletiva;
❑ assegurar que os representantes do pessoal sindicalizado não estejam sujeitos à discriminação e que tenham acesso a seus membros no local de trabalho.

A Convenção nº 87, sobre a liberdade sindical e a proteção do direito sindical, garante ao trabalhador e ao empresário o direito de constituir suas próprias associações e de a elas se filiar livremente, e de funcionarem essas organizações sem ingerência das autoridades públicas.

Em seguida, a Convenção nº 98 da OIT vem dispor sobre a eliminação de leis de discriminação anti-sindical e sobre a proteção de organizações de empresários e de trabalhadores contra mútua ingerência, além de requerer medidas para promover a negociação coletiva.

Essa convenção é suplementada com termos da Convenção nº 135, que preconiza a proteção dos representantes dos trabalhadores, permitindo-lhes livre acesso aos demais colegas e impedindo a sua discriminação.

A SA 8000 exige que os trabalhadores tenham comunicação direta com a direção da empresa para negociar abertamente suas reivindicações. O manual da empresa deve esclarecer que denúncias relativas à liberdade de sindicalização e à negociação coletiva podem ser feitas ao representante da administração ou dos trabalhadores e que as reclamações serão registradas em livro de ocorrência.

Qualidade de vida no trabalho

141

Discriminação

A discriminação é baseada em vários fatores, incluindo sexo, idade, local de origem e religião. Por exemplo, discriminação baseada no sexo, na qual, em muitos países, mulheres recebem salários menores do que os dos homens na execução das mesmas tarefas. Em muitas indústrias, certas linhas de produção são apenas para homens, impedindo o avanço feminino. Existem ainda outros tipos de discriminação que ocorrem com as mulheres, incluindo a contra gravidez e assédio sexual. Os critérios fundamentais para esse requisito da norma SA 8000 são:

❑ evitar sempre prática ou apoio de discriminação na contratação, na remuneração, no acesso a treinamento, na promoção e no desligamento;
❑ não interferir no exercício dos direitos do pessoal de seguir crenças ou práticas, ou de atender às suas necessidades relacionadas com raça, classe social, nacionalidade, religião, deficiência, sexo, orientação sexual, filiação a sindicatos e partidos políticos;
❑ não permitir comportamento que seja sexualmente coercitivo, ameaçador, abusivo ou explorador, incluindo gestos, linguagem e contato físico.

A Convenção nº 111 da OIT dispõe sobre uma política mundial com vistas à eliminação, com referência a emprego e profissão, de toda discriminação baseada em raça, cor, sexo, religião, opinião política, origem nacional ou social. Sobre a discriminação baseada em deficiência, a Convenção nº 159 da OIT determina a implementação de uma política nacional sobre a reabilitação profissional e o emprego para pessoas portadoras de deficiência.

O manual da empresa deve conter o registro de que não se pode praticar ou apoiar a discriminação nas contratações, na remuneração, no acesso ao treinamento, nas promoções ou no desligamento, no que se refere aos itens das convenções mencionadas. Caso ocorra algum tipo de discriminação, deve-se denunciar ao representante da administração ou dos trabalhadores, registrando o fato em livro de ocorrências. No art. 7º, inc. XXX, a Constituição brasileira (1988:12) preconiza "a proibição de diferença de salários, de exercícios de funções e de critério de admissão por motivo de sexo, idade, cor ou estado civil"; e o inc. XXXI estabelece a "proibição de qualquer discriminação no tocante a salário e critérios de admissão do trabalhador portador de deficiência". No processo de auditoria, deve-se cuidar para distinguir entre formas de discriminação e práticas culturais.

Práticas disciplinares

Deve existir um processo gradual de procedimento disciplinar, iniciando-se com advertência verbal seguida por advertência por escrito e, possivelmente, algum tipo de

142 Tecnologia da informação transformando as organizações e o trabalho

mediação através do sindicato ou representante do trabalhador dentro do sistema SA 8000. A alta administração precisa estabelecer regras transparentes de disciplina em conjunto com os trabalhadores.

O critério fundamental desse requisito da norma determina que a empresa não deve utilizar ou apoiar o uso de punição corporal, de coerção física e mental, bem como de abuso verbal. Entrementes, esse requisito é muito vago e sujeito a várias interpretações. Áreas como o abuso mental e verbal têm de ser mais detalhadas para tornarem-se "auditáveis". Outras práticas injustas não são abordadas na SA 8000, como, por exemplo, a privação de trabalho e a falta de qualidade nas condições de trabalho.

Horas de trabalho

As empresas devem atender às leis do trabalho locais e aos critérios fundamentais da norma SA 8000, como se segue:

❏ não se pode exigir do pessoal, em base regular, que trabalhe além de 48 horas por semana;
❏ fornecer pelo menos um dia de descanso para cada período de sete dias;
❏ assegurar que as horas adicionais (mais de 48 horas por semana) não excedam 12 horas por trabalhador por semana e que tais horas extras sejam sempre excepcionais e ocorram em circunstâncias de negócios de curto prazo e sempre remuneradas a taxas de prêmio.

O art. 7º, inc. XIII, da Constituição brasileira (1988:12) estabelece que a "duração do trabalho normal não será superior a oito horas diárias e quarenta e quatro semanais, facultadas a compensação de horários e a redução da jornada, mediante acordo ou convenção coletiva de trabalho". Continuando, o inc. XIV define a "jornada de seis horas para o trabalho realizado em turnos ininterruptos de revezamento, salvo negociação coletiva", e o inc. XV, o "repouso semanal remunerado, preferencialmente aos domingos".

Remuneração/compensação

Em muitos países, o salário mínimo não corresponde nem mesmo ao salário de subsistência, não satisfazendo as necessidades humanas. Conseqüentemente, em tais casos, é possível que uma empresa, mesmo obedecendo à legislação nacional, esteja violando os instrumentos normativos da SA 8000.

A SAI recomenda que os auditores usem uma combinação de análise quantitativa e qualitativa para avaliar a suficiência de salários.

"Há dois métodos que podem determinar se a remuneração satisfaz as necessidades básicas dos trabalhadores. O primeiro método é um cálculo baseado no indicativo de 'linha de pobreza' e o segundo se baseia no indicativo de 'produtos da cesta básica'. Estes dois métodos devem utilizar estatísticas geradas pelo governo federal, pela Organização das Nações Unidas ou por instituições financeiras" (SAI, 1999:32).

Entretanto, para obter a certificação SA 8000, a empresa somente precisa calcular o indicativo de cesta básica, pagar o salário mínimo e implementar um plano para os trabalhadores alcançarem renda que lhes permita se alimentar e a suas famílias, vestir-se e habitar dentro de um cronograma preestabelecido. O progresso do plano, de acordo com o cronograma, deve ser monitorado por auditoria. Os critérios fundamentais desse requisito são:

❑ assegurar que o salário pago para uma semana-padrão atenda pelo menos às prescrições legais ou às normas mínimas da indústria;

❑ garantir que o salário seja pago de forma conveniente para os trabalhadores, em caixa ou na forma de cheque;

❑ assegurar que arranjos de contratos apenas para o trabalho e que falsos esquemas de aprendizado não sejam realizados como uma tentativa de evitar o completo atendimento a obrigações com o pessoal, exigidas por leis e por regulamentos, relacionadas com o trabalho e com a seguridade social.

A Convenção nº 100 da OIT, sobre a igualdade de salários, estabelece o princípio de igual remuneração de homens e mulheres por trabalho de igual valor.

O art. 7º, inc. IV, da Constituição brasileira (1988:11) define que o trabalhador deve receber pelo menos o "salário mínimo, fixado em lei, nacionalmente unificado, capaz de atender as suas necessidades vitais básicas e às de sua família como moradia, alimentação, educação, saúde, lazer, vestuário, higiene, transporte e previdência social, com reajustes periódicos que lhe preservem o poder aquisitivo, sendo vedada sua vinculação para qualquer fim".

Sistema de gestão

O sistema de gestão da SA 8000 é o requisito que diferencia a norma de princípios, declarações de intenções e da maioria dos códigos de conduta. Os critérios para o sistema de gestão asseguram que assuntos de ordem social são integrados em todos os aspectos da política da empresa. É a caução de que as políticas sociais serão mantidas efetivas e documentadas após auditorias, além de ser a garantia de melhoria contínua nas condições sociais nos locais de trabalho.

Sistema de gestão inclui programas de treinamento, comunicação, eleição de representantes, da alta administração e dos trabalhadores, elaboração de orçamentos, controle de fornecedores, planejamento, políticas, procedimentos, formulários e lista de verificação para registros de acordo com cada requisito da norma. O tópico a seguir detalha os critérios fundamentais do sistema de gestão.

SA 8000 como sistema de gestão

A definição da SA 8000 como sistema de gestão da qualidade social insere a norma em uma nova postura a ser adotada pela empresa. Essa postura envolve a valorização dos *stakeholders*; a criação de uma abordagem mais participativa; a formalização e a documentação das diretrizes gerais a serem adotadas; o investimento em sistemas de comunicação que propiciem a disseminação das informações; e a manutenção do bom relacionamento com os sindicatos, reforçando a imagem positiva da empresa. O programa SA 8000 é concebido com vistas a assegurar aos clientes das empresas que seus produtos (bens e/ou serviços) são produzidos e vendidos sob condições humanas de trabalho. Desenvolver os sistemas de gestão apropriados de modo a garantir e demonstrar a constante conformidade com todos os elementos da SA 8000 ajuda na implantação de uma boa estratégia de responsabilidade social interna. Para que a responsabilidade social seja parte integrante de cada processo decisório é preciso que ela faça parte da missão, da visão e dos valores da empresa.

Apesar de o sistema de gestão ser o último requisito listado na SA 8000, é por onde a alta administração deve iniciar o processo de implementação da norma. Para tanto apresentamos a seguir os critérios fundamentais desse requisito.

Política social e condições de trabalho

A alta administração definirá a política da empresa em relação à responsabilidade social e às condições de trabalho de modo a garantir que a mesma:

- inclua o compromisso de estar em conformidade com todos os requisitos dessa norma e com quaisquer outros adotados pela empresa;
- inclua o compromisso de cumprir as leis nacionais e outras aplicáveis, bem como respeitar os instrumentos internacionais e suas respectivas interpretações;
- inclua o compromisso de promover o aperfeiçoamento contínuo;
- seja efetivamente documentada, implementada e mantida, divulgada e perfeitamente acessível a todos os trabalhadores, incluindo diretores, executivos, gerentes, supervisores e quadro funcional, quer diretamente trabalhadores subcontratados ou que de algum modo representem a empresa;
- esteja disponível para o público.

A política de responsabilidade social deve definir as medidas adotadas pela empresa com vista à obtenção da certificação SA 8000 e estar vinculada aos requisitos da norma.

Representantes da administração

A empresa deve indicar um gerente sênior, a quem cabe representar a administração, independente de outras responsabilidades, e garantir que os requisitos sejam atendidos. Ele pode ser um indivíduo ou um comitê.

Esses representantes devem ser qualificados e treinados em saúde e segurança e seniores o suficiente dentro da empresa, com poder de decisão, e tendo à disposição orçamento adequado. Esse gerente pode ser o mesmo do requisito "saúde e segurança do trabalho", que, entre suas atividades, deve promover a implementação de um sistema que garanta a confidencialidade e a acessibilidade aos trabalhadores para registrarem suas reclamações.

É recomendação da SAI que o gerente sênior garanta que os trabalhadores tenham voz no desenvolvimento de procedimentos e na interpretação da norma para acidentes de trabalho.

Representantes dos trabalhadores

A empresa deve providenciar para os trabalhadores não-gestores os meios e o tempo necessários para escolherem um representante, eleito livremente, a quem caberá a responsabilidade de facilitar a comunicação com a alta administração nos assuntos referentes à norma. Esse representante participa e monitora as reuniões de auditorias, agenda reuniões regulares com os trabalhadores, recebe e encaminha as reclamações à alta administração e acompanha o progresso das ações corretivas sobre as reclamações e as informa aos trabalhadores.

Eleições devem acontecer em base regular, pelo menos anualmente. Onde existe atuação sindical, eles devem decidir o processo eletivo. Sob nenhuma circunstância o representante da alta administração poderá substituir o sindicato.

Análise crítica pela administração

A alta administração deve realizar, periodicamente, a análise crítica da adequação e da continuada efetividade da política, dos procedimentos e resultados de desempenho, em relação a cada um dos requisitos da SA 8000 e de outros códigos subscritos pela empresa, inclusive com a implantação de melhorias no sistema, quando apropriado.

Planejamento e implementação

Para garantir que os requisitos da norma sejam entendidos e implementados em todos os níveis da empresa, a SA 8000 requer métodos que devem incluir:

- clara definição de papéis, responsabilidades e autoridades;
- treinamento de novos trabalhadores e/ou de trabalhadores temporários quando da contratação;
- treinamento regular e programas de conscientização para os trabalhadores existentes;
- monitoramento contínuo das atividades e dos resultados para demonstrar a efetividade do sistema em atender à política e aos requisitos da SA 8000.

A implementação do sistema de gestão requer descrições claras dos trabalhos a serem desenvolvidos, definições de linhas de autoridades e seus correspondentes orçamentos. O manual da empresa desempenha um importante papel nessa implementação, definindo as atribuições, as responsabilidades e os subsistemas de gestão. O manual é um componente importante, deve estar sempre disponível para os trabalhadores e ser uma referência para os mesmos em aspectos críticos como treinamento, além de agir como base de monitoração dos resultados da implementação do sistema de gestão.

Para Leipziger (2001:70), "a monitoração contínua dos resultados da implementação do sistema de gestão é muito significativa, pois permite *feedback* aos trabalhadores que comparam os benefícios de sua implementação, sentindo-se mais fortalecidos para implementar o sistema". Esse *feedback* é também útil no convencimento de fornecedores ainda inseguros quanto aos benefícios do sistema de gestão social.

Controle de fornecedores

A empresa deve solicitar a seus fornecedores informações sobre seus objetivos sociais, seguidas de processo de melhoria contínua relacionado aos objetivos empresariais dos próximos anos. Os critérios fundamentais para esse elemento da norma são:

- estabelecer e manter procedimentos para avaliar e selecionar fornecedores com base na sua habilidade em atender aos requisitos da SA 8000;
- manter compromisso escrito de seus fornecedores para com a responsabilidade social, incluindo, embora não se limitando a: participar das atividades de monitoramento da empresa, quando solicitado; remediar prontamente qualquer não-conformidade identificada em relação aos requisitos da SA 8000; informar pronta e completamente à empresa sobre qualquer e todo negócio relevante relacionado com outros fornecedores e subcontratados;
- manter evidência suficiente de que os requisitos da SA 8000 estão sendo atendidos pelos fornecedores e subcontratados.

Ação corretiva

Muitas empresas colocam caixas de sugestão nos locais de trabalho pedindo a opinião dos trabalhadores quanto às suas preocupações e às reclamações em relação à política de responsabilidade social da empresa. As respostas e comentários devem ser anônimos. Os sindicatos desempenham um papel fundamental na recepção e correção de reclamações, com seus representantes encaminhando essas reclamações à alta administração da empresa. Os critérios fundamentais para esse elemento da norma são:

- investigar, tratar e responder às preocupações dos trabalhadores e das partes interessadas com relação à conformidade e não-conformidade relacionadas com a política e com os requisitos da SA 8000;
- implementar ações corretivas e remediadoras, além de apropriar os recursos necessários de acordo com a natureza e a severidade de qualquer não-conformidade identificada em relação à política e aos requisitos da SA 8000;
- abster-se de ação disciplinar, de demissão ou de discriminação contra qualquer trabalhador pelo fato de este fornecer informações relacionadas à observância da SA 8000.

Ao se tratar e responder às preocupações dos trabalhadores quanto ao sistema de gestão, faz-se necessário treiná-los. Treinamento é um aspecto fundamental da SA 8000, pois promove colaboração e comprometimento dos trabalhadores, além de servir de ponte com os *stakeholders*.

O manual da empresa serve como texto de treinamento e de guia para o desenvolvimento de programas que devem incluir:

- uma introdução à norma SA 8000;
- uma introdução à política de responsabilidade social da empresa;
- a identificação dos representantes da empresa e dos trabalhadores;
- o treinamento em saúde e segurança no trabalho, enfatizando a importância do uso de equipamento de proteção individual (EPI), equipamento de proteção coletiva (EPC)[43] e sinalização de áreas de risco;
- a importância de reportar acidentes de trabalho, além de prevenir sua recorrência;
- a promoção da diversidade;
- a eliminação de assédio sexual.

---

[43] EPI e EPC são, respectivamente, todos os equipamentos de uso pessoal e coletivo destinados a preservar e proteger a integridade física do trabalhador, durante o exercício do trabalho, contra conseqüências provenientes de acidentes e/ou enfermidades laborais.

Registro

A empresa deve manter registros apropriados para demonstrar conformidade com os requisitos da SA 8000 e, também, dos fornecedores e subcontratados, incluindo nomes, endereços, tipo e quantidade de produtos fornecidos, e das ações sociais dos fornecedores e subcontratados.

Como sistema de gestão, o SA 8000 requer a manutenção de listas de verificação, porém é importante enfatizar que, apesar de úteis, as listas são apenas uma parte do todo.

Listas e outros registros requerem treinamento, pessoal e orçamento para desenvolver sistemas de gestão em total conformidade com a norma.

Comunicação externa

A empresa deve estabelecer e manter procedimentos para comunicar, regularmente, a todas as partes interessadas, dados e outras informações relativas ao desempenho dos requisitos da SA 8000, incluindo os resultados das análises críticas realizadas pela administração e o monitoramento das atividades, mas não se limitando a estes.

Comunicação é uma parte integrante da SA 8000 que aumenta o conhecimento sobre a norma, além de manter o balanço social para os principais *stakeholders*: trabalhadores, consumidores, acionistas, fornecedores, ONGs e sindicatos. O primeiro desafio é saber informar sem inundar os *stakeholders* com dados. O segundo é deixar a informação acessível para um número apropriado de *stakeholders*.

Para empresas multinacionais, esses *stakeholders* podem estar locados ao redor do mundo, falando muitas línguas diferentes e com diversos níveis culturais. Para Leipziger (2001:122),

> é importante diferenciar entre informar e comunicar. Informar implica fluxo de mão única de dados da empresa para o *stakeholder*, enquanto que comunicação são fluxos de duas mãos com informações e dados da empresa para o *stakeholder* e vice-versa. Ambas, informação e comunicação, são essenciais para o sistema de gestão da SA 8000.

A comunicação abre uma janela nas atividades da empresa, permitindo maior transparência, pré-requisito para um balanço social, pois os *stakeholders* devem estar informados do que está acontecendo dentro dos muros da empresa.

O processo de comunicação contínua sobre as ações sociais da empresa ajuda a construir confiança entre as partes interessadas.

Acesso para verificação

A partir da definição e da implementação da política de responsabilidade social da empresa, especificações, comunicações e o sistema de gestão deverão estar prontos e acessíveis para verificação de acordo com os critérios fundamentais para esse elemento da norma. Esses critérios são:

- quando requeridos por contrato, a empresa deve fornecer razoável informação e acesso às partes interessadas que queiram verificar a conformidade com os requisitos da norma;
- se também exigidos por contrato, acesso e informação devem se estender aos fornecedores e subcontratados da empresa, através de um adendo aos contratos de fornecimento.

Capítulo 5

Referencial prático: estudos de caso

Este capítulo apresenta dois estudos de caso. No primeiro buscou-se verificar os efeitos da flexibilização das relações de trabalho. Configura-se como um estudo de campo com foco nas organizações, a partir dos representantes da área de gestão de pessoas, e nos trabalhadores das indústrias com mais de 500 funcionários instaladas na Região Metropolitana de Curitiba. No segundo estudo de caso avaliou-se como a responsabilidade social é percebida pelos *stakeholders*, principalmente os trabalhadores, de duas empresas[44] pertencentes à mesma cadeia produtiva. Isso implicou medir práticas de responsabilidade social interna, utilizando como fer-

---

[44] Objetivando manter o anonimato das empresas estudadas, elas foram denominadas empresas A e B. A seguir apresentamos breve descrição destas empresas:

Empresa A – iniciou suas atividades no Brasil na década de 1950, instalando seu primeiro escritório em São Paulo. Passados mais de 40 anos, a empresa soma cinco modernas unidades de produção no país, além de três empresas coligadas e um grande número de escritórios de representação e assistência técnica. Exporta seus produtos para 35 países da Europa, Ásia, África e Américas. A unidade fabril, objeto deste estudo, foi instalada na Região Metropolitana de Curitiba em 1975 e ocupa uma área total de 600 mil metros quadrados sendo 70 mil de área construída. Esta fábrica detém a produção de autopeças, para veículos de pequeno, médio e grande portes. Os modernos sistemas produtivos resultam em um nível de qualidade de fabricação que, além de garantir uma larga aceitação de seus produtos junto aos consumidores, proporcionou a esta unidade fabril a conquista do Certificado ISO 9001. A fábrica conta atualmente com 3.500 empregados diretos, é empresa líder (elo forte) da cadeia produtiva do setor automotivo.

Empresa B – fundada e instalada em São Paulo no início da década de 1960, especializada na produção em série de peças de máquinas para empresas automotivas, em peças usinadas, em tratamento superficial realizado em peças de alumínio e uma subdivisão especializada em extrusão de alumínio, fornecedora da cadeia produtiva da empresa A. Sua linha de produção de equipamentos automotivos inclui: peças para transmissão; componentes para bombas a diesel; componentes para sistemas de freios; peças para injeção eletrônica de combustível, peças para sistemas de rolamentos, peças para motores e amortecedores. Em 1999 a empresa foi certificada nas normas ISO 9002 e QS 9000 nas suas duas unidades fabris. Conta atualmente com 816 trabalhadores e é um fornecedor crítico na cadeia produtiva da empresa A, não apenas porque produz componentes de alta complexidade tecnológica mas pelo alto volume de negócios e pelo expressivo quantitativo de itens críticos fornecidos à empresa A.

152 Tecnologia da informação transformando as organizações e o trabalho

ramenta de pesquisa a norma SA 8000, considerada a materialização de um consenso ético-normativo de políticas e de sistemas de gestão da qualidade social. Essa norma também pode ser utilizada como instrumento apoiador da flexibilização do trabalho. Nessa linha foi verificado até que ponto a prática da responsabilidade social interna da empresa A se reproduz na empresa B, ambas pertencentes à cadeia produtiva do setor automotivo.

Pesquisa 1 – Efeitos da flexibilização das relações de trabalho na qualidade de vida no trabalho

A economia mundial passa por profundas mudanças geradas principalmente pelas inovações tecnológicas e pela globalização. Em conseqüência, as organizações vêm convivendo com o aumento da complexidade, da velocidade na consecução dos negócios e da pressão por melhores preços e serviços. Na crença de que os países que dificultam inovações afugentam capitais e empregos, a economia voltada para o mercado vem buscando custos de produção cada vez menores, que permitam ajustar o trabalho às necessidades da tecnologia e da competição. Assim, percebe-se um forte movimento em direção à desregulamentação e à flexibilização do mercado de trabalho. Alguns países que ao longo das décadas de 1950 e 1960 elevaram substancialmente proteções legais e encargos sociais do trabalho, aumentando conseqüentemente as regulações que regiam as relações entre firmas e trabalhadores, vêm simplificando a legislação trabalhista e previdenciária, reduzindo os encargos sociais e negociando contratos de forma a diminuir custos de produção. A procura por níveis de ganho cada vez maiores, utilizando uma base de recursos cada vez menor e produção descentralizada e orientada pela demanda de consumo, vem tornando as relações de trabalho mais instáveis. Entre os efeitos mais contundentes distinguem-se o desemprego estrutural e a redução das formas de proteção ao trabalho, fatores que geram desemprego, subemprego, jornadas em tempo parcial, trabalho temporário e outras formas atípicas. A força de trabalho nas organizações é ajustada através da redução ou do aumento dos salários reais e da demissão ou contratação de novos empregados. A opção a ser seguida depende dos custos das escolhas que estão sendo feitas.

Ao mesmo tempo que essas ações ameaçam a permanência do trabalhador na organização ou debilitam seus vínculos, através da redução de investimentos no desenvolvimento do seu potencial criativo e na proteção social, conclama-se a primazia do ser humano como principal elemento da produção. A promoção de oportunidades de aquisição de novos conhecimentos para incorporação sistemática de inovações tecnológicas ao processo produtivo passa a ser estrategicamente vital para que haja maior competitividade nas organizações.

A concretização desse objetivo tem como pilar mestre a participação ativa das pessoas. Sua ação é considerada decisiva nas transformações produtivas através de novas práticas organizacionais e do desenvolvimento de políticas de inovação tecnológica. Assim, as conseqüências negativas da flexibilização caracterizam-se pelos baixos investimentos em treinamento, além da tendência a uma relação não-cooperativa entre capital e trabalho. A qualidade de vida no trabalhado envolve, além da gestão do conhecimento, questões relativas à satisfação de outras necessidades sociais, como a concessão de benefícios diretos e espontâneos e o bem-estar no ambiente de trabalho. À medida que a flexibilização das relações de trabalho diminui a proteção social, a produtividade organizacional é diretamente afetada, pois se o econômico influencia o social, a recíproca é verdadeira. Assim, embora muitos especialistas afirmem que a manutenção de vínculos empregatícios estáveis não encontra espaço nesta nova economia, muitas críticas vêm sendo feitas à flexibilização das relações de trabalho da forma como está sendo praticada. A flexibilização é qualificada como predatória e contraprodutiva, uma vez que não investe no aprimoramento da mão-de-obra e a deixa marginalizada e insegura. Beneficia o crescimento organizacional em curto prazo, mas em longo prazo destrói sua capacidade, o que é nocivo para a economia como um todo. Na medida em que a flexibilização das relações de trabalho restringe o comprometimento e a participação do trabalhador na reestruturação dos processos produtivos, seja através da diminuição de investimentos no desenvolvimento do seu potencial criativo, seja reduzindo a satisfação de suas necessidades sociais, pode criar a médio prazo trabalhadores cada vez mais despreparados para o mercado de trabalho e empresas cada vez menos competitivas.

O objetivo deste estudo é, então, verificar os efeitos da flexibilização das relações do trabalho na qualidade de vida no trabalho no que se refere, especificamente, à gestão do conhecimento e às necessidades sociais do trabalhador quanto aos seus benefícios diretos e espontâneos. Buscaram-se também outros objetivos intermediários: identificar eventual relação entre a adoção de práticas de flexibilização das relações de trabalho e as ações de aprendizagem desenvolvidas pelas organizações; investigar os efeitos da adoção de práticas de flexibilização das relações de trabalho na satisfação das necessidades sociais dos trabalhadores; investigar os resultados da implantação dessas práticas sob a ótica das organizações e dos trabalhadores; identificar as práticas de flexibilização das relações de trabalho adotadas nas organizações. No esteio da geração de competitividade para as organizações surgem práticas que visam à flexibilização do trabalho. Embora tais objetivos possibilitem ganhos efetivos em curto prazo, o benefício trazido por esse tipo de investimento parece ser apenas aparente, uma vez que são gerados em prejuízo dos trabalhadores, os quais têm seus direitos enfraquecidos e vêem retiradas conquistas que pensavam estar solidamente implantadas. Embora a CLT, que rege o comportamento dos agentes do mercado de trabalho no

Brasil, seja bastante abrangente e detalhada, faz algum tempo que o país vem flexibilizando suas normas trabalhistas. Em 1965 e 1966 encontram-se vestígios iniciais da flexibilização e, de lá até hoje, significativas inclusões foram realizadas. O Projeto de Lei nº 5.483/01, que se destaca entre aqueles em tramitação no Congresso Nacional e altera o art. 618 da CLT, pretende a prevalência do negociado sobre o legislado sem antes assegurar as salvaguardas necessárias para evitar a submissão aos interesses do lucro do capital. Por outro lado, as teorias de gestão organizacional vêem no trabalhador a chave para enfrentar desafios diante das instabilidades do ambiente. Analisando o contexto atual de mercado, apregoam a necessidade fundamental de desenvolver o ser humano para poder acompanhar com rapidez as mudanças. A preocupação com a evolução do trabalhador é fundamental, pois é através dele que o conhecimento é processado. Afirmam que a base de conhecimento prévio em uma firma não é simplesmente uma coletânea de conhecimentos adquiridos externamente. Antes disso, a aprendizagem organizacional se dá por meio de um esforço de aquisição externa e interna de conhecimentos articulado com processos de compartilhamento e transformação desses entre os seus membros. Assim, uma quantidade considerável de tempo e esforços é necessária para a criação e a conversão do conhecimento no seio da organização. A pesquisa tem orientação qualitativa[45] e quantitativa, utilizando-se da complementaridade de ambos os métodos nas etapas de estruturação. Possui como variável explicativa a flexibilização das relações de trabalho, e como variável explicada, a qualidade de vida no trabalho, representada pelos benefícios sociais e pela gestão do conhecimento. Os objetos de estudo são os trabalhadores e os representantes da área de gestão de pessoas das indústrias de grande porte instaladas na Região Metropolitana de Curitiba. Para possibilitar o estabelecimento de relações entre as variáveis, os trabalhadores são divididos em dois grupos. O primeiro é constituído por trabalhadores sujeitos à prática da flexibilização das relações de trabalho e o outro, por aqueles não-expostos a essa ação. Dessa forma pretende-se possibilitar análises comparativas que, como parâmetros, representam a essência da análise científica e, ao mesmo tempo, controlam a ação de outras variáveis não contempladas no estudo.

---

[45] A abordagem qualitativa vem despertando cada vez mais o interesse dos pesquisadores. Nela sujeito e objeto são elementos integrados e co-participantes do processo a partir do qual as ações, as estruturas e as relações tornam-se significativas. Enfatizamos a análise das condições de regulação social, a desigualdade e o poder. Nessa abordagem "procura-se investigar o que ocorre nos grupos e instituições relacionando as ações humanas com a cultura e as estruturas sociais e políticas, tentando compreender como as redes de poder são produzidas, mediadas e transformadas. Parte-se do pressuposto de que nenhum processo social pode ser compreendido de forma isolada, como uma instância neutra acima dos conflitos ideológicos da sociedade. Ao contrário, esses processos estão sempre profundamente vinculados às desigualdades culturais, econômicas e políticas que dominam nossa sociedade" (Alves-Mazzotti, 2000:139).

A escolha do conjunto de indicadores depende principalmente de sua representatividade. Assim, a razão de esses indicadores terem sido escolhidos para medir o fenômeno deveu-se à orientação e às referências conceituais que estabelecem como corte analítico fundamental a seleção de indicadores sociais que mais impacto possuem sobre a produtividade e a competitividade organizacional e, ao mesmo tempo, representem os efeitos das práticas de flexibilização das relações de trabalho sobre a qualidade de vida neste, especificamente sobre a gestão do conhecimento e as necessidades sociais. A seleção das empresas e dos trabalhadores flexibilizados[46] e não-flexibilizados[47] foi realizada mediante processo aleatório, com a finalidade de preservar a representatividade das informações referente a um universo de 37 empresas com mais de 500 funcionários localizadas na Região Metropolitana de Curitiba, constituindo um total de 35.467 trabalhadores.

Como instrumento de pesquisa foram utilizados três questionários estruturados: um para as empresas, outro para os trabalhadores com contrato de trabalho flexibilizado e outro para aqueles com contrato de trabalho não-flexibilizado.

A metodologia empregada se pautou naquela proposta por Sliwiany (1997) como a mais adequada à pesquisa social. Ela foi originalmente desenvolvida para avaliar a qualidade de vida de uma população, respondendo sobre o nível de satisfação das suas necessidades materiais e culturais num determinado tempo e espaço. Tendo Drewnowski e Scott como principais elaboradores conceituais teóricos, os princípios metodológicos técnicos passaram, posteriormente, a ser utilizados em outras avaliações de diferentes grupos e benefícios sociais. Nessa direção, admite-se o método "distancial" como instrumento de mensuração das variáveis estritamente qualitativas, objetos de estudo desta. Os resultados ou efeitos qualitativos alcançados pelo método são demonstrados através de três níveis de avaliação que permitem identificar os pontos de estrangulamento das necessidades sociais de uma população ou um grupo. São os índices que refletem as avaliações global da pesquisa, grupal entre os diferentes objetivos propostos e parcial entre os indicadores de resultados dentro de cada objetivo. Nessa pesquisa, a avaliação global se deu pelos índices grupais representados pelos grupos temáticos da flexibilização das empresas e da qualidade de vida no trabalho para ambas as categorias de trabalhadores, flexibilizados e não-flexibilizados; a avaliação parcial, através dos indicadores que refletem esses dois grupos temáticos, destacando na qualidade de vida os indicadores de gestão do conhecimento e da satisfação das necessidades sociais no trabalho.

---

[46] Trabalhador da indústria cuja relação de trabalho se caracteriza pela utilização de alguma prática de flexibilização das relações de trabalho.

[47] Trabalhador da indústria com vínculo formal e cuja relação de trabalho não inclui práticas de flexibilização nas relações de trabalho.

A quantificação das variáveis qualitativas através do estabelecimento de parâmetros "péssimo" e "ótimo" permite medir a distância entre a realidade avaliada e estado ótimo (situação máxima de conquista do objetivo proposto pelo estudo). A interdependência da análise qualitativa em relação à quantitativa é estabelecida respeitando-se os valores físicos unitários dessa última para calcular o índice de satisfação de cada indicador de resultado, que pode variar de 0% a 100%.

Apresentação e análise dos dados – flexibilização das relações de trabalho nas organizações

Os dados obtidos no estudo são analisados procurando-se obedecer à seqüência dos grupos temáticos apresentada nas tabelas 23 a 25, que sintetizam os resultados de todos os indicadores pesquisados. Porém, para enriquecimento das análises, são feitas articulações entre esses indicadores sempre que necessário.

O índice de flexibilização das relações de trabalho nas organizações atingiu 59%, ou seja, faltam 41% para as empresas incorporarem o conceito e a prática máxima de flexibilização (tabelas 23 a 25, indicador 1).

Essa falta ou pontos críticos estão concentrados em questões qualitativas, como amplitude dos tipos de práticas de flexibilização, grau de satisfação das expectativas organizacionais e nível de eficácia dos indicadores de gestão.

Embora muitas organizações (94%) adotem alguma prática de flexibilização, não há diversificação, isto é, encontrou-se média de 3,7 tipos de práticas para um total máximo de nove observadas em apenas uma organização.

Entre as práticas mais utilizadas destacam-se o contrato de formação, adotado por 56% das organizações; banco de horas, por 44%; e, com menor freqüência, contrato por prazo determinado, jornada flexível, multifuncionalidade e terceirização interna (figura 10).

Embora não mencionadas explicitamente pelas empresas, mas a título de observação, foram relacionadas algumas destas práticas, com comentários sobre seus supostos objetivos empresariais e os efeitos colaterais.

O contrato de formação tem como objetivo formal desenvolver potenciais e incentivar a contratação de jovens que ingressam no mercado de trabalho. Porém, pode também ser utilizado como recurso para contratação de mão-de-obra barata, visto que esses trabalhadores não fazem jus aos mesmos direitos trabalhistas assegurados aos contratados pela CLT, além de a organização ser liberada das contribuições e dos recolhimentos legais obrigatórios para os trabalhadores formais.

Figura 10
Demonstrativo da incidência de práticas de flexibilização das relações de trabalho

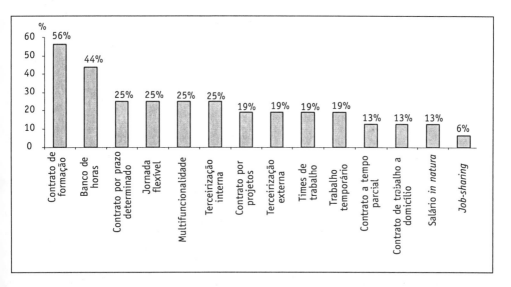

Tabela 23
Índices dos níveis de flexibilização das relações de trabalho nas organizações e da qualidade de vida no trabalho para os trabalhadores flexibilizados e não-flexibilizados

Grupos temáticos	Leitura dos dados	Valor mínimo (péssimo)	Valor empírico	Valor máximo (ótimo)	Índice dos indicadores	Índices grupais
1. Flexibilização das empresas						59,33
1.1. Percentagem de empresas com práticas de flexibilização	%	0	93,75	100	93,75	
1.2. Número médio de práticas de flexibilização	Número médio	1	3,71	9	33,88	
1.3. Grau de satisfação com a prática da flexibilização	%	11,11	50,25	100	44,03	
1.4. Grau de eficácia da flexibilização na produção	%	11	46	89	44,87	
1.5. Tendência de incremento da flexibilização	%	0	68,75	100	68,75	
1.6. Satisfação do trabalhador com as práticas de flexibilização	Pont. média	2,2	4,18	5	70,71	

Continua

158 Tecnologia da informação transformando as organizações e o trabalho

Grupos temáticos	Leitura dos dados	Valor mínimo (péssimo)	Valor empírico	Valor máximo (ótimo)	Índice dos indicadores	Índices grupais
2. Qualidade de vida no trabalho						47,65
a) Gestão do conhecimento – trabalhador						38,93
2.a.1. Número de horas treinadas	Horas	8	50,22	103	44,44	
2.a.2. Número de soluções apresentadas	%	1,33	2,87	7,92	23,37	
2.a.3. Número de soluções incorporadas	%	1	2,37	6,43	25,23	
2.a.4. Satisfação do trabalhador com a gestão de conhecimento	Pont. média	2,24	3,03	3,5	62,7	
b) Necessidades sociais – trabalhador						56,37
2.b.1. Incidência de acidentes de trabalho	%	40	2,85	0	92,88	
2.b.2. Tempo livre fora do trabalho remunerado	Horas	114,08	123,86	128	70,26	
2.b.3. Satisfação com o ambiente de trabalho	Pont. média	5,86	7,71	10	44,69	
2.b.4. Incidência de benefícios sociais usufruídos						
2.b.4.1. Benefícios diretos	Número médio	2	6,3	9	61,43	
2.b.4.2. Benefício direto principal (salário)	Número médio	1,31	7,52	24,44	26,85	
2.b.4.3. Benefícios espontâneos	Número médio	1	3,94	6,13	57,31	
2.b.5. Nível de satisfação com os benefícios						
2.b.5.1. Benefícios diretos	Pont. Média	5,92	7,93	10	49,26	
2.b.5.2. Benefício direto principal (salário)	Número médio	2,8	6,78	10	55,28	
2.b.5.3. Benefícios espontâneos	Pont. média	6,01	7,98	10	49,37	

Referencial prático: estudos de caso

Tabela 24
Índice do nível de flexibilização das organizações e do nível de qualidade de vida no trabalho para os trabalhadores não-flexibilizados

Grupos temáticos	Leitura dos dados	Valor mínimo (péssimo)	Valor empírico	Valor máximo (ótimo)	Índice dos indicadores	Índices grupais
1. Flexibilização das empresas						59,33
1.1. Percentagem de empresas com práticas de flexibilização	%	0	93,75	100	93,8	
1.2. Número médio de práticas de flexibilização	Número médio	1	3,71	9	33,88	
1.3. Grau de satisfação com a prática da flexibilização	%	11,11	50,25	100	44,03	
1.4. Grau de eficácia da flexibilização na produção	%	11	46	89	44,87	
1.5. Tendência de incremento da flexibilização		0	68,75	100	68,75	
1.6. Satisfação do trabalhador com as práticas de flexibilização	Pont. média	2,2	4,18	5	70,71	
2. Qualidade de vida no trabalho						50,31
a) Gestão do conhecimento – trabalhador						40,07
2.a.1. Número de horas treinadas	Horas	8	58	103	52,63	
2.a.2. Número de soluções apresentadas	%	1,33	3,09	7,92	26,71	
2.a.3. Número de soluções incorporadas	%	1	2,55	6,43	28,55	
2.a.4. Satisfação do trabalhador com a gestão de conhecimento	Pont. média	2,24	2,9	3,5	52,38	
b. Necessidades sociais – trabalhador						60,55
2.b.1. Incidência de acidentes de trabalho	%	40	0,42	0	98,95	

Continua

Tecnologia da informação transformando as organizações e o trabalho

Grupos temáticos	Leitura dos dados	Valor mínimo (péssimo)	Valor empírico	Valor máximo (ótimo)	Índice dos indicadores	Índices grupais
2.b.2. Tempo livre fora do trabalho remunerado	Horas	114,08	125,06	128	78,88	
2.b.3. Satisfação com o ambiente de trabalho	Pont. média	5,86	7,86	10	48,31	
2.b.4. Incidência de benefícios sociais usufruídos						
2.b.4.1. Benefícios diretos	Número médio	2	6,41	9	63	
2.b.4.2. Benefício direto principal (salário)	Número médio	1,31	9,13	24,44	33,81	
2.b.4.3. Benefícios espontâneos	Número médio	1	4,41	6,13	66,47	
2.b.5. Nível de satisfação com os benefícios						
2.b.5.1. Benefícios diretos	Pont. média	5,92	8,24	10	56,86	
2.b.5.2. Benefício direto principal (salário)	Número médio	2,8	6,73	10	54,58	
2.b.5.3. Benefícios espontâneos	Pont. média	6,01	7,77	10	44,11	

Tabela 25

Índices do nível de flexibilização das organizações e do nível de qualidade de vida no trabalho para os trabalhadores flexibilizados

Grupos temáticos	Leitura dos dados	Valor mínimo (péssimo)	Valor empírico	Valor máximo (ótimo)	Índice dos indicadores	Índices grupais
1. Flexibilização das empresas						59,33
1.1. Percentagem de empresas com práticas de flexibilização	%	0	93,75	100	93,8	
1.2. Número médio de práticas de flexibilização	Número médio	1	3,71	9	33,88	
1.3. Grau de satisfação com a prática da flexibilização	%	11,11	50,25	100	44,03	
1.4. Grau de eficácia da flexibilização na produção	%	11	46	89	44,87	
1.5. Tendência de incremento da flexibilização		0	68,75	100	68,75	

Continua

Referencial prático: estudos de caso

Grupos temáticos	Leitura dos dados	Valor mínimo (péssimo)	Valor empírico	Valor máximo (ótimo)	Índice dos indicadores	Índices grupais
1.6. Satisfação do trabalhador com as práticas de flexibilização	Pont. média	2,2	4,18	5	70,71	
2. Qualidade de vida no trabalho						44,84
a) Gestão do conhecimento – trabalhador						37,61
2.a.1. Número de horas treinadas	Horas	8	42,44	103	36,25	
2.a.2. Número de soluções apresentadas	%	1,33	2,65	7,92	20,03	
2.a.3. Número de soluções incorporadas	%	1	2,19	6,43	21,92	
2.a.4. Satisfação do trabalhador com a gestão de conhecimento	Pont. média	2,24	3,15	3,5	72,22	
b. Necessidades sociais – trabalhador						52,07
2.b.1. Incidência de acidentes de trabalho	%	40	5,28	0	86,8	
2.b.2. Tempo livre fora do trabalho remunerado	Horas	114,08	122,66	128	61,64	
2.b.3. Satisfação com o ambiente de trabalho	Pont. média	5,86	7,55	10	40,82	
2.b.4. Incidência de benefícios sociais usufruídos						
2.b.4.1. Benefícios diretos	Número médio	2	6,18	9	59,71	
2.b.4.2. Benefício direto principal (salário)	Número médio	1,31	5,9	24,44	19,84	
2.b.4.3. Benefícios espontâneos	Número médio	1	3,47	6,13	48,15	
2.b.5. Nível de satisfação com os benefícios						
2.b.5.1. Benefícios diretos	Pont. média	5,92	7,61	10	41,42	
2.b.5.2. Benefício direto principal (salário)	Número médio	2,8	6,82	10	55,83	
2.b.5.3. Benefícios espontâneos	Pont. média	6,01	8,18	10	54,39	

Tecnologia da informação transformando as organizações e o trabalho

A jornada flexível e o banco de horas permitem a variação da jornada de trabalho nos distintos dias ou semanas, sem ser fixada de antemão. Têm como objetivo formal a redução das perdas causadas por fatores extra-empresa, sazonalidades etc. O que se observa muitas vezes é o abuso na sua utilização, escondendo as ineficiências da organização, em detrimento do direito do empregado de receber o pagamento de horas extras.

O contrato por prazo determinado tem como objetivo dar cobertura a picos de produção momentânea. Nos efeitos possíveis de sua prática, pode-se observar a formação de um "colchão" para cobrir as flutuações normais de produção com custo menor, política salarial pior que a do funcionário normal, insegurança do trabalhador e conseqüentes redução e piora na qualidade dos direitos trabalhistas.

Na terceirização interna transferem-se para outras empresas as atividades que são componentes do processo produtivo, mas não inseridas no âmbito de especialização selecionado. Na terceirização externa contratam-se essas atividades de outras empresas. Ambas têm como objetivos formais a mudança do custo fixo para variável, a concentração de tecnologia em competências-chave e a transferência da atividade operacional para quem sabe "fazer melhor". Como efeitos possíveis podem-se observar a quebra da força sindical, a redução do nível salarial e dos direitos trabalhistas (salário é igual a preço), a exclusão de funcionários críticos da empresa de origem e a criação de duas classes de trabalhadores dentro do mesmo ambiente.

O trabalho temporário é previsto para o atendimento de necessidade transitória de substituição extraordinária de serviço. Novamente aqui pode constatar a criação de um "colchão" para compensar as flutuações normais de produção, com custo menor, uma política salarial pior que a de um funcionário normal, insegurança e conseqüentes piora na qualidade e redução de direitos trabalhistas.

O contrato de tempo parcial, no qual a atividade do empregado é desenvolvida regularmente durante parte da jornada ou da semana em períodos sensivelmente inferiores aos da duração normal do trabalho, tem os mesmos objetivos da jornada flexível e do banco de horas. O abuso na sua utilização esconde as ineficiências da empresa, prejudicando o direito de o empregado receber suas horas extras.

Times de trabalho prevêem maior delegação para decisões na ponta da organização, gerando mais agilidade no processo produtivo. Podem-se perceber efeitos possíveis da delegação de tarefas, mas não da autonomia para decidir, excesso de grupos de trabalho, maior responsabilidade e maior pressão sobre os trabalhadores.

O contrato por-projetos tem os mesmos objetivos e conseqüências da terceirização.

A multifuncionalidade visa aumentar a capacitação dos trabalhadores para melhorar a qualidade e dar maior flexibilidade ao processo produtivo. Porém o aumento da demanda por competência nem sempre vem acompanhado do mesmo nível de remuneração, levando o trabalhador a perder a referência no mercado.

Salário in natura é o pagamento de utilidades e benefícios ao empregado e/ou seus dependentes, na busca do aumento da remuneração e da satisfação do emprega-

Referencial prático: estudos de caso

163

do, bem como para atrair mão-de-obra qualificada. Entre os efeitos possíveis verificam-se a redução do custo com encargos sociais e a perda de direitos trabalhistas (recolhimentos, férias, FGTS, 13º salário etc.).

No *job-sharing*, quando um trabalhador se ausenta, o outro pode ser convocado para o serviço. Visa evitar quebras na produção, mas pode sobrecarregar jornadas de trabalho e, conseqüentemente, provocar a invasão do mundo da vida pelo mundo do trabalho.

Os dados empíricos encontrados na pesquisa podem reforçar algumas dessas observações. A média salarial dos trabalhadores flexibilizados é de 6,2 salários mínimos, enquanto a dos não-flexibilizados atinge 8,1 (uma diferença de 30%). Também se constatou que 19% dos trabalhadores não-flexibilizados recebem até três salários mínimos e 49% recebem acima de sete salários mínimos, contra 31% e 30%, respectivamente dos trabalhadores flexibilizados. Essas duas constatações evidenciam as vantagens dos trabalhadores não-flexibilizados sobre a outra categoria. Outro dado significativo é a faixa etária média desses trabalhadores. Dos flexibilizados, 40% possuem menos de 25 anos de idade e 62% menos de 30, enquanto para os não-flexibilizados esses índices são de 18% e 38%, respectivamente. Esses dados reforçam as evidências de que as organizações têm procurado contratar trabalhadores cada vez mais jovens, com poucas experiência e educação formal, como alternativa de redução de salários, evidência reforçada na comparação do grau de escolaridade dos trabalhadores (tabela 26).

Tabela 26
Comparação do grau de escolaridade entre trabalhadores flexibilizados e não-flexibilizados (%)

Grau de escolaridade	Trabalhador flexibilizado	Trabalhador não-flexibilizado
Ensino fundamental incompleto	23	7
Ensino fundamental completo	7	1
Ensino médio incompleto	7	1
Ensino médio completo	24	27
Ensino superior incompleto	22	16
Ensino superior completo	10	23
Pós-graduação	–	25

O grau de satisfação das expectativas organizacionais (44%) e o nível de eficácia da flexibilização (45%) revelam que as motivações que levam as organizações a adotarem práticas de flexibilização e os resultados obtidos com elas são atendidos em menos da metade. Entre as motivações que levam as organizações a adotarem práticas de flexibilização destacam-se, na pesquisa, como mais freqüentes redução de custos através da eliminação do pagamento das horas extras, atendimento de demandas sazonais de produção e redução de encargos. Seguem-se a elas a possibilidade de oferecer ao trabalhador a autogestão do tempo e a disponibilidade maior de horas para o trabalhador usufruir em sua vida pessoal. Assim, embora muitas organizações venham adotando a flexibilização nas relações de trabalho, os benefícios reais dessa prática na produção não são fortes como resultados dos índices (tabelas 23 a 25, indicadores 1.3 e 1.4). Considerando ainda que a solicitação dos dados que medem o impacto da flexibilização na produtividade não foi atendida em nenhuma das empresas pesquisadas devido a sua inexistência, é possível supor que a tendência de crescimento da flexibilização, apontada como forte, está embasada muito mais em critérios de motivação externa do que respaldada em indicadores de gestão. Esses critérios de motivação externa estão expressos pelos altos índices alcançados com o indicador 1.5 (tabelas 23 a 25), que aponta a tendência de crescimento das práticas de flexibilização com a abertura legal, atingindo 69%, e com o indicador 1.6, que aponta nível de satisfação bastante elevado do trabalhador com essas práticas, atingindo 71%. A condição de o trabalhador estar satisfeito é compreensível quando se introduz na análise o contexto econômico do país, no qual as oportunidades estão escassas dadas as taxas de desemprego e a elevada concentração de renda. No entanto, pelo lado empresarial, a tendência de incremento das práticas de flexibilização não é justificada. Os indicadores de gestão (figura 11), que compõem o índice de eficácia da flexibilização (tabelas 23 a 25, indicador 1.4), apresentaram grau de satisfação que não valida a tendência de crescimento observada. É importante lembrar que os indicadores de gestão refletem as opiniões positivas dos representantes das organizações sobre a eficácia da flexibilização das relações de trabalho.

Figura 11
Percentual de opiniões positivas das organizações sobre a eficácia da flexibilização das relações de trabalho através de indicadores de gestão

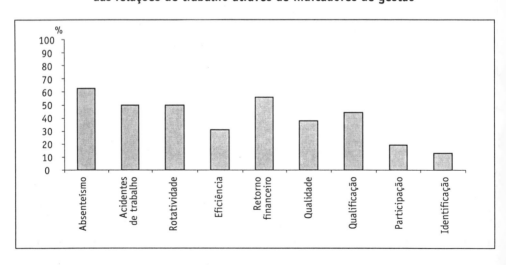

Diante desse resultado, parecem oportunas as palavras do economista e cientista social italiano Arrighi (segundo Carvalho, 1997):

> os países pobres ou relativamente pobres são irresponsáveis quando entram (na globalização) acreditando que devem fazer concessões ao capital para se tornarem competitivos. Isso é ingênuo, pois o capital tem sempre um custo. De fato, os países que mais receberam capitais externos são precisamente aqueles que agora estão em crise mais profunda, como a Indonésia e a Tailândia. É ingênuo pensar que se deva curvar perante o capital para criar condições de integração de um país à economia mundial. O que provoca desastres é que as pessoas entram na globalização com uma idéia muito ingênua do que poderia ser obtido com isso, aceitando níveis de sacrifício que jamais trarão os frutos esperados.

Apresentação e análise dos dados: qualidade de vida no trabalho

A qualidade de vida dos trabalhadores flexibilizados e não-flexibilizados atingiu 48% de satisfação (tabela 23). Esse índice reflete, em geral, condições precárias no trabalho, em que os trabalhadores não-flexibilizados apresentam um nível de satisfação melhor, com 50% (tabela 24), e os flexibilizados com apenas 45% (tabela 25). Como todo índice global representado pela média abstrai as diferenças, é importante detectar o porquê dessa condição precária através dos resultados dos indicadores que apontam as especificidades ou diferenças dessa condição. Na qualidade de vida no trabalho têm-se dois cortes analíticos fundamentais: a gestão do conhecimento e as necessidades sociais referentes a ambiente de trabalho, tempo livre e benefícios diretos e espontâneos usufruídos. Na comparação entre a gestão do conhecimento e as necessidades sociais tem-se uma condição bastante negativa de conquista na aprendizagem, que alcança índices de 38% para os trabalhadores flexibilizados e 40% para os não-flexibilizados e superiores nas necessidades sociais, que alcançam, respectivamente, 52% e 61% (tabelas 24 e 25).

Gestão do conhecimento

Os resultados do grupo temático da gestão do conhecimento evidenciam uma situação bastante preocupante porque, sendo o conhecimento o diferencial competitivo reconhecido pelo empresariado, obteve o pior índice de todos os observados neste livro. A situação piora ainda mais quando se observa a retirada do indicador 2.a.4, "satisfação do trabalhador com a gestão do conhecimento" (tabela 27), tendo-se para os não-flexibilizados o índice de 36% e apenas 26% para os flexibilizados. Essa dife-

166 Tecnologia da informação transformando as organizações e o trabalho

rença de resultados pode evidenciar que a opinião do trabalhador – seu nível de satisfação – está sendo superestimada, provavelmente pela condição da realidade econômica brasileira, em que este se satisfaz com pouco, visto que as oportunidades são escassas. O indicador "número de soluções apresentadas" atingiu grau de conquista de 20%
para os trabalhadores flexibilizados e 27% para os não-flexibilizados, o que denota
baixa participação do funcionário nesse aspecto, mais acentuado para os primeiros,
visto que o número médio de soluções apresentadas é de 2,7 por trabalhador flexibilizado
que apresentou soluções, e de 3 para os não-flexibilizados (tabelas 24 e 25).

Tabela 27
**Comparação do grupo temático gestão do conhecimento entre os trabalhadores não-
flexibilizados e flexibilizados, excluindo-se os valores do indicador 2.a.4**

Grupos temáticos	Leitura dos dados	Valor mínimo (péssimo)	Valor empírico	Valor máximo (ótimo)	Índice dos indicadores	Índices grupais
Trabalhador não-flexibilizado						35,96
2.a.1. Número de horas treinadas	Horas	8	58	103	52,63	
2.a.2. Número de soluções apresentadas	%	1,33	3,09	7,92	26,71	
2.a.3. Número de soluções incorporadas	%	1	2,55	6,43	28,55	
2.a.4. Satisfação do trabalhador com a gestão do conhecimento	Pont. média					
Trabalhador flexibilizado						26,07
2.a.1. Número de horas treinadas	Horas	8	42,44	103	36,25	
2.a.2. Número de soluções apresentadas	%	1,33	2,65	7,92	20,03	
2.a.3 Número de soluções incorporadas	%	1	2,19	6,43	21,92	
2.a.4. Satisfação do trabalhador com a gestão do conhecimento	Pont. média					

Some-se o fato de que apenas 46,4% dos trabalhadores flexibilizados e 82,7% dos
não-flexibilizados apresentaram sugestões, e tem-se uma visão bastante pessimista da
capacidade de criar vantagens competitivas nessas organizações, considerando que
são os trabalhadores qualificados que fazem a diferença nas empresas competitivas,
pois têm melhores condições de produzir inovações, a partir da agregação de conhecimentos, experiências e idéias (tabela 28).

Referencial prático: estudos de caso

Tabela 28
Comparação da incidência entre trabalhadores flexibilizados e não-flexibilizados que apresentaram soluções às organizações

Trabalhador	Número médio de soluções apresentadas	%
Flexibilizado	2,65	46,4
Não-flexibilizado	3,09	82,7

A conversão do conhecimento do trabalhador para o processo produtivo, expressa pelo número de soluções incorporadas, demonstra resultados também pessimistas. Atingiu grau de conquista de 22% para os trabalhadores flexibilizados e 28% para os não-flexibilizados, com número médio respectivo de 2,19 e 2,55 soluções por trabalhador que teve soluções incorporadas (tabelas 24 e 25). Considerando-se que 55% dos trabalhadores flexibilizados e 65% dos não-flexibilizados tiveram soluções incorporadas, esses resultados tornam-se ainda mais significativos (tabela 29).

Tabela 29
Comparação da incidência entre trabalhadores flexibilizados e não-flexibilizados que tiveram soluções incorporadas às organizações

Trabalhador	Número médio de soluções incorporadas	%
Flexibilizado	2,19	54,5
Não-flexibilizado	2,55	65,3

A condição de comparabilidade entre trabalhadores flexibilizados e não-flexibilizados permite inferir o agravamento dessa situação caso se confirme a tendência, já mencionada, de crescimento no uso das práticas de flexibilização das relações de trabalho. Levando-se sempre em consideração a precariedade dos resultados alcançados nos indicadores 2.a.2 e 2.a.3 (tabelas 24 e 25) ao comparar os seus resultados entre si, observa-se que o indicador "número de soluções incorporadas na organização" obteve média de 2,19 incorporações para 2,65 soluções apresentadas no caso do trabalhador flexibilizado e, respectivamente, 2,55 e 3,09 para os não-flexibilizados. A análise conjunta desses dois índices revela um aspecto promissor quanto ao aproveitamento e à aceitabilidade das idéias apresentadas pelos trabalhadores, bem como quanto

168   Tecnologia da informação transformando as organizações e o trabalho

à capacidade potencial, caso sejam empreendidas medidas organizacionais no sentido de gerar as condições necessárias para a implementação dessas ações.

Para Carvalho (1998:11),

> a capacidade de gerar novos conhecimentos e agregá-los ao processo produtivo constitui uma vantagem competitiva. O desafio consiste em utilizar o conhecimento e as habilidades das pessoas para produzir inovações e alcançar maiores resultados. As empresas precisam ser capazes de identificar as competências de que dispõem e as competências críticas que são demandadas pelos novos processos produtivos para desenvolver e gerenciar seus próprios sistemas de qualificação da força de trabalho.

No que se refere especificamente ao número de horas treinadas por trabalhador no período de 12 meses, os trabalhadores flexibilizados alcançam, em média, 42 horas e um grau de conquista de 36%. Já os não-flexibilizados atingem, respectivamente, 58 horas e 53% (tabelas 24 e 25, indicador 2.a.1).

Essa diferença, por si só, já é significativa, porém, quando se agrega a informação de que 47% dos trabalhadores flexibilizados participaram de algum processo de aquisição de conhecimento contra 79% dos não-flexibilizados (tabela 30), os índices do efeito predatório da flexibilização sobre o trabalhador e, conseqüentemente, sobre todo o sistema produtivo se tornam muito mais relevantes. Na comparação do número médio de anos de estudo entre as duas categorias de trabalhadores constata-se uma diferença de cinco anos (tabela 31). Pochmann (2001:104) já havia alertado para a natureza das ocupações criadas recentemente no Brasil, que, ao contrário do que indica o senso comum, são:

> muito mais vinculadas às formas de produção e reprodução de estratégias de sobrevivência do que postos de trabalho de qualidade associados ao novo paradigma tecnológico. Por estar mais associadas ao baixo rendimento e a formas precárias de trabalho, tendem a ser justamente os trabalhadores com menor escolaridade os principais exploradores dessas oportunidades ocupacionais.

Tabela 30
Demonstração da incidência de trabalhadores flexibilizados e não-flexibilizados que participaram de treinamento nos últimos 12 meses

Trabalhador	Média de horas de treinamento por trabalhador	% de trabalhadores treinados
Flexibilizado	42	47,2
Não-flexibilizado	58	78,7

Tabela 31
Comparação entre os trabalhadores flexibilizados e não-flexibilizados quanto ao número médio de anos de estudo

Trabalhador	Número médio de anos de estudo
Flexibilizado	7
Não-flexibilizado	12

Os processos de aquisição do conhecimento, segundo Figueiredo (2000), podem ser definidos em:

- processos de aquisição externa, através dos quais indivíduos adquirem conhecimento tácito e/ou codificado de fora da empresa;
- processos de aquisição interna, através dos quais indivíduos adquirem conhecimento fazendo diferentes atividades dentro da empresa;
- processos de socialização de conhecimento, através dos quais indivíduos partilham seu conhecimento tácito;
- processos de codificação de conhecimento, pelos quais o conhecimento dos indivíduos torna-se explícito.

Seguindo essa definição, levantou-se a incidência de participação dos trabalhadores em cada um desses processos. Pelos resultados obtidos é possível concluir que, em todos eles, os trabalhadores não-flexibilizados obtiveram maior percentual de participação, o que denota para eles a presença de maior variedade, isto é, oportunidade de participação em diferentes processos de aprendizagem (figura 12).

Figura 12
Comparação entre os índices de participação dos trabalhadores flexibilizados e não-flexibilizados nos processos de aquisição do conhecimento

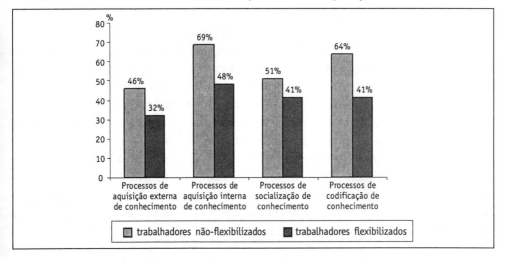

Os processos de aquisição do conhecimento com maior índice de participação para as duas categorias de trabalhadores são os de aquisição interna de conhecimento; e os com menor, também para as duas categorias, são os que privilegiam os conhecimentos adquiridos fora da organização. Assim, as organizações, na gestão do conhecimento, têm privilegiado ações para incentivar a participação dos trabalhadores em elaboração de projetos, aprendizagem através de rotinas e treinamento antes de iniciar novas atividades. Já as ações que possibilitam o acesso ao conhecimento de outras empresas, contato com clientes, fornecedores e assistência técnica, participação em cursos fora da empresa, concessão de bolsas de estudos têm sido relegadas. É possível reconhecer nesses dados as evidências do mesmo critério de opção, por parte das organizações, já mencionado anteriormente, ou seja, o menor custo, visto que participações em processos de aquisição externa de conhecimento normalmente requerem maiores investimentos financeiros do que aqueles realizados internamente. Embora cada organização estabeleça suas políticas de gestão baseadas em estratégias e prioridades específicas, é recomendado sempre o equilíbrio entre os processos de aquisição do conhecimento.

Segundo Figueiredo (2000), além da variedade, é necessário persistência na repetição, na criação, na atualização, no uso, no aprimoramento e no fortalecimento dos processos de aprendizagem, na gestão do seu funcionamento ao longo do tempo e na interação entre eles. Conforme observado nos resultados dos indicadores 2.a.1, 2.a.2 e 2.a.3 (tabelas 24 e 25), essas recomendações não estão sendo atendidas, nem para os trabalhadores não-flexibilizados, nem para os flexibilizados, sendo que esses últimos, com índices inferiores aos primeiros. Nos dados relativos à satisfação dos trabalhadores com os processos de gestão do conhecimento, obtêm-se para o trabalhador não-flexibilizado 52% de aprovação; já para o flexibilizado esse índice sobe para 72%, o que evidencia novamente uma avaliação baseada em outros fatores que não os relacionados às contribuições que poderiam advir de sua participação na melhoria do processo produtivo (tabelas 24 e 25, indicador 2.a.4).

Com relação à avaliação da gestão do conhecimento (figura 13), nota-se que os processos mais bem avaliados pelos trabalhadores flexibilizados são justamente os que receberam menor participação, ou seja, os de aquisição externa de conhecimento. Essa avaliação positiva pode estar relacionada à exigência infinita de melhoria de qualificação, que, quando recai sob sua responsabilidade, fica muitas vezes proibitiva devido ao custo dos cursos externos e em face de sua remuneração, que não permite esse tipo de investimento. Assim, as oportunidades que surgem podem estar sendo superavaliadas. Já os trabalhadores não-flexibilizados avaliaram melhor os processos de socialização. Talvez porque não encontrem as mesmas dificuldades financeiras que os outros trabalhadores para participar de cursos externos, visto que seus salários são significativamente mais elevados, ou porque tiveram maiores oportunidades de participar desses processos, como demonstrado na figura 12.

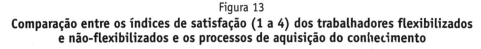

Figura 13
Comparação entre os índices de satisfação (1 a 4) dos trabalhadores flexibilizados e não-flexibilizados e os processos de aquisição do conhecimento

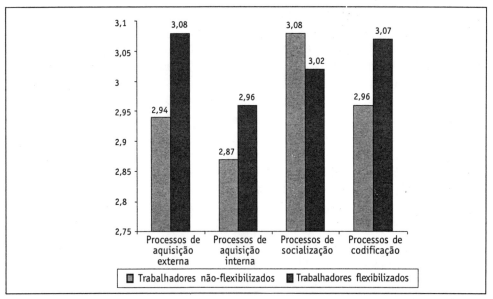

Os processos que receberam pior avaliação dos trabalhadores flexibilizados foram os de aquisição interna de conhecimento, justamente aqueles nos quais houve maior participação. Já os trabalhadores não-flexibilizados atribuíram avaliação inferior aos que obtiveram menor participação, ou seja, aquisição externa de conhecimento. A importância dessa análise repousa na obtenção de dados importantes para o planejamento de futuras ações e direcionamento de investimentos para a gestão do conhecimento. Considerando que o processo de aprendizagem só pode ser avaliado por intermédio do desempenho, isto é, à medida que corrige, cria e aperfeiçoa os processos e rotinas, para fazer frente às mudanças no ambiente, a constatação desses dados traz a certeza de que os processos de aquisição do conhecimento, já deficientes nos trabalhadores não-flexibilizados, tenderão a piorar no caso de se fazer uma opção inadequada na adoção de práticas de flexibilização do trabalho, que desconsidere a importância da participação de trabalhadores como fonte de inovação e fator crítico para a performance competitiva das empresas.

Segundo Tenório (2000b:199), "o perfil do novo trabalhador exige um maior grau de escolarização, uma maior participação no processo de tomada de decisão e um maior número de atribuições na sua forma de trabalhar".

Necessidades sociais do trabalhador

Em relação às necessidades sociais, existe vantagem dos trabalhadores não-flexibilizados, apresentada no índice de conquista do grupo de indicadores referente a "acidente de trabalho", "tempo livre" e "benefícios usufruídos" de 65%, enquanto que para os flexibilizados têm-se 55%. O ponto crítico da condição inferior dos flexibilizados encontra-se, principalmente, nos indicadores "salário" e "benefícios espontâneos", que atingem, respectivamente, apenas 20% e 48% de incidência (tabela 25, indicadores 2.b.4.2 e 2.b.4.3). Analisando os índices referentes à incidência de acidentes de trabalho, encontram-se 99% de conquista para o trabalhador não-flexibilizado e 87% para o flexibilizado, com uma média de 0,42 acidente/ano para os primeiros e 5,28 para os últimos (tabelas 24 e 25). Na comparação das médias de incidência entre as duas categorias de trabalhadores-alvo deste estudo, fica evidenciada a maior exposição dos trabalhadores flexibilizados a esse fenômeno, condição essa reforçada ao constatar-se que os trabalhadores flexibilizados afastados por esse motivo representam 3% do total de trabalhadores, enquanto os não-flexibilizados, 0,7%. Novamente, aqui, a fragilidade dos vínculos de trabalho flexibilizado parece estar deixando suas marcas, já que comprovadamente expõe a saúde do trabalhador e, conseqüentemente, a saúde financeira da organização e do sistema de saúde público e previdenciário. O indicador "tempo livre fora do trabalho" é agente determinante para a estruturação do lazer dos trabalhadores e, por conseguinte, um indicador significativo da sua qualidade de vida. Nesse sentido é possível observar, também aqui, diferenças expressivas entre as duas categorias de trabalhadores, ou seja, os trabalhadores flexibilizados desfrutam, em média, de 122 horas semanais, enquanto os não-flexibilizados, de 125, alcançando, respectivamente, 62% e 79% de conquista. Esse período é utilizado de forma diferenciada, conforme a figura 14.

Figura 14
Comparação entre os trabalhadores flexibilizados e não-flexibilizados quanto às principais atividades desenvolvidas no tempo livre fora do trabalho remunerado

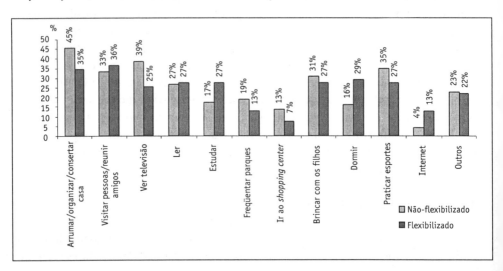

Referencial prático: estudos de caso

As cinco principais atividades desenvolvidas no tempo livre, por ordem de preferência, pelos trabalhadores flexibilizados são visitar pessoas, reunir amigos, arrumar/organizar/consertar a casa, dormir e, com a mesma freqüência de escolha, em quinto lugar: ler, estudar, brincar com os filhos e praticar esportes. Os trabalhadores não-flexibilizados preferem arrumar/organizar/consertar a casa, ver televisão, praticar esportes, visitar pessoas/reunir amigos e brincar com os filhos. O índice "satisfação com o ambiente de trabalho" atingiu 48% para o trabalhador não-flexibilizado e 41% para o flexibilizado. Os indicadores parciais de satisfação no ambiente de trabalho que obtiveram grau de satisfação inferior a sete pontos foram, para os trabalhadores flexibilizados: oportunidade de receber promoções, participação na definição de suas metas de trabalho, salário em relação à função, oportunidade de ser criativo e imaginativo e segurança com relação ao futuro. Utilizando o mesmo critério para os não-flexibilizados, destacam-se: oportunidade de receber promoções e salário em relação à função (figura 15). Como pode ser observado na figura 15, além dos aspectos referentes a questões de reconhecimento através das oportunidades de promoção e de salário, cujas insatisfações são coincidentes, os trabalhadores flexibilizados ainda ressentem-se pela falta de oportunidades de participação no processo produtivo, seja na elaboração de metas, seja na oportunidade de utilizar sua criatividade e imaginação no trabalho. Aliando a esses dados as análises referentes ao grau de escolaridade, tempo de treinamento e apresentação e incorporação de soluções ao processo produtivo, obtém-se um quadro bastante coerente da posição ocupada por esse trabalhador ante as alterações no mercado de trabalho provocadas pela flexibilização das relações trabalhistas. Outro aspecto importante ressaltado pelo trabalhador flexibilizado é a sua insegurança com relação ao futuro, fato bastante compreensível, visto que sua percepção das diferenças contratuais pode estar de alguma forma dando-lhe o sentimento de marginalidade, percepção factível, por estar ele de uma forma ou de outra sendo privado de direitos comuns à maioria dos trabalhadores formais.

Tal constatação parece confirmar as afirmações de Cardoso (2000:22), quando, referindo-se à flexibilização do mercado de trabalho ou à revisão do direito do trabalho, expõe que, embora o direito do trabalho seja correntemente avaliado como obstáculo, cuja rigidez gera custos excessivos ao mercado, por outro lado ele vem cumprindo o seu papel civilizatório,

> não tanto pela pacificação ou humanização das empresas, mas pela vertebração da própria sociedade via estabilização de expectativas dos assalariados a respeito de seu quinhão na riqueza socialmente produzida e do seu lugar na estrutura de distribuição de recursos mais propriamente estatutários. Indivíduos e coletividade, ao se vincularem a uma categoria profissional reconhecida pelo Estado e, com isso, se investirem de direitos quase corporativos, ganham também um lugar na ordem social de posições, definindo-se por oposição a outras categorias profissionais e aos que não estavam no mercado formal de trabalho.

Figura 15
Demonstração da avaliação dos aspectos inerentes aos ambientes de trabalho realizada pelos trabalhadores flexibilizados e não-flexibilizados

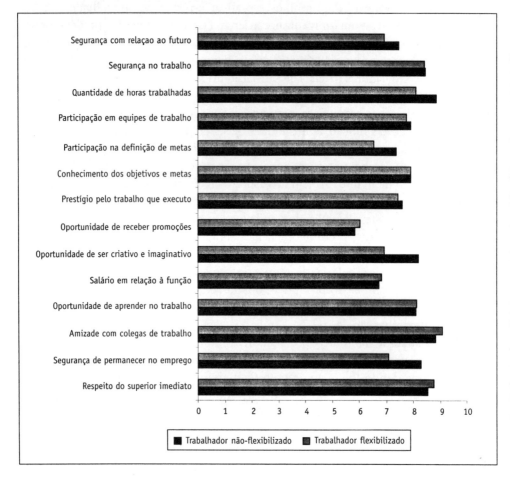

Os benefícios sociais diretos e espontâneos disponibilizados pelas empresas a seus trabalhadores são considerados agentes do nível de qualidade de vida do trabalhador. Os dados obtidos na pesquisa quanto à incidência de benefícios sociais permitem observar melhores resultados para os trabalhadores não-flexibilizados, ou seja, atingiram, em termos de número médio de benefícios, nível de conquista de 63% para os diretos e 66% para os espontâneos. Já os trabalhadores flexibilizados atingiram, respectivamente, 60% e 48% (tabelas 24 e 25, indicadores 2.b.4.1 e 2.b.4.3). Cabe ressaltar novamente que o salário, como principal benefício direto, caracteriza-se como um dos piores resultados entre os indicadores. Calculado com base no salário mínimo e na amplitude entre o maior e o menor salário encontrado nas empresas, alcançou grau de conquista de 20% entre os trabalhadores flexibilizados e 34% entre os não-flexibilizados (tabelas 24 e 25, indicador 2.b.4.2). Apesar das diferenças observadas com relação aos salários percebidos pelos trabalhadores flexibilizados e não-flexibilizados, ao serem solicitados para apontar o grau de satisfação com os mesmos percebe-se, em média, o mesmo grau de insatisfação por parte dos trabalhadores, isto é, ambas as categorias de trabalhadores apresentaram índices que giram em torno de 54%. Em relação à incidência de benefícios sociais usufruídos, percebe-se significativa diferença, entre as duas categorias de trabalhadores, nos benefícios espontâneos, que alcançaram 48% de conquista para os trabalhadores flexibilizados e 66% para os não-flexibilizados. Apesar dessa diferença negativa, as evidências mostram que os trabalhadores flexibilizados sentem-se tão satisfeitos quanto os não-flexibilizados. Assim, volta-se à questão, já mencionada aqui, sobre o reflexo do contexto socioeconômico do país, ou seja, o sujeito cidadão percebe-se como privilegiado somente por possuir uma ocupação remunerada. Os trabalhadores flexibilizados, além de encontrarem-se em posição de desvantagem com relação aos não-flexibilizados quanto à gestão do conhecimento, são também prejudicados no acesso à satisfação de suas necessidades sociais. A análise dos dados parciais (tabela 32) referentes ao indicador "benefícios espontâneos" revela maiores percentuais de incidência desfavoráveis ao trabalhador flexibilizado nos itens "plano de saúde", "auxílio-educação", "auxílio-habitação", "programas de lazer", "capacitação profissional" e "participação nos resultados". Especialmente com relação a esse último, pode-se inferir que a evidência do não-reconhecimento desses trabalhadores como agentes participativos do processo de produção seria mais um fator a "desincentivá-lo" na tomada de uma posição ativa, que se refletiria positivamente na própria produtividade das organizações.

O estreito relacionamento da qualidade de vida do trabalhador com a produtividade do trabalho foi comprovado em pesquisa realizada pelo Sesi/DR-PR sobre produtividade social e o impacto da qualidade de vida na produtividade do trabalho da indústria do Paraná (2000), chegando-se a estabelecer a correlação de que, com o aumento de 1% na qualidade de vida, tem-se um impacto de crescimento médio na produtividade do trabalho de R$ 1.560. Nesse sentido, à medida que se reduz a concessão de benefícios ou descuida-se da questão do ambiente de trabalho, retiram-se valores financeiros importantes da produtividade das organizações. Na articulação dos índices analisados, especialmente com os de gestão do conhecimento, a incidência média de 42% na conquista de benefícios sociais evidencia um quadro negativo ao trabalhador flexibilizado. Sua condição de baixa escolaridade e a média salarial inferior à dos demais trabalhadores parece condená-lo a uma posição cada vez mais marginalizada. Concluindo, na análise comparativa entre as duas categorias de trabalhadores, foi possível evidenciar diferenças prejudiciais aos trabalhadores flexibilizados, tanto nos indicadores de gestão do conhecimento quanto nos de acesso à satisfação das necessidades sociais. Os resultados se mostraram inferiores principalmente no número de horas de treinamento, na participação em processos produtivos através da freqüência média de soluções apresentadas e incorporadas, na participação em processos de aquisição do conhecimento, no acesso aos benefícios diretos e espontâneos e na satisfação com o ambiente de trabalho. À proporção que coloca a qualidade de vida do trabalhador à mercê dos interesses econômicos, a flexibilização das relações de trabalho não reconhece no trabalhador o cidadão e o vê "como um fator a ser controlado, e não como um sujeito da ação produtiva" (Tenório, 2000b:184).

Tabela 32

Incidência de trabalhadores flexibilizados e não-flexibilizados que têm acesso aos benefícios sociais relacionados em suas organizações (%)

Benefícios	Trabalhador não-flexibilizado	Trabalhador flexibilizado
Diretos		
❏ Férias	76	87
❏ 13º salário	76	82
❏ Aposentadoria	40	29
❏ Auxílio-creche	21	5
❏ Seguro de vida	67	71
❏ Fundo de garantia	89	82
❏ Auxílio-doença	68	49
❏ PIS	83	73
❏ Salário-família	32	38
❏ Salário-maternidade	31	20
❏ Vale-transporte	79	71
❏ **Média**	**60**	**55**
Espontâneos		
❏ Alimentação	96	95
❏ Transporte gratuito	31	35
❏ Plano de saúde	88	73
❏ Auxílio-educação	51	29
❏ Auxílio-habitação	9	4
❏ Programas de lazer	40	27
❏ Capacitação profissional	67	49
❏ Participação nos resultados	60	38
❏ **Média**	**55**	**44**

Para as organizações, a adoção dessas práticas parece ser um passo atrás na evolução produtiva. Essa constatação condiz com as afirmações de Tenório (2000b:182), que argumenta:

Referencial prático: estudos de caso

a efetiva flexibilização organizacional que produz como resultado a participação contributiva das pessoas na gestão das empresas deve estar fundamentada na interação entre a evolução técnico-científica, a globalização e cidadania. Gerenciar somente através das duas primeiras variáveis seria implementar mudanças sob a perspectiva neofordista.

Conclusões e recomendações da pesquisa 1

As organizações contemporâneas inseridas num mundo globalizado e cada vez mais tecnológico estão, hoje, submetidas às estratégias de mercado, às flutuações de demanda e à acirrada concorrência que as impele a flexibilizar seus processos produtivos à procura de uma possível integração na economia global.

A busca por níveis de ganho cada vez maiores, utilizando uma base de recursos cada vez menor, leva-nas em direção ao rompimento do vínculo empregatício e à adoção de práticas de flexibilização das relações de trabalho.

A partir da análise dos dados coletados e do referencial teórico que a fundamenta, chega-se à conclusão de que a flexibilização das relações de trabalho faz parte integrante do novo perfil das organizações. Iniciada em 1965 com a Lei nº 4.923/65, significativas inclusões têm sido realizadas. Entre os projetos de lei em tramitação no Congresso Nacional destaca-se o PL nº 5.483/01, que altera o art. 618 da CLT e pretende a prevalência do acordo negociado sobre o legislado, sem antes se assegurarem as salvaguardas necessárias para que, efetivamente, haja uma livre negociação coletiva, sem submissão aos interesses do lucro do capital.

A pesquisa revela que, com a abertura legal, há tendência de crescimento na adoção dessa prática, visto que as reclamatórias trabalhistas ainda são fator inibidor para sua expansão. Considerando que os benefícios reais dessas práticas na produção não são fortes, como resultados dos índices, e que a solicitação dos dados que medem o impacto da flexibilização na produtividade não foi atendida em nenhuma das empresas pesquisadas devido a sua inexistência, é possível supor que essa tendência está muito mais embasada em critérios de motivação externa do que respaldada em indicadores de gestão.

Hoje, as práticas de flexibilização se caracterizam pela pouca diversidade, isto é, a preferência se concentra em um número restrito de práticas, entre as quais destacam-se o contrato de formação, utilizado por 56% das organizações; o banco de horas, por 44%; e, com 25%, o contrato por prazo determinado, a jornada flexível e a terceirização interna.

Da análise comparativa entre trabalhadores submetidos à flexibilização das relações trabalhistas e os demais conclui-se que as práticas de flexibilização das relações do trabalho causam efeitos predatórios na qualidade de vida no trabalho, espe-

178 Tecnologia da informação transformando as organizações e o trabalho

cificamente na gestão do conhecimento e na satisfação das necessidades sociais. Transforma o trabalhador num mero fator a ser controlado e não o reconhece como sujeito da ação produtiva.

O conhecimento é reconhecidamente a principal vantagem competitiva das organizações e tem como pilar-mestre a participação ativa das pessoas, criando, inovando, aperfeiçoando e incorporando sistematicamente métodos e processos ao sistema produtivo. Contrapondo-se a esse princípio, os efeitos da flexibilização das relações de trabalho sobre a gestão do conhecimento são percebidos na menor intensidade dos esforços organizacionais na qualificação profissional dos trabalhadores, expressos tanto pela qualidade quanto pela quantidade de horas de treinamento e, também, na menor incidência de participação e repercussão de suas contribuições, representadas pelas médias de soluções apresentadas e incorporadas ao processo produtivo. Essa constatação traz a certeza de que os processos de aquisição do conhecimento, já deficientes nos trabalhadores não-flexibilizados, tenderão a piorar no caso de se fazer uma opção inadequada na adoção de práticas de flexibilização do trabalho, que desconsidere a importância da participação de trabalhadores como fonte de inovação e fator crítico para a performance competitiva das empresas.

A forte correlação de dependência entre qualidade de vida e produtividade do trabalho é, hoje, comprovada cientificamente. Conseqüentemente, os investimentos nas necessidades sociais como agentes do nível de qualidade de vida do trabalhador impactam diretamente a produtividade. Porém os efeitos da flexibilização também aqui se fazem presentes. Os trabalhadores com contratos de trabalho flexibilizados, além de se encontrarem em posição de desvantagem em relação aos demais trabalhadores no acesso à aprendizagem dentro das organizações, são também prejudicados na satisfação de suas necessidades sociais.

Dos dados obtidos na pesquisa emerge a conclusão de que o nível de satisfação das necessidades sociais dos trabalhadores sujeitos às práticas de flexibilização nos contratos de trabalho é inferior àquele dos demais trabalhadores. As necessidades sociais do trabalhador, analisadas a partir da incidência de acidentes de trabalho, do tempo livre fora do trabalho remunerado, da satisfação com o ambiente de trabalho e dos benefícios sociais diretos e espontâneos disponibilizados pelas empresas, refletem diferenças significativas na análise comparativa.

Essas constatações permitem afirmar que as organizações incorrem em equívocos, posto que, na busca de vantagens competitivas cada vez maiores, desconsideram a gestão do conhecimento e a satisfação das necessidades sociais como fator maximizador do desenvolvimento econômico e de incremento da produção.

O trabalhador, por sua vez, demonstra pouca insatisfação diante desses fatos, talvez pela dificuldade de estabelecer parâmetros comparativos, talvez pela educação de submissão às regras das organizações e de mercado ou pelo próprio contexto econômico e social de oportunidades raras, em que a conquista de um trabalho remunerado já se constitui num privilégio.

Portanto conclui-se que a flexibilização das relações de trabalho como resposta aos desafios impostos pelas mudanças na economia global se mostra ineficaz. Ao restringir o acesso dos trabalhadores ao conhecimento e à satisfação de suas necessidades sociais, limita sua participação e seu envolvimento com a ação produtiva, comprometendo conseqüentemente a produtividade e a competitividade das organizações.

Como recomendações para futuros trabalhos, a continuidade do estudo através das análises setoriais poderia trazer informações relevantes para as organizações, possibilitando a análise comparativa que propiciasse a abrangência das especificidades próprias de cada segmento industrial.

Também nesse sentido, a introdução de novas informações e o desenvolvimento de indicadores de gestão para análises dos impactos da flexibilização sobre a produtividade permitiriam maior detalhamento dos seus efeitos na organização.

Sugere-se, ainda, que o referencial e a metodologia que embasaram este trabalho sejam testados em contexto internacional, procurando verificar a existência de salvaguardas que previnam os efeitos da flexibilização das relações de trabalho na qualidade de vida do trabalhador.

O aprofundamento e/ou a ampliação da investigação ganham maior significado diante da possibilidade de aprovação da proposta de flexibilização que tramita no Congresso, visto que a fragilidade das entidades sindicais, na atual conjuntura, afasta o pressuposto de igualdade na balança entre empregado e empregador como garantia de uma negociação legítima.

A confirmação da interdependência entre flexibilização e qualidade de vida no trabalho e o mapeamento de modelos de relação de trabalho praticados em outros países ou em outras sociedades possibilitam reconhecer nossa posição no mercado internacional, evidenciando ganhos, perdas e distorções na organização da produção. Permite, também, o conhecimento de ações preventivas, adotadas em outros países, que garantem a inclusão do homem como fator diferencial na conquista da competitividade.

Pesquisa 2 – Responsabilidade social na cadeia produtiva automotiva

O eixo desse estudo gira sobre o exercício de interagir de forma consensual – patrões *vs.* trabalhadores – no interior das empresas através de um novo modelo de gestão e cidadania. A intenção desse recorte, a partir das referências conceituais, é verificar até que ponto o exercício da cidadania seria uma realidade cotidiana dentro da empresa A e da empresa B e, por extensão, dentro da cadeia produtiva do setor automotivo, isto é, se as tendências manifestas nesses sistemas-empresa reproduzem práticas de responsabilidade social interna e se há reprodução dessas práticas entre as empresas estudadas.

Pretendeu-se um esforço de verificação bastante específico – interação consensual –, estabelecendo-se uma ponte entre os dois lados. Da ponta do eixo (gestão da qualidade social) procurou-se analisar e comparar a construção do capital social sob uma perspectiva do gerenciamento de ações sociais internas traduzidas em benefícios e qualidade de vida aos trabalhadores e seus dependentes. Da outra ponta do eixo (cidadania) pretendeu-se verificar o grau de participação do trabalhador como um "sujeito" da ação produtiva, um sujeito mais interativo e conhecedor do conteúdo social de suas ações no trabalho.

Isto implicou medir suas práticas de responsabilidade social interna por meio de pesquisa em formato de auditoria social. Esse tipo de auditoria é crível, verificável, passível de certificação e fiscalização por terceiros especializados. Como instrumento de pesquisa foi utilizada a norma SA 8000, que é a materialização de um consenso mundial que estabelece regras de ordem ética sobre a política e o sistema de responsabilidade social interna, sob as prerrogativas da Declaração Universal dos Direitos Humanos das Nações Unidas. A SA 8000 combina as convenções da OIT com a metodologia ISO. O casamento entre OIT e ISO facilita a implementação de auditorias sociais e da própria SA 8000 para as empresas já certificadas em qualidade do produto e meio ambiente. Em outras palavras, a norma apresenta-se como um sistema de auditoria similar às ISO 9000[48] e 14000,[49] sendo reconhecida no mundo todo como um sistema efetivo de implementação, manutenção e verificação de condições dignas de trabalho, constituindo-se num padrão social auditável.

Nas empresas já certificadas por normas ISO 9000 e 14000 faz mais sentido integrar os sistemas e auditorias do que desenvolver sistemas paralelos. Nesta linha, tal qual na ISO, desenvolve-se o "manual da empresa",[50] ferramenta muito importante, pois centraliza o sistema de gestão da qualidade social, constituindo-se no documento apresentado aos trabalhadores.

A norma SA 8000 visa atender a uma necessidade dos consumidores mais esclarecidos e preocupados com a forma com que os produtos são produzidos, e não apenas com a sua qualidade. A vantagem da existência de uma norma de responsabilidade social está no fato de ela propiciar uma padronização dos termos e uma consistência

---

[48] "A série ISO 9000 fornece um sistema de gestão da qualidade reconhecido globalmente, baseado nos princípios de melhoria contínua, auditoria, monitoramento e em um sistema de gestão" (McIntosh et al., 2001:311).

[49] "A série ISO 14000 foi criada depois da ISO 9000, fornecendo um sistema de gestão ambiental reconhecido globalmente. A série baseia-se nos princípios de um registro de efeitos ambientais, incluindo entradas, processos e saídas, além da melhoria contínua mensurável baseada em auditoria, monitoramento e sistema de gestão" (McIntosh et al., 2001:314).

[50] O manual da empresa contém as diretrizes e a política social da empresa, além de incorporar todos os requisitos da norma SA 8000.

Referencial prático: estudos de caso

nos processos de auditoria, além de representar um mecanismo para melhoria contínua através da participação das organizações, possibilitando o envolvimento de todos os *stakeholders*.

No universo da SA 8000, empresas precisam fazer mais do que simplesmente declarações políticas, pois necessitam de verificação independente e de consulta prévia a seus *stakeholders*. Uma vez que toda cadeia produtiva esteja engajada e reproduza as práticas da responsabilidade social, esses resultados são significativamente ampliados, consolidando os resultados econômicos, sociais e ambientais.

Com esta norma a intenção é que as empresas criem uma cadeia de valor responsável, ou seja, quando as empresas comprarem uma das outras, será exigido, além do preço e da qualidade, algo mais. Esse diferencial seria uma metodologia de gestão fomentadora de ações que venham acabar com o vácuo deixado pela nossa sociedade, problema esse facilmente percebido em forma de ações antiéticas, falta de diversidade no quadro funcional, desrespeito aos limites emocionais do trabalhador, locais de trabalho inadequados, agressões ao meio ambiente e até uso de mão-de-obra infantil.

Esta norma requer estudos teóricos e aborda em suas especificidades nove requisitos[51] que devem ser cumpridos pelas empresas, servindo como base para a implantação do sistema de gestão da responsabilidade social, tanto no âmbito de suas unidades de produção quanto no de seus fornecedores: proibição do trabalho infantil; proibição do trabalho forçado; saúde e segurança; liberdade de associação e direito à negociação coletiva; da discriminação; práticas disciplinares; horas de trabalho; compensação/remuneração; sistema de gestão. Esses requisitos foram utilizados nesse estudo como base de verificação, medição e análise comparativa da responsabilidade social interna intra e entre duas empresas.

O objetivo, então, foi pesquisar e responder à seguinte questão: até que ponto a prática da responsabilidade social interna da empresa A se reproduz na empresa B? Três objetivos específicos foram perseguidos: levantar a prática da responsabilidade social interna da empresa A; levantar a prática da responsabilidade social interna da empresa B; verificar as relações interorganizacionais, comparando as responsabilidades sociais internas das duas empresas.

Pelo fato de a responsabilidade social como um todo atuar na dimensão social do desenvolvimento sustentado, tornando o tema amplo e complexo, foi necessário delimitar a abrangência do estudo. O estudo é limitado às unidades de negócios das duas empresas, mais precisamente focalizando a responsabilidade social interna da empresa A e da empresa B, uma vez que ações sociais internas constituem o investimento no bem-estar e na qualidade de vida dos trabalhadores e de seus dependentes, no respeito

---

[51] Os requisitos são os critérios fundamentais da norma SA 8000, e qualquer empresa visando à certificação deve ter total conformidade com esses requisitos.

Tecnologia da informação transformando as organizações e o trabalho

aos direitos do trabalhador como cidadão e na garantia de condições humanas de trabalho nas unidades de produção e na comunidade na qual as empresas estão inseridas. Para essa investigação adota-se a postura do estudo descritivo. No que se refere à metodologia da pesquisa, a pesquisa se caracteriza como um estudo de caso, caracterização essa de natureza qualitativa. Os universos da pesquisa foram as próprias unidades de produção das empresas. A amostra selecionada ocorreu entre os diretores, gerentes e trabalhadores das duas empresas, em conformidade com os procedimentos de auditoria da norma SA 8000. As empresas escolheram as pessoas que seriam os sujeitos da pesquisa. De comum acordo com as empresas, mantém-se o anonimato dos sujeitos entrevistados, utilizando-se o termo "trabalhador" para substituir os nomes. No entanto, para distinguir a fala de cada sujeito, aos da empresa A foi acrescentado ao termo a letra A e um número seqüencial ("A_1", "A_2", até "A_{23}"), e aos da empresa B, a letra B e um número seqüencial ("B_1", "B_2", até "B_{14}"). A questão da responsabilidade social interna foi estudada à luz do referencial teórico e da aplicação prática nas duas empresas de auditoria de primeira parte[52] padrão SA 8000, procurando apresentar novas interpretações e compreensões sobre o assunto, em conformidade com a SAI (1999:39):

> Nesta a empresa interessada na certificação deve investigar e garantir o atendimento aos requisitos da norma SA 8000. É um processo de auto-auditoria com a assistência, se apropriado, de qualquer uma das seguintes partes: ONGs locais, consultores, representantes dos sindicatos, ou outros especialistas. É uma atividade formal e documentada, inicia-se com reuniões de pré-auditoria, com os auditores elaborando cronograma da auditoria, organizando os questionários e as entrevistas, selecionando as ONGs, sindicatos e trabalhadores envolvidos. São ainda atividades dessa etapa o trabalho preparatório para a empresa e seus fornecedores: (1) explanação da natureza da auditoria aos trabalhadores, estipulando a necessidade de se obter informações precisas; (2) requisitar a completa colaboração dos trabalhadores nas trocas de informações; e (3) apresentar as práticas e processos identificados como ausentes ou necessários.

A partir da contratação da empresa C,[53] de consultoria e assessoria na certificação SA 8000, auxiliando o pesquisador na aplicação de questionário estruturado e entre-

---

[52] Auditoria de primeira parte é a etapa inicial do processo-padrão de certificação SA 8000 numa empresa.

[53] No intuito de manter o anonimato desta empresa, ela foi denominada empresa C, que, desde 1995, presta serviços de consultoria especializada em terceirização da gestão de negócios, qualidade empresarial e certificação de sistemas de gestão. Seu trabalho envolve projetos e implantação de sistemas baseados em normas internacionais como ISO 9000 e ISO 14000, SA 8000 e QS 9000. A empresa oferece projeto, adequação de recursos, treinamento, conscientização, implantação e assessoria na certificação junto a organismos certificadores nacionais e internacionais credenciados.

vistas não-estruturadas, a pesquisa de campo foi feita nos moldes de pré-avaliação, auditorando as empresas pesquisadas como se as mesmas estivessem em processo de certificação SA 8000.

Critério para verificação da responsabilidade social interna

Como forma de organização e referencial de análise a gestão social foi considerada critério essencial de verificação da responsabilidade social interna às duas empresas. A figura 16 ilustra a fronteira entre gestão da qualidade social (gestão estratégica) e gestão social decorrente dos conceitos abordados ao longo do referencial teórico. Nessa figura há a tentativa de representar o que chamamos de gestão social: interação consensual entre gestão da qualidade social e cidadania.

Figura 16
Fronteira entre gestão da qualidade social e gestão social

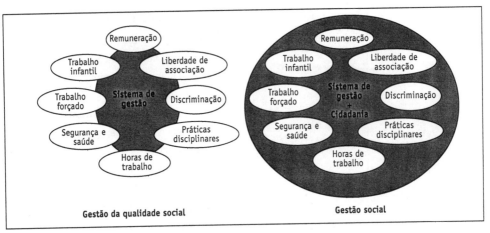

O questionário de pesquisa de campo contempla todos os (nove) requisitos SA 8000 necessários à implantação da norma. Porém, havia conhecimento prévio de que tanto a empresa A quanto a empresa B não possuíam o requisito – sistema de gestão – implementado. Logicamente, ao se realizar a auditoria, a ausência desse requisito, por si só, distorceria qualquer resultado. A partir da figura 16, e para se eliminar essa distorção, foi feita a opção por dividir a análise em duas etapas. Na primeira etapa foi feita a análise da "gestão da qualidade social" utilizando oito dos requisitos da norma, menos o sistema de gestão. Na segunda etapa a análise se efetivou utilizando os nove requisitos combinados com o conceito cidadania. Na quadro 3 detalhamos esse critério de análise.

Tecnologia da informação transformando as organizações e o trabalho

Quadro 3
Etapas de análise da responsabilidade social interna

Etapa	Requisitos da SA 8000	Aspectos-chave verificados
Gestão da qualidade social	Trabalho infantil	Respeito às leis
	Trabalho forçado	Clima organizacional
	Práticas disciplinares	Concessão de benefícios
	Horas de trabalho	Extensão dos benefícios aos dependentes
	Remuneração	
	Segurança e saúde no trabalho	Qualidade de vida no trabalho Treinamento e capacitação em saúde e segurança
	Liberdade de associação e direito à negociação coletiva	Relações trabalhistas (com superiores, subordinados e pares) Presença do sindicato e participação dos trabalhadores
	Discriminação	Respeito aos direitos humanos
	Sistema de gestão	Manual da empresa Política social e condições de trabalho Representantes da administração e dos trabalhadores Análise crítica pela administração Planejamento e implementação da norma Ação corretiva Manutenção dos registros Comunicação externa Acesso para verificação
Gestão social (gestão da qualidade social + cidadania)	Sistema de gestão	Programas de aumento da empregabilidade e reinserção no mercado de trabalho Gestão das relações com os fornecedores no tocante à contratação de mão-de-obra Relações com o terceiro setor Ética empresarial Valorização da cidadania (cidadão-trabalhador) Gestão comunicativa/dialógica

Referencial prático: estudos de caso

Análise comparativa da responsabilidade social interna: gestão da qualidade social

Trabalho infantil

Tanto a empresa A quanto a empresa B utilizam trabalhadores com menos de 16 anos. Na empresa A existem aprendizes administrativos (guardas-mirins) a partir de 14 anos, e na empresa B, empregados com 15 anos. Esses trabalhadores jovens trabalham durante oito horas diárias e estudam à noite. Na empresa A eles circulam e estão expostos a áreas de risco, enquanto na empresa B estão lotados em áreas de riscos. Nas entrevistas e evidências foi verificado que os trabalhadores das duas empresas estão cientes da existência de trabalho infantil, entretanto desconhecem qualquer política e remediação para tal.

Trabalho forçado

Tanto na empresa A quanto na empresa B os trabalhadores são livres para se demitir e para recusar trabalho em horas extras. Nas entrevistas e evidências verificamos a inexistência de documentos originais dos trabalhadores retidos nas empresas e de depósitos, ambos os casos confirmados pelos entrevistados. Os empréstimos feitos pela empresa A são limitados a um percentual do salário e as prestações limitadas em função do salário. Para os sujeitos pesquisados na empresa B, a maioria, ao informar que a empresa não faz empréstimos, entende que deveria fazê-lo.

Saúde e segurança

Na empresa A as ações para prevenir ou minimizar acidentes de trabalho são executadas através da Comissão Interna de Prevenção de Acidentes (Cipa) com o representante da área. A empresa detém um programa de auditoria de segurança e uma agenda com campanhas preventivas (por exemplo, tabagismo), além de realizar anualmente a Semana Interna de Prevenção de Acidentes de Trabalho (Sipat). Essas ações na empresa B são ligadas ao departamento médico, com mapas de risco, campanhas de vacinação e sempre que há reclamação do trabalhador. A empresa A possui um gerente sênior responsável pela saúde e segurança dos trabalhadores, além de delegar responsabilidades ao médico do trabalho e ao presidente da Cipa. A empresa B não possui um gerente sênior, os responsáveis são o presidente da Cipa, o médico do trabalho e o técnico de segurança. As empresas implementam ações corretivas e preventivas nos acidentes do trabalho de acordo com os procedimentos ISO 9000 e QS 9000. Tanto na Empresa A quanto na empresa B as áreas administrativas, os banheiros, os vestiários, os refeitórios e a área de lazer são limpos, asseados e salubres, cumprindo e atendendo a norma regulamentadora do Ministério do Trabalho, sendo acompanhados nas reuniões da Cipa. Na empresa A os procedimentos de saúde e segurança do trabalho estão disponibilizados

Tecnologia da informação transformando as organizações e o trabalho

no site da Cipa, na agenda de auditorias internas e no programa de descarte de produtos, contando com uma estação de tratamento de efluentes. Na empresa B o documento é o Procedimento de Segurança no Trabalho (PST), integrante da norma ISO 9002, com boletins regulares sobre itens de segurança. Na empresa A esses procedimentos estão disseminados pelos trabalhadores, entretanto, na empresa B essa disseminação é superficial. Na empresa A, em caso de incêndio, existe uma brigada, mas o treinamento de abandono de área não é realizado regularmente em todas elas. A empresa B treina apenas a brigada de incêndio e alguns trabalhadores antes da recarga regular dos extintores, e não tem treinamento de abandono de área. A empresa A mantém quadros com rotas de fuga e pontos de encontro em caso de incêndio. Na empresa B a rota de fuga não está sinalizada.

Liberdade de associação e direito à negociação coletiva

Tanto a empresa A quanto a empresa B respeitam o direito dos trabalhadores de filiar-se a sindicatos, bem como de negociar coletivamente suas reivindicações. Como ilustração, 90% dos trabalhadores da empresa B são sindicalizados. Aparentemente a empresa A não discrimina os representantes dos trabalhadores perante o sindicato, entretanto, alguns deles têm atitudes não-produtivas, trabalham quando querem ou simplesmente não trabalham. Na empresa B essa convivência é amigável. Entretanto, nas duas empresas os representantes dos sindicatos participam normalmente das negociações e, inclusive, são signatários dos acordos coletivos. Na empresa A nove trabalhadores são diretores sindicais, no entanto não se disponibilizaram a responder ao questionário e a serem entrevistados. Na empresa B foi entrevistado o trabalhador B_2, representante sindical e membro da Cipa.

Discriminação

Na empresa A, a discriminação de sexo aparece parcialmente, pois a empresa conta com 79 trabalhadores em posição de chefia, sendo somente duas mulheres. Complementando, apontamos outro tipo de discriminação: a de deficiência, já que alguns setores têm resistência à entrada de mulheres e deficientes. Na empresa B apontamos a discriminação por deficiência, já que não há contratação de deficientes. A discriminação de sexo ficou clara com a declaração de um dos sujeitos da pesquisa: "*Neste setor só pode trabalhar homem*" (trabalhadora B_8).

Nas contratações e nas promoções, nos treinamentos e nos desligamentos da empresa A existem processos de avaliação estruturados para essas ações. Na empresa B esses processos não são estruturados. A empresa B conta com poucas mulheres em seu quadro funcional, outro comentário surgido durante a entrevista: "*Não tenho esperança de atingir cargo de comando sendo mulher*" (trabalhadora B_4).

Tanto na empresa A quanto na empresa B não existem interferências no direito que os trabalhadores têm de seguir crenças religiosas. Os trabalhadores da empresa B utilizam sala de treinamento para reuniões religiosas. Apesar do repúdio a qualquer comportamento sexualmente coercitivo, incluindo gestos, linguagem e contato físico, de acordo com a trabalhadora A_4: "*Já ocorreu na empresa A caso de abuso de linguagem e os caminhos para tratá-lo não foram claros*".

Na empresa B ocorre coerção pelo cargo, repudiada pela diretoria, que, no entanto, não mantém um canal formal de reclamação. As empresas não possuem políticas formalizadas contra discriminação. Os trabalhadores da empresa A apontam a assistência social da empresa, mas não têm confiança no órgão para denunciar. Para os trabalhadores da empresa B não é claro a quem denunciar. Na empresa A existe processo estruturado para avaliar as rejeições de contratações, de promoções e de treinamentos, com pareceres claros sobre as causas das rejeições. Na empresa B não existe registro para as rejeições.

Práticas disciplinares

A empresa A desenvolveu o conceito de "chefe treinador", que procura orientar através do diálogo, incentivando o trabalhador a expor suas idéias e problemas para seu superior imediato. Entretanto, de forma isolada, alguns supervisores não conversam com os trabalhadores ou simplesmente os ignoram. Na empresa B ainda existe, mesmo que de forma isolada, a figura do chefe muito agressivo. Nas empresas não existe uma política formal contra práticas disciplinares. Na empresa A o canal de denúncia contra práticas disciplinares não é claro, porém trabalhadores enxergam a assistente social como tal. Na empresa B não tem canal formal. O trabalhador B_{10} apontou a área de segurança ou o "dono" da empresa.

Horas de trabalho

As empresas atendem a legislação nacional. Na empresa A o horário é móvel e de até 40 horas extras; esse quantitativo vai para o banco de horas, podendo ser compensado num outro dia. Tanto na empresa A quanto na empresa B eventualmente ocorrem excessos com mais de duas horas diárias ou 12 horas semanais. Entretanto as horas extras são voluntárias em ambas. Nas duas empresas, quando da verificação junto aos trabalhadores, os mesmos reclamaram que fazem mais de duas horas extras diárias.

Remuneração

A empresa A conta com mais de 80 estagiários, não tendo programa efetivo e percebendo baixa perspectiva para efetivação na empresa. Esse arranjo de trabalho aponta para o plano de utilização de estagiários mais como mão-de-obra barata. A empresa A divulga planilhas por faltas e outras informações para a PLR (participação nos lucros e resultados), informando a atualização de incentivos e bônus. Na empresa B essas informações são disponibilizadas no início de cada ano através da PLR, em que todos recebem o mesmo valor independente do cargo.

Sistema de gestão

Entre todos os requisitos pode-se verificar que o "sistema de gestão" é o mais extenso e complexo, pois é nele que se sistematiza a política de responsabilidade social

188   Tecnologia da informação transformando as organizações e o trabalho

assumida pela empresa e se apresentam os critérios fundamentais do gerenciamento na área social. Em conformidade com a norma, nessa fase inicial de implementação da SA 8000 somente os representantes dos sindicatos foram consultados. Foram entrevistados procurando-se obter informações sobre parcerias das empresas com ONGs, fato que se revelou negativo. Durante a pesquisa, ao expor o questionário-padrão SA 8000, foi possível perceber, tanto na empresa A quanto na empresa B, o total desconhecimento dos gestores e trabalhadores quanto à norma, não havendo, portanto, documento formal, contendo as diretrizes e a política da responsabilidade social das empresas. Dessa percepção foi constatado que tanto na empresa A quanto na empresa B:

- ❑ não foram apontados os representantes da administração nem eleitos os representantes dos trabalhadores, especificamente para garantir a implementação de seus sistemas de responsabilidade social;
- ❑ não estão formalizadas ações que visem ao planejamento e à implementação da norma;
- ❑ não existem procedimentos de avaliação de fornecedores quanto aos itens ligados à responsabilidade social em conformidade com os requisitos da norma;
- ❑ não existem critérios de análise periódica da adequação e continuidade de processos e resultados de desempenho em relação a cada um dos requisitos da norma. A administração da empresa B realiza reuniões de análise crítica para avaliar a adequação do sistema de responsabilidade social. Entretanto, o faz de forma incompleta, pois essas reuniões são voltadas para a qualidade do produto e não para a qualidade social. O único item de controle da qualidade social é sobre o absenteísmo, com programa de sugestão e indicador;
- ❑ existem registros parciais de fornecedores, subcontratados e de não-conformidades que, no entanto, não demonstram conformidade com os requisitos da norma. As reclamações ligadas à responsabilidade social são tratadas na empresa A no requisito saúde e segurança e, mesmo que informalmente, nos problemas de relacionamento. Na empresa B não existe sistema formal;
- ❑ embora sejam implementadas ações corretivas ao identificar não-conformidades ou reclamação por parte dos trabalhadores, essas ações não são executadas de acordo com os requisitos da norma. As ações corretivas na empresa A são informais, exceto para saúde e segurança, enquanto que na empresa B não existe formalização alguma, porém, quando identificadas, são implementadas ações corretivas;
- ❑ existe uma comunicação parcial, caracterizada como informação de fluxo de mão única (da empresa para os trabalhadores), não ocorrendo o *feedback* dessas informações, o que caracterizaria a conformidade da comunicação nos requisitos da norma. A empresa A divulga as questões externas ligadas a ações de voluntariado, enquanto a empresa B divulga a política da qualidade e os resultados da análise crítica;
- ❑ foi permitido o acesso às instalações para verificação de seus sistemas de gestão. Como tais sistemas não estão conformes com os requisitos da norma, o limite foi a verificação de suas ações sociais em andamento.

Nas empresas não estão definidas nem divulgadas políticas de responsabilidade social. A empresa A está desenvolvendo um código de ética corporativo, envolvendo

Referencial prático: estudos de caso

todo o grupo, fato considerado pelo trabalhador A_2 relevante, pois demonstra o comprometimento da administração da empresa:

um programa desta envergadura somente é implantado quando há o compromisso da alta direção, se não você não implanta. E não se implanta de baixo para cima, e sim de cima para baixo – não é no sentido autoritário, e sim no sentido amplo, ou seja, no sentido de comprometimento.

A política da qualidade da empresa B contém o princípio de responsabilidade social. Nota-se que a empresa, mesmo sem formalizar, vem desenvolvendo uma política interna de responsabilidade social.

Para a empresa B, a partir do momento em que uma empresa é constituída através de um contrato social e adota uma razão social, torna-se correto que se assuma também, no mesmo instante, sua responsabilidade social. Afinal, essa empresa vai empregar pessoas que, por sua vez, têm outras pessoas que dependem delas. Vai criar ou modificar hábitos de consumo, e os consumidores formam a sociedade.

(Trabalhador B_1)

Esse entendimento foi percebido também na empresa A, conforme os depoimentos apresentados a seguir:

Falar de responsabilidade social empresarial é criar, em seus aspectos corporativos, o chamado consumo responsável, onde a empresa atua socialmente não só com seu público interno – funcionários, acionistas, clientes etc. – mas na sociedade como um todo.

(Trabalhador A_{23})

Fazemos questão de dar seqüência ao trabalho correto e responsável, ampliando nossas ações dentro e fora da empresa.

(Trabalhador A_2)

Após a aplicação do questionário e durante as entrevistas os gestores passaram a conceber a norma como uma forma de prescrever a política informal de responsabilidade social até então estabelecida. O depoimento a seguir evidencia a percepção da administração:

A chegada desta pesquisa na empresa B foi uma casualidade positiva e trouxe uma perspectiva muito interessante. A empresa sempre tratou bem os funcionários, dividiu os ganhos com eles, teve um bom relacionamento com seu sindicato, enfim, o que a norma prescreve. Somos certificados ISO 9002 e seus resultados repercutem dentro e fora da empresa. No entanto, todos os processos desenvolvidos e padronizados visam ao produto e não aos colaboradores, após esta auditoria percebemos a necessidade de formalizar nossas ações de ordem social e ambiental.

(Trabalhador B_{14})

190   Tecnologia da informação transformando as organizações e o trabalho

Em algumas entrevistas, porém, outros relatos apontam resistência por parte dos entrevistados:

pelo que entendi precisaríamos adaptar a SA 8000 à nossa realidade. Isto pode ser complicado, pois tudo que a norma prescreve é estar em conformidade com a CLT – legislação brasileira. Por exemplo, administrar o número de horas trabalhadas, da questão da saúde e da segurança do trabalho – regulamentado pelas NRs. Já fazemos isto, mas não a esse nível de detalhe e controle. Estas ações são de difícil implementação e, definitivamente, seria um impacto enorme em termos culturais, gerenciais e comportamentais.

(Trabalhador A_2)

Primeiro, tem pouca referência aqui no Brasil. A implantação de um sistema novo é sempre muito complicada. Segundo, tem que transformar a norma em material operacional para nossa realidade. Terceiro, a legislação brasileira é muito pesada, então você tem que estar em conformidade com a lei, associando a uma interpretação jurídica. A princípio acho inviável.

(Trabalhador B_{14})

Na análise desses depoimentos percebe-se que a maior dificuldade é a falta de informação quanto à adequação dos instrumentos internacionais da norma (convenções e recomendações da OIT) aos instrumentos vigentes no Brasil (CLT), que, de certa forma, traduzem os valores culturais, gerenciais e comportamentais de cada país. As empresas vêm buscando uma melhor gestão dos recursos humanos visando melhorar seus resultados econômicos, financeiros e a construção do capital social. Tal processo pode ser verificado no seguinte depoimento: *"procuramos redução de turnover, de absenteísmo, de lesões por esforços repetitivos. Num primeiro momento é muito imperceptível, depois se começa a ter consciência de que estas ações produzem resultados na área social"* (Trabalhador A_1).

Esse depoimento é indicativo de que a responsabilidade social na empresa A está inserida nas metas a serem alcançadas pela empresa. Uma das formas de se alcançar essas metas é identificar os principais problemas enfrentados pela empresa no campo social. Nas entrevistas realizadas na empresa B podem-se elencar os seguintes problemas no campo social detectados pela administração: *"Os problemas sociais apresentados por nossos funcionários, identificados pela assistente social, em sua maioria são necessidades básicas – educação, vestuário, moradia"* (Trabalhador B_{14}); *"As carências sociais na empresa B são das áreas da saúde e de segurança do trabalho, de nosso funcionário não saber administrar o que ganha e da precariedade de suas moradias"* (Trabalhador B_2).

Percebe-se que a empresa encara o problema como um desvio, ou seja, um resultado indesejável, obtido quando se compara uma situação desejada com a situação atual, mas considera que os problemas sociais existentes podem ser transformados em oportunidades de negócio. Na empresa A, a área de recursos humanos responde pelas ações sociais com a comunidade, ou seja, responsabilidade social externa. Entretanto, não faz ingerência na responsabilidade social interna da empresa. As atividades relacionadas com a responsabilidade social interna da empresa B são monitoradas de maneira informal. Na empresa A os entrevistados entendem a importância da responsabilidade social como ações com a comunidade, ações de voluntários, apoio a convênios médicos, farmácias e creches e respeito na demissão de trabalhadores. Na empresa B os entrevistados não relacionam responsabilidade social com a imagem da empresa e desconhecem o conceito de responsabilidade social interna, praticando-a informalmente. Os trabalhadores da empresa A enxergam as ações externas nas comunidades como compromissos da responsabilidade social e reclamam o mesmo tratamento internamente. Na empresa B há um desconhecimento total sobre responsabilidade social externa.

Resumo da análise comparativa da responsabilidade social interna

Na análise do resultado da pesquisa optamos por verificar o resultado através do estudo de cada requisito da norma isoladamente em cada empresa, entretanto, comparando os resultados simultaneamente. Na tabela 33 estão os dados agrupados por requisitos da SA 8000 e sua compilação seguiu esta regra básica: são quatro as possíveis respostas ao questionário (sim, parcial, não e não-aplicável). Os itens avaliados com resposta sim (S) estão em conformidade com a norma, enquanto aqueles avaliados com resposta parcial (P) ou não (N) geram não-conformidades.

São dois os tipos de não-conformidade: leve (L) e maior (M). A não-conformidade leve não é restritiva à certificação, no entanto deve ser registrada e elaborado plano de ação corretivo necessário para saná-la. Após a correção, a mesma deve ser disponibilizada aos auditores para verificação. Isso quer dizer que a empresa pode ser normalmente certificada, entretanto, assume o compromisso de sanar suas não-conformidades leves num prazo previamente acordado. A não-conformidade maior ou grave é totalmente restritiva à certificação. Caso ocorra alguma, a empresa é notificada ao final da auditoria. A partir do registro, elabora plano de ação corretivo (ciclo PDCA) e, após as correções, deve solicitar novo processo de auditoria. A definição de se uma não-conformidade é leve ou maior é subjetiva e consensual entre os auditores. É feita a partir da realidade da empresa em certificação, levando em consideração dois aspectos: o país – com seu nível de desenvolvimento político, social e cultural – e o perfil da empresa – porte, segmento de atuação, imagem atual, localização regional etc. Do ponto de vista da SA 8000 os itens avaliados (questões do questionário e verificação de evidências) têm a mesma importância, portanto, pesos iguais, o que permitiu tabular os resultados em termos percentuais simples e diretos. Para que uma empresa tenha um sistema de gestão da qualidade social e possua práticas consistentes de responsabilidade social interna deve ter o seguinte índice de conformidade:

$$\text{Índice de conformidade } (I_c) \geq 70\%$$

Tabela 33
Apuração dos resultados: critério essencial de verificação da responsabilidade social interna

Etapa	Requisitos da SA 8000	Itens avaliados (qtd.)	Empresa A					Empresa B				
			Respostas (NCs)			Índice de NC (%)	Índice de conformidade (%)	Respostas (NCs)			Índice de NC (%)	Índice de conformidade (%)
			L	M	T			L	M	T		
Gestão da qualidade social	Trabalho infantil	8	5	0	5	62,5	37,5	5	0	5	62,5	37,5
	Trabalho forçado	7	0	0	0	0	100	0	0	0	0	100
	Segurança e saúde do trabalho	22	2	0	2	9,09	90,91	12	0	12	54,55	45,45
	Liberdade de associação e direito à negociação coletiva	4	2	0	2	50	50	0	0	0	0	100
	Discriminação	10	4	0	4	40	60	5	1	6	60	40
	Práticas disciplinares	4	3	0	3	75	25	3	0	3	75	25
	Horas de trabalho	10	2	0	2	20	80	3	0	3	30	70
	Remuneração	7	1	0	1	14,29	85,71	0	0	0	0	100
	Total	**72**	**19**	**0**	**19**	**26,39**	**73,61**	**28**	**1**	**29**	**40,28**	**59,72**
Gestão social	Sistema de gestão	26	25	0	25	96,15	3,85	25	0	25	96,15	3,85
Resultado da auditoria de primeira parte padrão Norma SA 8000		98	44	0	44	44,9	55,10	53	1	54	55,1	44,9

Fonte: Empresa C, questionário de avaliação de responsabilidade social (2002). *Conclusões e recomendações da pesquisa 2.*
NC = não-conformidade; L = leve; M = maior; T = total.

Conclusões e recomendações da pesquisa 2

A suposição estudada a partir das referências conceituais e exercitada nas duas empresas analisadas era que o modelo de gestão, apesar de denominado, nesse estudo, de "gestão social", geralmente ocorre sob a perspectiva da gestão estratégica em vez de uma gestão mais participativa, comunicativo-dialógica.

A fim de validar ou não essa suposição, foi selecionada como vetor central desse novo paradigma de gestão a valorização da cidadania, exercitada dentro da empresa e articulada em torno do eixo: gestão da qualidade social – cidadania.

Da ponta do eixo (gestão da qualidade social) procurou-se analisar e comparar a construção do capital social sob a perspectiva do gerenciamento de ações sociais internas traduzidas em benefícios e qualidade de vida aos trabalhadores e seus dependentes. Da outra ponta do eixo (cidadania) pretendeu-se verificar o grau de participação do trabalhador como um "sujeito" da ação produtiva, mais interativo e conhecedor do conteúdo social de suas ações no trabalho.

Resumindo, gestão social é o resultado da combinação entre gestão da qualidade social e cidadania, traduzida em um sistema de gerenciamento comunicativo/participativo/dialógico.

Considerações finais sobre a responsabilidade social interna: gestão da qualidade social

A SA 8000 aborda em suas especificidades nove requisitos. No critério "gestão da qualidade social" são utilizados esses requisitos para verificar os aspectos considerados chave para a prática da responsabilidade social interna. A partir dos resultados expostos na tabela 33 são extraídas as considerações a seguir:

Empresa A

O resultado obtido através do índice de conformidade (I_c) 55,1% indica que a empresa A, sob o efeito desse indicador geral, detém parte das práticas de responsabilidade social, portanto não podendo, aos olhos da norma, ser considerada detentora de responsabilidade social interna.

Necessita melhorar sua performance nos requisitos: trabalho infantil – acompanhar o estudo dos menores e retirá-los das áreas de risco; liberdade de associação e direito à negociação coletiva – fraco relacionamento com os trabalhadores que pertencem ao sindicato (esses trabalhadores sentem-se isolados e discriminados dentro da empresa, gerando desconfiança, a ponto de se recusarem a participar da pesquisa); discriminação – as mulheres sentem-se discriminadas, com menores salários e sem

194 Tecnologia da informação transformando as organizações e o trabalho

chances de ocuparem cargos de chefia; e práticas disciplinares – apesar de o "chefe treinador" procurar orientar através do diálogo, alguns supervisores simplesmente ignoram os trabalhadores.

No entanto, outro indicador contradiz essa posição: o índice de conformidade, sob a perspectiva da "gestão da qualidade social", resultou em um I_C de 73,61%, indicando que a empresa A é socialmente responsável.

As práticas de responsabilidade social interna são desenvolvidas pela empresa A em forma de ações voltadas para seus trabalhadores, mais especificamente nos requisitos da norma para saúde e segurança no trabalho, remuneração, horas de trabalho e trabalho forçado. Essas práticas indicam o respeito às leis, apontam para processos de melhoria contínua da qualidade de vida no trabalho e refletem positivamente no clima organizacional. É percebido que tais práticas são frutos da cultura centenária da empresa e de atitudes proativas de seu corpo gerencial.

A empresa não possui um sistema de gestão da qualidade social formalizado, mas está na direção certa, e, caso tenha interesse na certificação SA 8000, deve corrigir suas não-conformidades leves e implementar o requisito sistema de gestão da norma.

Empresa B

O resultado obtido através do I_C 44,9% indica que a empresa B detém poucas práticas de responsabilidade social interna.

Essa posição é ratificada pelo índice de conformidade, sob a perspectiva da "gestão da qualidade social", que resultou em um I_C de 59,72%.

A empresa B obteve bons índices de conformidade nos requisitos da norma: liberdade de associação e direito à negociação coletiva (I_C = 100%); remuneração (I_C = 100%); trabalho forçado (I_C = 100%); e horas de trabalho (I_C = 70%). Necessita melhorar sua performance nos requisitos: trabalho infantil – acompanhar o estudo dos menores e retirá-los das áreas de risco; saúde e segurança no trabalho – apesar de ser certificada ISO 9002, os trabalhadores necessitam de treinamento e capacitação em saúde e segurança; e práticas disciplinares – treinamento específico em relacionamento interpessoal para os níveis de supervisão e chefia.

Foi apontada uma não-conformidade maior no requisito discriminação – desrespeito aos direitos humanos em forma de assédio sexual.

A empresa B não desenvolve ações especificamente voltadas para seu trabalhador. Percebe-se uma idéia de empresa "familiar" nas relações entre patrões e empregados. Portanto, não podendo, aos olhos da norma, ser considerada socialmente responsável.

Empresas A e B

O resultado obtido através do I_C 3,85% indica que tanto na empresa A quanto na empresa B inexiste o requisito sistema de gestão da qualidade social. Como ilustração dessa não-conformidade maior verificou-se que as empresas não contam com procedimentos para avaliar seus fornecedores e não mantêm registros de compromisso desses fornecedores em atender aos requisitos da norma. A empresa A somente mantém informação regular sobre saúde e segurança, ao passo que a empresa B não mantém regularidade alguma. As empresas necessitam implementar todos os critérios fundamentais desse requisito se aspiram certificação.

De acordo com a Norma SA 8000, os resultados finais da auditoria de primeira parte, obtidos através dos índices de conformidade, sob a perspectiva da "gestão da qualidade social", foram $I_C = 73,61\%$ (empresa A) e $I_C = 59,72\%$ (empresa B).

Isso faz com que a empresa A seja considerada socialmente responsável e a empresa B, não. Ao se compararem as duas empresas verifica-se que a responsabilidade social de uma não se reproduz na outra.

Considerações finais sobre a responsabilidade social interna: gestão social

Ao se considerar gestão social como critério essencial de verificação da responsabilidade social interna à empresa A e à empresa B, procurou-se demonstrar a fronteira entre as gestões estratégica (monológica) e social (dialógica). Nessa etapa da análise comparativa foi utilizado o requisito da SA 8000 "sistema de gestão" combinado com "cidadania" para verificar os aspectos considerados chave para a prática da responsabilidade social interna, para as quais serão tecidas algumas considerações:

❏ programas de aumento da empregabilidade; reinserção no mercado de trabalho – nas empresas existem processos estruturados (empresa A) e semi-estruturados (empresa B) de recrutamento, seleção, contratação e dispensa de trabalhadores, no entanto, esses processos não passam de normas e rotinas da área de recursos humanos e praticamente inexistem ações voltadas para comunicação, participação e emancipação do trabalhador.

As empresas elaboram cronogramas anuais de treinamento, visando à preservação e ao desenvolvimento da capacitação técnica com forte ênfase no aumento da produtividade pela sinergia entre as pessoas, instalações e tecnologia da informação. Não faz parte das diretrizes das empresas a preocupação com a reinserção do trabalhador, quando desligado, no mercado. A empresa A, elo dominante da cadeia produtiva do setor automotivo, entende oferecer as melhores condições de emprego no setor, e confirma tal entendimento através de seu baixo índice de rotatividade. Nas devidas proporções, a empresa B tem a mesma percepção do mercado. Foi detectada insegurança com a possibilidade de remanejamento para outra área e/ou função nos trabalhadores dessas empresas em virtude da implantação de novas tecnologias, quer sejam de produtos, ou de processos.

É percebido que as áreas de recursos humanos das empresas procuram transferir aos trabalhadores a responsabilidade e a preocupação quanto a sua permanência no posto de trabalho e, conseqüentemente, se o trabalhador "falhar" e perder o emprego, o problema de se reinserir no mercado é única e exclusivamente do recém-desempregado;

- relações com os fornecedores no tocante à mão-de-obra – os relacionamentos entre as empresas estão restritos às áreas comerciais, financeiras e de produção. Inexiste qualquer interação entre as áreas de recursos humanos que vise trocar experiências, conhecimentos e informações referentes às condições de trabalho entre as empresas;

- relações com o terceiro setor – tanto na empresa A quanto na empresa B, o envolvimento com o terceiro setor restringe-se aos sindicatos. Ambas as empresas, através de suas áreas de recursos humanos, procuram promover ações proativas junto aos sindicatos de forma que o processo de melhoria contínua, que normalmente acarreta pequenas, porém constantes, reduções de quadro funcional, ocorra com menor custo social. No entanto, o principal papel dos sindicatos dos trabalhadores dessas empresas está restrito à negociação anual do dissídio coletivo. Tanto a empresa A quanto a empresa B não possuem parcerias com ONGs;

- ética empresarial – foi percebido nas empresas pesquisadas um relativismo ético, pois têm a preocupação de evitar reclamações, quer sejam internas ou externas, e manter boa imagem perante consumidores e opinião pública. Essas empresas querem "parecer éticas" e enfocar ao mesmo tempo a maximização do lucro e a preservação de suas marcas. Como ilustração, durante a execução da pesquisa a empresa A estava desenvolvendo um código de ética;

- valorização da cidadania (cidadão-trabalhador) – a cidadania ainda não é um valor institucionalizado na empresa A nem na empresa B, sendo praticamente ignorada nas políticas e estratégias das empresas.

As funções de concepção e controle dos produtos e processos ainda são conferidas aos gestores pela alta administração, restando a execução das tarefas e a divisão do trabalho exclusivamente aos trabalhadores.

Paradoxalmente, existe na empresa A uma participação do trabalhador, como voluntário, em programas sociais voltados à comunidade ao redor da empresa, mostrando, mesmo que timidamente, um movimento em direção à valorização da cidadania.

Vale ressaltar que esse tipo de programa denota a existência de práticas de responsabilidade social externa, faltando à empresa A sistematizar a dimensão da responsabilidade social interna.

Essas considerações apontam a discussão do lucro (função econômica) e da responsabilidade social (função social) no âmbito das empresas. Para alguns estudiosos, o lucro é a finalidade exclusiva da empresa; para outros, a sustentação do

Referencial prático: estudos de caso

lucro está na aplicação das responsabilidades sociais. Analisando-se essas diferentes posturas, verifica-se que a empresa A e a empresa B adotam a mesma postura progressista e que, por se tratarem de empresas produtoras de bens industriais, o lucro representa seu objetivo final. No entanto, como a responsabilidade social está implicitamente inserida nas metas a serem alcançadas pelas empresas, pode-se inferir que há um "caminhar", nas duas empresas analisadas, no sentido de promover ações gerenciais dialógicas.

Daí conclui-se que a incorporação de práticas de responsabilidade social interna nas empresas pesquisadas como um todo, para efeito das ações gerenciais, voltadas para o entendimento, parece preocupar-se em passar de monológica para dialógica.

Análise integrada das pesquisas

O tema da flexibilização do trabalho está associado ao redesenho das funções tradicionalmente exercidas pelas diferentes instâncias do governo, pela iniciativa privada e pela sociedade civil organizada. A partir desse redesenho e da conscientização de todas as partes envolvidas com a questão da responsabilidade social, abre-se a possibilidade do desenvolvimento e da implementação de sistemas de gestão social que beneficiem diretamente organizações e comunidades envolvidas.

Pesquisas que procuram avaliar os efeitos da flexibilização das relações do trabalho na qualidade de vida no trabalho e os sistemas de gestão que fomentam a responsabilidade social corporativa, ao mesmo tempo que tramita no Senado Federal o Projeto de Lei nº 5.483/01, que expande a flexibilização da legislação do trabalho, pretendendo a prevalecência do acordo negociado sobre o legislado, parecem ao mesmo tempo oportunas e relevantes. A forte correlação de dependência entre qualidade de vida e produtividade do trabalho é, hoje, comprovada cientificamente. Conseqüentemente, os investimentos nas necessidades sociais como agentes do nível de qualidade de vida do trabalhador impactam diretamente a produtividade.

A preocupação foi seguir uma linha de pesquisa que procura estudar e transferir formas e/ou modelos de gestão organizacional consoantes com os preceitos: constitucionais brasileiros; de uma sociedade econômica e socialmente democrática – de ações sociais voltadas para o entendimento, particularmente no interior dos sistemas sociais organizados.

Pretendeu-se com esse capítulo um esforço de verificação bastante específico – estudar o fenômeno da flexibilização do trabalho –, estabelecendo-se uma ponte entre os dois estudos de caso. A figura 17 ilustra a fronteira e tenta representar a inter-relação entre as pesquisas.

Figura 17
Fronteira e inter-relação entre as pesquisas

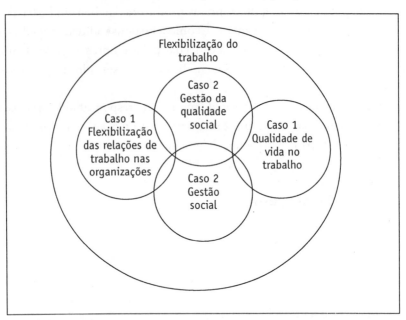

Por ter participado das duas pesquisas, a empresa A é o ponto de intersecção entre os dois estudos de caso. A intenção desse recorte é, em última análise, verificar até que ponto a execução prática da cidadania seria uma realidade cotidiana dentro das organizações.

Nesta análise integrada, são tecidas as considerações finais divididas em duas etapas. Na primeira etapa, comparando a referência conceitual de caráter técnico-organizacional da SA 8000 com a práxis de mercado – ao que a norma se propõe e como é realmente vista e utilizada pelas empresas de consultoria e interessadas na certificação, e como instrumento de flexibilização do trabalho. Na segunda etapa, procurando analisar integradamente os dois estudos de caso a partir da flexibilização do trabalho nas organizações, subdividida em flexibilização das relações do trabalho e qualidade de vida no trabalho.

Considerações finais sobre a SA 8000

Há vários anos a sociedade civil organizada tem desenvolvido uma série de iniciativas que busca introduzir um sistema de monitoramento social intra e entre organizações que possa se tornar um padrão útil e aceito no mercado. As ONGs têm exami-

Referencial prático: estudos de caso

nado de perto essa situação, buscando oferecer uma opção eficaz e confiável para que as empresas monitorem a conformidade social no ambiente de trabalho, de suas próprias dependências e das dependências de seus fornecedores.

Uma dessas iniciativas, a SA 8000, destina-se a ser utilizada por "organismos certificadores" para avaliar a implementação de sistemas de gestão das empresas. À semelhança das normas ISO, a SA 8000 foi formulada para permitir auditorias e certificação por uma terceira parte. O esquema de certificação SA 8000 foi estabelecido a fim de providenciar uma solução com foco empresarial e a utilização de auditores independentes. Os princípios da SA 8000 pretendem ter um efeito de cadeia de valor, sendo utilizados internamente na empresa, mas sendo também uma ferramenta para gerir fornecedores.

Um dos principais aspectos da SA 8000, e algo que a distingue de códigos de conduta e avaliações de conformidade de segunda parte (consultores, por exemplo), é o fato de que o sistema está arraigado na filosofia de melhoria contínua. A aspiração da SA 8000 é encorajar as empresas e outras organizações a implementar, manter e melhorar a qualidade social das práticas no local de trabalho em todas as áreas que possam controlar ou afetar. Isto implica dizer que a SA 8000 foi desenvolvida para promover a causa da qualidade social intra e entre as empresas.

Entretanto, quando se fala de experiências aplicadas à causa da responsabilidade social, devem ser minimizadas as tentações em relação a uma iniciativa como a SA 8000. A sobriedade tem que prevalecer. Estamos no início de um longo processo e desde já diversas questões e controvérsias são levantadas. Para as mais relevantes a esse estudo são tecidas as seguintes considerações:

❑ teoricamente, a certificação SA 8000 é a garantia de que os bens ou serviços são o resultado de um conjunto de valores sociais aceitos de forma consensual. Contudo, qualquer que seja a linguagem utilizada, a verdade é que a certificação SA 8000 está sendo "vendida" como um produto de aparência, reputação e imagem algo degradados em comparação com sua aspiração inicial, ou seja, a norma está sendo apresentada como fonte de vantagem competitiva e vista como um critério específico de performance, que, adicionado aos demais critérios tradicionais (custo, qualidade do produto, flexibilidade, inovação, diversidade etc.), visa tão-somente à maximização dos lucros;

❑ a maneira como a norma foi redigida é controversa. A redação foi feita em países centrais, sob a ótica destes sobre os países periféricos ou semiperiféricos. A SA 8000 foi apresentada como uma norma consensual, mas o processo de consulta pública foi pouco significativo e pouca informação foi disponibilizada durante sua redação;

❑ os consultores e organismos de certificação são vistos promovendo a SA 8000 como um elixir que pode resolver todas as questões de qualidade social no seio da empresa. A questão é: será que a certificação SA 8000 é a melhor maneira de encarar essas questões? Há, no momento, um estágio incipiente do desenvolvimento de práticas de gestão da qualidade social. Nesse estágio, a norma parece mais um roteiro e um padrão a serem seguidos do que um sistema de gestão social;

❑ a SA 8000 se mostra muito relevante quanto à gestão estratégica no que diz respeito aos aspectos de padronização, sistematização e mensuração de ações sociais que refletem em ganho de imagem e reforço da marca para as empresas certificadas;

❑ o terceiro setor tem amplo e extenso campo de atuação, variando em termos de tamanho e escopo, e é influenciado por diversos fatores, incluindo região, situação política e desenvolvimento econômico e cultural. A SA 8000 sugere que as empresas devem considerar suas parcerias restritas a grupos locais de sua região de atuação. Mais especificamente, sindicatos, ONGs locais e agências de ONGs nacionais e/ou internacionais que atuem na região. A SA 8000 orienta as empresas a identificar parcerias com instituições que atuem na comunidade local junto aos trabalhadores e com grupos minoritários. As sugestões e orientações contidas na SA 8000 são pertinentes e importantes, no entanto, várias questões são levantadas quanto a essas parcerias: o lento desenvolvimento do diálogo e a difícil construção de credibilidade entre empresas e ONGs; o despreparo dos integrantes das ONGs quanto aos procedimentos da norma; a fragilidade econômico-financeira e a crise de identidade/representatividade dos sindicatos ante as empresas e a sociedade em geral; a exigência de um maior grau de escolarização do pessoal da base sindical, visando facilitar o treinamento e a capacitação dessas pessoas como auditores da qualidade social.

O sistema de gestão proposto pela SA 8000 vem bem ao gosto da onda neoliberal em curso. Essa norma, tal qual tem sido apresentada, é apenas um aperfeiçoamento das práticas tradicionais de gestão, não passando, portanto, de uma idéia daquilo que deveria ter sido implementado, e não daquilo que realmente ocorre no interior das empresas. O esforço da SAI, dos organismos certificadores e dos consultores ao implementar a norma é fazê-lo como mais um procedimento gerencial estratégico, sob forma de flexibilização organizacional. Isso faz com que a qualidade social seja suscetível de se tornar um critério de desempenho, posto como essencial, para vencer nos mercados mais competitivos, e não como uma forma mais favorável de gestão social (comunicativa/dialógica) em direção à emancipação do cidadão-trabalhador.

Considerações finais sobre a flexibilização do trabalho nas organizações

Na modernidade, a racionalização do trabalho põe sua ênfase em todas as regras, normalmente assimétricas, entre os elos da cadeia produtiva de qualquer setor produtivo. Seu foco é nas atividades de planejamento e controle integrado dos fluxos de

Referencial prático: estudos de caso

recursos e de valores entre as operações de suprimento, de processamento e de distribuição, desde os fornecedores até o consumidor final. Esse processo de racionalização ocorre devido à crescente pressão por melhores preços e qualidade para produtos e serviços cada vez mais diferenciados, acarretando aumento da complexidade e da velocidade com que os negócios ocorrem, e têm levado as organizações a reduzir suas estruturas, tendo como conseqüência a flexibilização organizacional e do trabalho. A modernização de sistemas de gestão de cadeias produtivas exige competência em gestão do conhecimento, indispensável para a implantação de processos flexíveis de produção, particularmente no que diz respeito ao atendimento das necessidades sociais do trabalhador, e envolve as noções de responsabilidade social e gestão ambiental da produção.

É inegável o aumento da complexidade. Surge um elevado número de variáveis de gestão, como, por exemplo, conhecimento, flexibilização das relações do trabalho, responsabilidades social e ambiental, normas certificadoras de qualidade de produtos, serviços, meio ambiente e sociais. Da flexibilização das relações do trabalho difundiram-se práticas de substituição de contratos de trabalho por contratos de negócio (a chamada terceirização), de contratos de formação, de jornadas flexíveis e bancos de horas. A responsabilidade social empresarial, por sua vez, determinou novos contornos às organizações ao considerar os atores sociais participantes da cadeia produtiva nas tomadas de decisão.

Considerações finais sobre os efeitos da flexibilização do trabalho

A acirrada competição econômica e a profunda revolução tecnológica impõem às organizações contemporâneas mudanças significativas na organização da produção. Nesse contexto configuram-se algumas contradições. Por um lado exalta-se a importância da participação do trabalhador como fator decisivo na construção de vantagens competitivas, uma vez que o sucesso da organização tem como um dos principais requisitos a implantação de modelos de funcionamento que contemplem atividades geradoras de conhecimento novo, disseminem-no amplamente a toda organização e, rapidamente, incorporem-no a novas tecnologias e produtos. Por outro lado, também na busca de maiores graus de competitividade, práticas de flexibilização das relações de trabalho vêm sendo adotadas como forma de diminuição dos custos de produção através da redução das formas de proteção da relação de trabalho. Nesse sentido, o objetivo desse estudo foi verificar os efeitos da flexibilização das relações de trabalho na qualidade de vida no trabalho no que se refere, especificamente, à gestão do conhecimento e às necessidades sociais do trabalhador quanto aos seus benefícios diretos e espontâneos. Buscaram-se indicações de que, embora a flexibilização nas relações trabalhistas possa contribuir para a redução de custos e o aumento da competitividade das organizações em curto prazo, a crescente fragilidade dos vínculos de trabalho re-

202 Tecnologia da informação transformando as organizações e o trabalho

presenta apenas um aperfeiçoamento das práticas tradicionais de gestão, cujo objetivo se restringe à obtenção imediata de melhores índices de lucratividade.

Ao avaliar o grau de flexibilização do trabalho dentro das organizações, levantaram-se os níveis de flexibilização de trabalho nas indústrias instaladas na Região Metropolitana de Curitiba, constatando-se que a flexibilização das relações de trabalho é parte integrante do novo perfil das organizações e que há hoje uma tendência de implemento com a abertura legal. A prática mais utilizada, o "contrato de formação", verificado pelo requisito "remuneração", apontou que a empresa A conta com mais de 80 estagiários, não havendo programa efetivo e percebendo-se baixa perspectiva de efetivação na empresa. Outra constatação interessante é que as indústrias não estão satisfeitas com as práticas (44%), pois as mesmas têm se mostrado pouco eficientes (45%). Isso quer dizer que, apesar do alto nível de flexibilização do trabalho, menos da metade dos níveis de satisfação para com elas e os resultados obtidos com as mesmas é atendida.

O trabalhador, por sua vez, demonstra alta satisfação (71%) diante das práticas de flexibilização, talvez pela dificuldade de estabelecer parâmetros comparativos, talvez pela educação de submissão às regras das organizações e de mercado ou pelo próprio contexto econômico e social de oportunidades raras, em que a conquista de um trabalho remunerado já constitui um privilégio.

O trabalhador é visto como um mero fator a ser controlado, e não é reconhecido como sujeito da ação produtiva, ou seja, nesse sentido, inexistem ou são incipientes esforços de valorização da cidadania, em que se exige a participação direta da força de trabalho na condução dos processos de tomada de decisão dentro da organização. Isso implicaria a diminuição de níveis hierárquicos, promovendo maior aproximação entre trabalhadores situados nos níveis operacionais e estratégicos, favorecendo a democratização do sistema empresarial. O que não é o caso das indústrias pesquisadas, incluindo a empresa A, pois o conceito de gestão social cidadã não é aplicado, já que seu escopo e suas práticas não foram ampliados nem estendidos ao cidadão-trabalhador como um "sujeito" da ação produtiva dentro de uma "comunidade-empresa". Constatou-se que essas ações decorrem de um modelo de gestão estratégico, e não de uma gestão dialógica ou comunicativa.

A flexibilização do trabalho tornou-se um discurso hegemônico nos últimos anos, tanto no meio acadêmico quanto no empresarial. Questões como estruturas orgânicas e horizontalizadas, *empowerment* e descentralização caracterizam a gestão estratégica e fazem parte do dia-a-dia das organizações que apontam a flexibilidade como fundamental para a produtividade. Entretanto, sua aplicação na rotina das organizações mais parece fruto do pragmatismo e oportunismo patronais, sendo utilizada no controle do trabalhador e na obtenção de melhores resultados econômico-financeiros. Parece lícito supor, portanto, que o conceito de organização flexível, embora pretenda incorporar mudanças nos regimes de regulação do trabalho e acumulação de capital, na realidade representa apenas um aperfeiçoamento das práticas tradicionais de gestão. Percebe-se flexibilidade como a busca para reestruturar o processo produtivo e a força de trabalho para aumentar a versatilidade e a adaptabilidade do indivíduo a novas tecnologias, visando reforçar o controle social sobre os trabalhadores. Assim, a possibilidade de concentrar a atenção sobre a pessoa mais do que sobre o posto de trabalho reforça a estratificação social existente – a divisão da sociedade em um núcleo altamente capacitado e uma periferia desqualificada e excluída do processo produtivo.

Considerações finais sobre a qualidade de vida no trabalho

Ao se avaliarem os graus de flexibilização do trabalho dentro das organizações, levantaram-se os da qualidade de vida no trabalho das indústrias instaladas na Região Metropolitana de Curitiba, percebendo-se que os efeitos causados por essa ação sobre a qualidade de vida no trabalho revelam-se predatórios, visto que os trabalhadores com contratos de trabalho flexibilizados encontram-se em posição de desvantagem no acesso à aprendizagem dentro das organizações e, também, na satisfação de suas necessidades sociais. Na análise comparativa entre as duas categorias de trabalhadores, foi possível verificar diferenças significativas no que diz respeito aos indicadores de participação no processo produtivo através da freqüência média de soluções apresentadas e incorporadas, da participação nos processos de aquisição do conhecimento, no acesso a benefícios diretos e espontâneos e na satisfação com o ambiente de trabalho. Essas constatações permitem concluir que as organizações, quando na busca de maior competitividade, incorrem em equívocos à medida que desconsideram a qualidade de vida no trabalho, especificamente no que diz respeito à gestão do conhecimento e à satisfação das necessidades sociais como fatores maximizantes do desenvolvimento econômico e de incremento da produção.

Nesse sentido, o perfil do novo trabalhador exige um maior grau de escolarização, uma maior participação no processo de tomada de decisão e um maior número de atribuições na sua forma de trabalhar. Contudo, em algumas das indústrias pesquisadas, seus equipamentos e técnicas modernas de produção coexistem com salários baixos e condições de trabalho precárias, efeito colateral negativo da implementação da flexibilização do trabalho, já que se preocupa mais com o mercado do que com o societário, significando uma degradação das condições de vida e de trabalho, como aqueles que se referem ao desemprego, à intensificação do trabalho, à desqualificação, ao aumento da exploração.

Como antídoto a esse efeito colateral aponta-se um tipo de inserção engajada dos trabalhadores no processo de produção, aumentando sua responsabilidade quanto aos bons resultados do processo produtivo, incorporando atividades de controle da qualidade do produto e social, com uma participação crescente nos projetos de produtos e de processos de produção e gestão, através do incentivo às suas sugestões para aperfeiçoamento dos trabalhadores.

Outro aspecto importante ressaltado pelo trabalhador é a sua insegurança com relação ao futuro, fato bastante compreensível, visto que sua percepção das diferenças contratuais pode estar de alguma forma dando-lhe o sentimento de marginalidade.

No contexto do ambiente de trabalho, a expressão "qualidade" pode ter várias interpretações, representando uma variável que não explicita as condições em que vivem os trabalhadores de uma empresa. Por outro lado, a expressão "responsabilidade social" por parte do empregador, ancorada na legislação sociotrabalhista, representa salário justo, ambiente saudável do ponto de vista de higiene e segurança no trabalho e condições facilitadoras que impliquem o bem-estar do trabalhador em termos daquilo que ele busca como pessoa, como profissional e como ser social. Na empresa, esse chamado à responsabilidade social inclui a preocupação com a qualidade de vida do ser humano em todos os seus espaços de convivência.

Conclusão

Existe praticamente uma corrida entre as empresas com o objetivo de adotar "sistemas integrados de gestão", especialmente pelo grande interesse nos resultados que lhes são atribuídos, seja quanto ao domínio e à integração dos processos empresariais, seja quanto à racionalização de custos e ganho de produtividade. Adotar tais sistemas significa um elevado desembolso para as empresas, tanto no aspecto de dispêndio financeiro quanto na demanda de recursos internos da organização.

Além dos benefícios prometidos, e até parcialmente decorrente deles, a implantação do ERP significa também mudanças substanciais nos processos de trabalho, nas estruturas da organização e no papel dos empregados envolvidos, em função da própria concepção do software, ou seja, organizado em processos-padrão (intitulados de melhores práticas) e operando em tempo real.

Essas mudanças serão tão mais profundas quantas forem as diferenças existentes entre os processos-padrão do software e os sistemas de trabalho existentes na empresa. Outro efeito é que a introdução de novas ferramentas de trabalho, especialmente as que contêm inovações, afeta características das tarefas, inter-relações entre áreas, capacitações necessárias dos trabalhadores, entre outros aspectos.

Mudanças nas organizações, para serem bem-sucedidas, começam com a aceitação, o entendimento e o envolvimento dos empregados no processo, bem como dos meios utilizados para a realização do trabalho. Processos conduzidos dessa forma em geral consomem mais tempo do que aqueles que são simplesmente impostos à organização.

Assim, se a empresa optar por uma estratégia de curto prazo, adotando integralmente os processos-padrão do software, poderão existir conseqüências críticas para o trabalho das pessoas, os processos empresariais e, por conseguinte, para a própria sustentabilidade dos ganhos no longo prazo, inibindo inclusive melhorias.

Os estudos e a bibliografia disponível até o momento sobre esses processos de implantação focalizam principalmente a visão da empresa, dos consultores e das empresas fornecedoras do software, notadamente sob uma ótica estratégica e tecnológica. No entanto, há pouca referência efetiva disponível sobre o papel que os trabalhadores têm ou deveriam ter nesse processo, e seus reflexos para a organização e para o trabalho.

Assim, procuramos identificar e entender esses impactos no potencial social dos recursos humanos das organizações, oferecendo um campo para reflexão e também recomendações para a melhoria dos princípios e métodos utilizados para implantação e uso de sistemas de gestão – um tema que consome hoje milhões de dólares e muito esforço das pessoas e das organizações.

Referências bibliográficas

ALMEIDA, Fernando. Empresa e responsabilidade social. *Gazeta Mercantil*, Caderno A, São Paulo, 15 jun. 1999.

ALVES, Giovanni. Nova ofensiva do capital, crise do sindicalismo e as perspectivas do trabalho — o Brasil dos anos noventa. In: *Neoliberalismo e reestruturação produtiva*: as novas determinações do mundo do trabalho. São Paulo: Cortez, 1998.

_____. *O novo (e precário) mundo do trabalho*. São Paulo: Boitempo, 2000.

ALVES-MAZZOTTI, Alda Judith; GEWANDSZNAJDER, Fernando. *O método das ciências naturais e sociais*: pesquisa quantitativa e qualitativa. 2. ed. São Paulo: Pioneira, 2000.

ALVESSON, Mats; DEETZ, Stanley. Teoria crítica e abordagens pós-modernas para estudos organizacionais. In: *Handbook de estudos organizacionais*. São Paulo: Atlas, 1999.

ANDRADE, Dárcio Guimarães de. Flexibilização. *Revista JTb*, v. 756/5, n. 16, 1999.

ANTUNES, Ricardo. *Os sentidos do trabalho*. São Paulo: Boitempo, 1999.

_____. *Os sentidos do trabalho*: ensaio sobre a afirmação e a negação do trabalho. 2. ed. São Paulo: Boitempo Editorial, 2000.

ARAUJO, Luis César G. de. *Organização, sistemas e métodos e as modernas ferramentas de gestão organizacional*: arquitetura, benchmarking, empowerment, gestão pela qualidade total, reengenharia. São Paulo: Atlas, 2001.

ASHELEY, Patrícia A. et al. *Ética e responsabilidade social nos negócios*. São Paulo: Saraiva, 2001.

BANCO MUNDIAL. *Relatório sobre o desenvolvimento mundial 1990*: a pobreza. Rio de Janeiro: FGV, 1990.

BARTON, Leonard. *Nascentes do saber*. Rio de Janeiro: FGV, 1998.

208 Tecnologia da informação transformando as organizações e o trabalho

BENKO, Georges. *Economia, espaço e globalização na aurora do século XXI.* São Paulo: Hucitec, 1999.

BERGAMASCHI, Sidnei; REINHARD, Necolau. *Implantação de sistemas para gestão empresarial.* São Paulo: Anpad, 2000.

BERIAIN, Josexto. *Representaciones colectivas y proyecto de modernidad.* Barcelona: Anthropos, 1990.

BLANCHARD, David. ERP: the great equalizer. 2001. Disponível em: <www.erpfans.com>.

BONDER, Cíntia. A qualidade de vida. In: *Eco-serviço social:* pressupostos para atuação no século XXI: do bem-estar à qualidade de vida. Dissertação (Mestrado) – Faculdade de Serviço Social da PUC, Porto Alegre, 1992.

BRASIL. Senado Federal.*Constituição brasileira.* São Paulo: Tecnoprint, 1988.

_____. Ministério da Justiça. *Estatuto da Criança e do Adolescente.* Lei nº 8.069, de 13/7/1990. Brasília. Disponível em: <www.webmaster@mj.gov.br>.

BRUNDTLAND, Gro Harlem. *Our common future.* Londres: Oxford University Press, 1987.

CAMARGO, José Márcio. *Flexibilidade do mercado de trabalho no Brasil.* Rio de Janeiro: FGV, 1996.

CARDOSO, Adalberto Moreira. Economia x sociologia: eficiência ou democracia nas relações de trabalho? *Revista de Ciências Sociais,* v. 43, n. 1, 2000.

_____. *Trabalhar, verbo transitivo.* Rio de Janeiro: FGV, 2000.

CARROLL, Archie B. The pyramid of corporate social responsability: toward the moral management of organizational stakeholders. *Business Horizons,* jul./ago. 1991.

CARVALHO, Joaquim Francisco de. Privatização e colonialismo. *Jornal do Brasil,* 21 jul. 1997.

CARVALHO, Luiz Henrique Souza de. *A flexibilização das relações de trabalho no Brasil em um cenário de globalização econômica. Jus Navigandi,* n.48, nov. 2000. Disponível em: <www1.jus.com.br/doutrina/texto.asp?1d=1147>. .

CARVALHO, Maria do Socorro M. V. Gestão de competências: uma nova abordagem em recursos humanos. *Revista de Administração Pública,* set./out. 1998.

CASTELLS, Manuel. *A sociedade em rede.* 3. ed. São Paulo: Paz e Terra, 2000. v. 1.

CHURCHILL, Gilbert A.; PETER, J. Paul. *Marketing:* criando valor para os clientes. São Paulo: Saraiva, 2000.

COELHO, Simone de Castro Tavares. *Terceiro setor:* um estudo comparativo entre Brasil e Estados Unidos. São Paulo: Senac, 2000.

Referências bibliográficas

COLANGELO, Lucio Filho. *Implantação de sistemas ERP:* um enfoque de longo prazo. São Paulo: Atlas, 2001.

CONTANDRIOPOULOS, André Pierre et al. *Saber preparar uma pesquisa:* definição, estrutura e financiamento. 3. ed. Rio de Janeiro: Hucitec/Abrasco, 1999.

CORIAT, Benjamin. *Pensar pelo avesso:* o modelo japonês de trabalho e organização. Rio de Janeiro: Revan/UFRJ, 1994.

CURADO, Miguel Torres. *Gerir para o 3º milênio:* AS 8000 – da qualidade total à qualidade social. Lisboa: Instituto Superior Técnico. Disponível em: <www.curado.com, 2000>.

DELACAMPAGNE, Christian et al. *A escola de Frankfurt.* São Paulo: Ática, 1990.

DE MASI, Domenico. *A sociedade pós-industrial.* São Paulo: Senac, 1999.

_____. *A sociedade pós-industrial.* 3. ed. São Paulo: Senac, 2000.

DINIZ, Eli. *Globalização, reformas econômicas e elites empresariais:* Brasil anos 1990. Rio de Janeiro: FGV, 2000.

DOSI, Giovanni. Blade Runner: é esse o futuro? *Revista Rumos,* Rio de Janeiro, p. 4-9, dez. 1997.

DRUCKER, Peter F. *Administração de organizações sem fins lucrativos.* 4. ed. São Paulo: Pioneira, 1997.

DUCK, Jeanie D. Gerenciando a mudança. *Harvard Business Review, Mudança.* Rio de Janeiro: Campus, 1999.

EASTERBY-SMITH, Mark; THORPE, Richard; LOWE, Andy. *Pesquisa gerencial em administração:* um guia para monografias, dissertações, pesquisas internas e trabalhos em consultoria. São Paulo: Pioneira, 1999.

FERREIRA, Ademir A.; REIS, Ana C. F.; PEREIRA, Maria I. *Gestão empresarial:* de Taylor aos nossos dias. São Paulo: Pioneira, 1997.

FIGUEIREDO, Paulo. *Acumulação de competências tecnológicas e processos de aprendizagem:* estruturas conceituais e experiências de empresas no Brasil. Curitiba: FGV/Ebape/Isae-Mercosul, 2000.

GALBRAITH, Jay R.; Lawler III, Edward E. *Organizando para competir no futuro.* São Paulo: Makron Books, 1995.

GIL, Antônio Carlos. *Como elaborar projetos de pesquisa.* 3. ed. São Paulo: Atlas, 1991.

GLOSSÁRIO DE PLANEJAMENTO. *Serviço Social da Indústria DN.* Brasília: Sesi/DN, 2000.

GOLDENBERG, Mirian. *A arte de pesquisar:* como fazer pesquisa qualitativa em ciências sociais. 5. ed. Rio de Janeiro: Record, 2001.

210 Tecnologia da informação transformando as organizações e o trabalho

GOUILLART, Francis; KELLY, James N. *Transformando a organização*. São Paulo: Makron Books, 1995.

GOULART, Íris; SAMPAIO, Jáder. *Qualidade de vida, saúde mental e psicologia social*. [s.l.]: Casa do Psicólogo, 1999.

GUBMAN, Edward. *Talento*: desenvolvendo pessoas e estratégias para obter resultados extraordinários. Rio de Janeiro: Campus, 1999.

HARVEY, David. *Condição pós-moderna*. 4. ed. São Paulo: Edições Loyola, 1994.

HAYEK, Friedrich. *O caminho da servidão*. 5. ed. Rio de Janeiro: Instituto Liberal, 1990.

ILO (INTERNATIONAL LABOUR ORGANIZATION). *Convention 29*: convention on forced and bonded labour. Genebra: Organização Internacional do Trabalho, 1929. Disponível em: <www.ilo.org>. Acesso em: jul. 2002.

_____. *Convention 87*: convention concerning freedom of association and protection of the right to organize. Genebra: Organização Internacional do Trabalho, 1948. Disponível em: <www.ilo.org>. Acesso em: jul. 2002.

_____. *Convention 98*: the right to organize and collective bargaining convention. Genebra: Organização Internacional do Trabalho, 1949. Disponível em: <www.ilo.org>. Acesso em: jul. 2002.

_____. *Convention 100*: convention concerning equal remuneration. Genebra: Organização Internacional do Trabalho, 1951. Disponível em: <www.ilo.org>. Acesso em: jul. 2002.

_____. *Convention 105*: convention concerning abolition of forced labour. Genebra: Organização Internacional do Trabalho, 1957. Disponível em: <www.ilo.org>. Acesso em: jul. 2002.

_____. *Convention 111*: convention concerning discrimination (employment and occupation). Genebra: Organização Internacional do Trabalho, 1958. Disponível em: <www.ilo.org>. Acesso em: jul. 2002.

_____. *Convention 135*: convention on workers representatives. Genebra: Organização Internacional do Trabalho, 1971. Disponível em: <www.ilo.org>. Acesso em: jul. 2002.

_____. *Convention 138*: convention concerning minimum age. Genebra: Organização Internacional do Trabalho, 1973. Disponível em: <www.ilo.org>. Acesso em: jul. 2002.

_____. *Convention 155*: occupational safety and health convention. Genebra: Organização Internacional do Trabalho, 1981. Disponível em: <www.ilo.org>. Acesso em: jul. 2002.

_____. *Convention 159*: vocational rehabilitation and employment (disabled persons) convention. Genebra: Organização Internacional do Trabalho, 1983. Disponível em: <www.ilo.org>. Acesso em: jul. 2002.

Referências bibliográficas

_____. *Convention 177:* home work convention. Genebra: Organização Internacional do Trabalho, 1996. Disponível em: <www.ilo.org>. Acesso em: jul. 2002.

_____. *Recommendation 146:* recommendation on minimum age. Genebra: Organização Internacional do Trabalho, 1973. Disponível em: <www.ilo.org>. Acesso em: jul. 2002.

_____. *Recommendation 164:* occupational safety and health recommendation. Genebra: Organização Internacional do Trabalho, 1981. Disponível em: <www.ilo.org>. Acesso em: jul. 2002.

_____. *Child labour: targeting the intolerable.* Genebra: Organização Internacional do Trabalho, 1998. Disponível em: <www.ilo.org>. Acesso em: jul. 2002.

INSTITUTO ETHOS. *Indicadores Ethos de responsabilidade social.* São Paulo, 2000.

JAGUARIBE, Hélio. *Introdução ao desenvolvimento social.* São Paulo: Círculo do Livro, 1978.

KANTER, Rosabeth Mass. A nova força de trabalho encontra o novo local de trabalho: oportunidade e sobrecarga. In: *Quando os gigantes aprendem a dançar.* Rio de Janeiro: Campus, 1997.

KIM, L. The dynamics of Samsung's technological learning in semiconductors. *California Management Review,* v. 39, n. 3, 1997.

KOCH, Christopher; SLATER, Derek; BAATZ, E. *The ABCs of ERP.* 2000. Disponível em: <www.cio.com/forums/erp/edit/122299-erp.html>. Acesso em: 14 dez. 2000.

KOTTER, John P. Liderando a mudança. *Harvard Business Review, Mudança.* Rio de Janeiro: Campos, 1999.

KURZ, Robert. Descartável e degradado. *Folha Editorial,* MAIS!, jul. 1999.

LAUNDON, Kenneth C.; LAUNDON, Jane Price. *Sistemas de informação.* Rio de Janeiro: LTC, 1999.

LEIPZIGER, Deborah. *SA 8000:* the definitive guide to the new social standard. Londres: Pearson Education, 2001.

LOJKINE, Jean. *A revolução informacional.* São Paulo: Cortez, 1999.

MAGANO, Octavio Bueno. Flexibilização do direito do trabalho. *Síntese Trabalhista,* n. 116, fev. 1999.

MARTINS, Petrônio Garcia; LAUGENI, Fernando Piero. *Administração da produção.* São Paulo: Saraiva, 1999.

McINTOSH, M.; LEIPZIGER, D.; JONES, K.; COLEMAN, G. *Cidadania corporativa:* estratégias bem-sucedidas para empresas responsáveis. Rio de Janeiro: Qualitymark, 2001.

MELO, Ana Inês S. Cardoso de et al. Na corda bamba do trabalho precarizado: a terceirização e a saúde dos trabalhadores. In: *A nova fábrica de consensos.* São Paulo: Cortez, 1998.

MELO NETO, Francisco Paulo de; FRÓES, César. *Gestão da responsabilidade social corporativa:* o caso brasileiro. Rio de Janeiro: Qualitymark, 2001a.

_____; _____. *Responsabilidade social e cidadania:* a administração do terceiro setor. 2. ed. Rio de Janeiro: Qualitymark, 2001b.

MOTTA, Paulo Roberto. *Transformação organizacional:* a teoria e a prática de inovar. Rio de Janeiro: Qualitymark, 2000.

NASCIMENTO, Amauri Mascaro do. *Curso de direito do trabalho.* 13. ed. São Paulo: Saraiva, 1997.

NONAKA , Ikujiro; TAKEUCHI, Hirotaka. *Criação de conhecimento na empresa.* Rio de Janeiro: Campus, 1997.

OLIVEIRA, Carlos E. B. et al. *Crise e trabalho no Brasil.* São Paulo: Scritta, 1996.

PAIVA, Mario Antonio Lobato de. Flexibilização e desemprego. *Síntese Trabalhista,* n. 113, nov. 1998.

_____. O direito do trabalho e as tendências neoliberais. *Revista Synthesis,* n. 16, 1993.

PASTORE, José. Relações do trabalho numa economia que se abre. *Revista JTr,* n. 59, jan. 1999.

PEIXOTO, Antonio Carlos Gomes. *Mapa da qualidade de vida;* ou uma pequena viagem ao mundo dos seus sonhos. Rio de Janeiro: Qualitymark, 1997.

POCHMANN, M. *O emprego na globalização.* São Paulo: Boitempo, 2001.

PRINGLE, Hamish; THOMPSON, Marjorie. *Marketing social:* marketing para causas sociais e a construção das marcas. São Paulo: Makron Books, 2000.

REZENDE, Denis Alcides. *Engenharia de "software" e sistemas de informação.* Rio de Janeiro: Brasport, 1999.

RICHARDSON, Roberto Jarry. *Pesquisa social:* métodos e técnicas. São Paulo: Atlas, 1985.

RIFKIN, Jeremy. *O fim dos empregos.* São Paulo: Makron Books, 1995.

ROTHWELL, Roy. Successful industrial innovation: critical factors for the 1990s. In: R&D Managament. Science Policy Research Unit, University of Sussex. Mar. 1992.

RÜDIGER, Dorothée Susanne. Globalização. *Síntese Trabalhista,* n. 101, nov. 1997.

SAI (SOCIAL ACCOUNTABILITY INTERNATIONAL). *Guidance Document for Social Accountability.* Versão 1999-I. Estados Unidos, Nova York, 1999.

_____. *Responsabilidade social 8000:* norma internacional SA 8000. Disponível em: <www.sai-intl.org>. Acesso em: 2001.

Referências bibliográficas

_____. *Social Accountability International and SA 8000*: the global humane workplace standard. Estados Unidos, Nova York, 2001.

_____. *Web site*. Estados Unidos. Disponível em: <www.sai-intl.org>. Acesso em: 2002.

SANTOS, Boaventura de Souza. *Pela mão de Alice*: o social e o político na pós-modernidade. 8. ed. Rio de Janeiro: Cortez, 2001.

SENGE, Peter M. *A quinta disciplina*: arte e prática da organização que aprende. São Paulo: Best Seller, 1998.

SESI; IBQP. *A produtividade social e o impacto da qualidade de vida na produtividade do trabalho da indústria do Paraná*. Curitiba. 2000.

SILVA, Flávia Pietá Paulo. Burnout: um desafio à saúde do trabalhador. *Revista de Psicologia Social e Institucional*. 2000. Disponível em: <www2.uel.br/ccb/psicologia/revista/texto>.

SLACK, Nigel et al. *Administração da produção*. São Paulo: Atlas, 1999.

SLIWIANY, Regina Maria. *Sociometria*: como avaliar a qualidade de vida e projetos sociais. Petrópolis: Vozes, 1997.

SOUSA, Eda Castro Lucas de. *Planejamento e gestão I*. Brasília: Sesi-DN; UnB; Unesco, 1999.

SOUZA, Alexandre; ZWICKER, Ronaldo. *Implantação de sistemas ERP*: um estudo de casos comparados. São Paulo: Anpad, 2000.

SROUR, Robert Henry. *Poder, cultura e ética nas organizações*. Rio de Janeiro: Campus, 1998.

_____. *Ética empresarial*: posturas responsáveis nos negócios, na política e nas relações pessoais. Rio de Janeiro: Campus, 2000.

STARKEY, Ken. *Como as organizações aprendem*. São Paulo: Futura, 1997.

STREBEL, Paul. Porque os empregados resistem à mudança. *Harvard Business Review*, Rio de Janeiro, Campos, 1999.

SZAZI, Eduardo. *Terceiro setor*: regulação no Brasil. 2. ed. São Paulo: Petrópolis, 2001.

TAUILE, José Ricardo. *Novos padrões tecnológicos, competitividade industrial e bem-estar social*: perspectivas brasileiras. Rio de Janeiro: IEI/UFRJ, 1989.

TENÓRIO, Fernando Guilherme. Gestão social: uma perspectiva conceitual. *Revista de Administração Pública*, n. 23, set./out. 1998.

_____. Aliança e parceria: uma estratégia em Alves & Cia. *Revista de Administração Pública*, n. 34, maio/jun. 2000a.

_____. *Flexibilização organizacional, mito ou realidade?* Rio de Janeiro: FGV, 2000b.

_____. *Gestão de ONGs*: principais funções gerenciais. Rio de Janeiro: FGV, 2001.

TOFFLER, Alvin. *A empresa flexível*. Rio de Janeiro: Record, 1985.

————; TOFFLER, Heidi. *Criando uma nova civilização:* a política da terceira onda. Rio de Janeiro: Record, 1999.

UN (UNITED NATIONS). *United Nations Convention on the Rights of the Child*. New York: UN, 1989. Disponível em: <www.un.org>. Acesso em: jul. 2002.

————. *Universal Declaration of Human Rights*. New York: UN, 1948. Disponível em: <www.un.org>. Acesso em: jul. 2002.

URANI, André. *Ajuste macroeconômico e flexibilidade do mercado de trabalho no Brasil:* 1981 a 95. Rio de Janeiro: FGV, 1996.

VALLE, Rogério. A crise do taylorismo. *Revista de Administração Pública*, Rio de Janeiro, 1993.

VISMARA, Giovanni. Inose e Pierce: tecnologias informáticas e cultura. In: *A sociedade pós-industrial*. São Paulo: Senac, 1999.

WOOD, Thomaz. *Fordismo, toyotismo e volvismo:* os caminhos das indústrias em busca do tempo perdido. *Revista de Administração de Empresas*, v. 32, n. 4 , 1992.

WOOD JR., Thomas; CALDAS, Miguel. *Modismos em gestão:* pesquisa sobre a adoção e implementação de ERP. ERA/FGV-SP, 1999.

————; ————. *The part and the whole:* reductionism and complex thinking in ERP systems implementation. São Paulo: Anpad, 2000.

Esta obra foi Impressa pelo
Armazém das Letras Gráfica e Editora Ltda.
Rua Prefeito Olímpio de Melo, 1599 – CEP 20930-001
Rio de Janeiro – RJ – Tel. / Fax .: (21) 3860-1903
e.mail:aletras@veloxmail.com.br